Erik Nolmans   **Josef Ackermann und die Deutsche Bank**

Erik Nolmans

Josef Ackermann und die Deutsche Bank

Anatomie eines Aufstiegs

BILANZ

orell füssli Verlag AG

© 2006 Orell Füssli Verlag AG, Zürich
www.ofv.ch
Alle Rechte vorbehalten

Umschlagabbildung: Roth und Schmid Fotografie, Zürich
Umschlaggestaltung: Guido von Deschwanden, BILANZ, Zürich
Druck: fgb • freiburger graphische betriebe, Freiburg i. Brsg.
Printed in Germany

ISBN 3-280-05202-5
ISBN 978-3-280-05202-0

Bibliografische Information der Deutschen Bibliothek:
Die Deutsche Bibliothek verzeichnet diese Publikation in der
Deutschen Nationalbibliografie; detaillierte bibliografische
Daten sind im Internet über http://dnb.ddb.de abrufbar.

Inhalt

Vorwort

Bankiers gehören selten zu den Sympathieträgern in der Gesellschaft. Wenn einer wie Josef Ackermann in Deutschland von aussen her kommt und radikale Veränderungen bewirkt, so hat er es noch schwerer. Arbeitet ein solcher Mann dann auch noch für die Deutsche Bank, einen Konzern, dessen Geschichte mit tiefen und gegensätzlichen Emotionen besetzt ist, so polarisiert er zusätzlich – der Schweizer im Solde der Deutschen Bank lässt niemanden kalt.

Dieses Buch beschreibt den Aufstieg Josef Ackermanns, eines Arztsohnes aus dem ländlichen Mels im Kanton St. Gallen, von den Anfängen in einer kleinen Stadtfiliale der Schweizer Grossbank Credit Suisse bis in die Schaltzentrale der Macht bei der Deutschen Bank, dem grössten Bankkonzern der grössten Volkswirtschaft Europas. Dass dieser Aufstieg zeitgleich mit einer sich verschärfenden Grundsatzdiskussion über die wirtschaftliche Zukunft Deutschlands verläuft, sorgt für weitere Brisanz. Denn der von Ackermann geprägte Umbau der Deutschen Bank wird zum Massstab für die grundsätzliche Veränderungs- und Reformbereitschaft in der deutschen Wirtschaft, die einer kaum zu bestreitenden Notwendigkeit entspricht. Doch nicht nur als Sanierer, sondern auch als Angeklagter im Prozess um die Mannesmann-Millionenprämien, als Manager, der mitten im Gerichtssaal die Hand zum Victory-Zeichen erhebt, als Topverdiener mit einem Millionensalär sowie als Taktgeber bei der Auflösung der Deutschland AG bietet Ackermann Angriffsfläche wie kaum ein zweiter Topmanager des Landes.

Ebenso wichtig wie die äusseren Bedingungen sind – wie für jede Karriere – die Machtkonstellationen im Innern und die Art, wie sich ein Manager auf dem Parkett der Berufswelt bewegt. Von den frühen Zeiten bei der Credit Suisse über den erbitterten Kampf mit Rainer E. Gut, dem Präsidenten der Credit Suisse Holding, bis hin zur Ernennung zum Vorstandsvorsitzenden der Deutschen Bank zeigt sich Josef Ackermann als ehrgeiziger Manager, der das subtile Spiel um Macht und Einfluss genauso beherrscht wie die Feinheiten des Bankings und die Regeln der internationalen Finanzmärkte. Dass beides zu seinem Aufstieg beigetragen hat, zeigt dieses Buch.

Ich danke: René Lüchinger, Chefredaktor der BILANZ, der dieses Projekt ermöglicht und geduldig Kapitel für Kapitel gegengelesen hat. Karin Spirgi, Assistentin der Chefredaktion der BILANZ, die mir administrativ in all den Monaten den Rücken freigehalten hat. Thomas Basler und Andreas Ritter für das Korrekturlesen und die stilistischen Verbesserungen. Und schliesslich allen Auskunftspersonen innerhalb und ausserhalb der Deutschen Bank, denen es ein Anliegen war, dass das Geschehen möglichst präzise wiedergegeben werden kann, und die sich deshalb für Gespräche zur Verfügung gestellt haben.

Zürich, im Mai 2006
Erik Nolmans

Erster Teil

Die Deutsche Bank

Der Pakt

Wie Josef Ackermann seine Karriere auf seinen Beziehungen zu den Investment Bankers aufbaut. Und wie dieser Pakt die Ausrichtung der Deutschen Bank bis heute prägt.

Es ist ein kalter Wintertag, dieser Mittwoch, der erste Tag im Februar des Jahres 2006, die Hochhäuser der Bankenmetropole Frankfurt am Main scheinen sich unter einem grauen Himmel zu ducken. In den Zwillingstürmen der Deutschen Bank hat der Arbeitstag längst begonnen, als eine dunkle Limousine nach der andern vorfährt. Es sind bedeutende Persönlichkeiten, die im Headquarter der Deutschen Bank ankommen: Der 20-köpfige Aufsichtsrat trifft sich zur Sitzung. Das Gremium vereint einige der bekanntesten Repräsentanten der deutschen Wirtschaft. Im Rat sind etwa die Aufsichtsratsvorsitzenden von Lufthansa und Siemens, Jürgen Weber und Heinrich von Pierer, oder Henning Kagermann, Vorstandschef von SAP. Die Sitzung findet im 35. Stock von Turm A statt, wo sich der Aufsichtsratssaal befindet.

Geladen ist an diesem Tag auch Vorstandssprecher Josef Ackermann. Zusammen mit Finanzchef Clemens Börsig wird er dem Gremium die Ergebnisse des abgelaufenen Geschäftsjahres präsentieren. Es sind hervorragende Geschäftszahlen, die Ackermann seinen Aufsichtsräten vorlegen kann: rund vier Milliarden Euro Gewinn – ein Rekord in der Geschichte der Deutschen Bank. Der Bankchef hat allen Grund, blendender Laune zu sein. Unter dem Stichwort «Vorstandsangelegenheiten» steht noch ein zweites Traktandum an, das die Stimmung beflügelt. Ackermann weiss: Es geht um die Krönung seiner Karriere in Deutschlands grösstem Finanz-institut.

Seit genau zehn Jahren arbeitet er im Hause. 1996 wurde er in den Vorstand geholt und 2002 zum Vorstandssprecher, also zum obersten operativen Chef der Bank, befördert. In der Öffentlichkeit jedoch ist er in jüngster Zeit oftmals am Pranger gestanden. Wegen des von ihm forcierten Umbaus der Deutschen Bank. Weil er Tausende von Jobs gestrichen hat und ihm dabei immer wieder Kommunikationspannen unterlaufen sind. Wegen seiner Rolle als Angeklagter im Mannesmann-Verfahren. Wegen seines Victory-Zeichens, das zum Sinnbild arroganter Manager geworden ist. In den letzten Wochen kursierten fast wöchentlich Rücktritts-szenarien.

Von einem Abschied von der Deutschen Bank will Josef Acker-mann jedoch nichts wissen. Im Gegenteil: In diesen Tagen Anfang Februar 2006 hat er die Chance, Erfolg zu zelebrieren. Und dies in doppeltem Sinne: gegen aussen durch die Bekanntgabe eines Rekordergebnisses, gegen innen durch eine Stärkung seiner Posi-tion. Ihm soll, hat ihm der Aufsichtsratsvorsitzende Rolf-E. Breuer signalisiert, an diesem Mittwoch ein neuer Vierjahresvertrag mit Laufzeit bis 2010 angeboten werden. Mehr noch: Er soll vom Vorstandssprecher zum Vorstandsvorsitzenden avancieren.

Der Anstoss dazu ist Monate zuvor aus dem Kreis der Anteils-eigner – Vertreter von Aktionären und Unternehmen im Aufsichts-rat der Deutschen Bank – gekommen. Hervorgetan in dieser Sache hat sich in erster Linie Ulrich Hartmann, Aufsichtsratchef des Düsseldorfer Strom- und Gaskonzerns E.On, der zusammen mit Rolf-E. Breuer und zwei Arbeitnehmervertretern den einflussrei-chen Präsidialausschuss der Deutschen Bank bildet. Aber auch ein Heinrich von Pierer, der mit Ackermann im Aufsichtsrat von Siemens eng zusammenarbeitet, hält die Funktion eines Sprechers als Primus inter Pares längst für überholt. Das Gremium hat an einem solchen Schritt freilich auch ein Eigeninteresse: Ein Vorstandsvorsitzender wird vom Aufsichtsrat gewählt, der Sprecher konstituiert sich aus dem Kreis der Vorstände. Mit einer derartigen organisatorischen Weichenstellung im obersten Führungsgremium der Bank ist in Zukunft der Aufsichtsrat und nicht mehr das Topmanagement zuständig für die wichtigste Personalentscheidung im Unternehmen.

Über längere Zeit ist dieses Ansinnen bereits angedacht worden, und nun, Wochen vor der massgeblichen Aufsichtsratssitzung vom Februar, nimmt Rolf-E. Breuer in dieser Sache das Heft in die Hand. Es gibt Gründe für diese plötzliche Eile: Am 21. Dezember 2005 hat der Bundesgerichtshof in Karlsruhe bekannt gegeben, dass der Mannesmann-Prozess in die nächste Runde gehe und Ackermann ein zweites Mal vor Gericht werde erscheinen müssen. Die unmittelbar aufflammenden Spekulationen um einen möglichen Rücktritt des Schweizers will Breuer mit einer ostentativen Stärkung der Position Ackermanns im Keim ersticken. Er will starke Signale setzen. Erstens: Wir stehen zu Josef Ackermann. Zweitens: Wir haben in ihm den besten CEO für die Deutsche Bank.

Breuer selber ist nicht unschuldig daran, dass Spekulationen um die Person Ackermanns jetzt wieder auflodern. «Ich habe meine Denkkappe auf. Ich favorisiere stark einen internen Kandidaten» war kurz vor Weihnachten 2005 seine Antwort auf die Frage der «Financial Times», ob er denn bereits einen Nachfolger für Ackermann suche. Auch wenn sich der Aufsichtsrat bereits am Tag nach Erscheinen des Interviews von der Aussage distanzierte, so waren die Spekulationen um die Zukunft des Vorstandssprechers damit erst recht angeheizt.

Als das Traktandum «Vertragsverlängerung» an diesem Mittwoch im Rat zur Sprache kommt, bittet Breuer die beiden anwesenden Vorstände, den Raum zu verlassen, damit der Aufsichtsrat unter sich tagen kann. Ackermann und Börsig begeben sich gemeinsam auf den Flur. Hinter der geschlossenen Tür des Board Room bringt Breuer seinen Vorschlag zur Sprache. Die Diskussion ist kurz und ganz in seinem Sinne – niemand im Rat legt sich quer gegen seinen Wunsch. Breuer hat vorgesorgt: In einem Telefonmarathon in den vierzehn Tagen vor der Sitzung hat er seine Aufsichtsratskollegen auf Linie gebracht, indem er die Anteilseigner und Arbeitnehmervertreter im Rat persönlich telefonisch kontaktierte. Immer mit der präsidialen Botschaft: Herr Dr. Ackermann würde bei Gewährung eines Vierjahresvertrags auf jegliche Abgangszahlungen verzichten, falls er im Mannesmann-Prozess schuldig gesprochen würde und schliesslich doch zurücktreten müsste. Das haben Ackermann und Breuer unter vier Augen so abgesprochen. Beiden ist klar, dass ein derartiger Schritt mögliche Kritiker ins Leere laufen liesse, weil der Langzeitvertrag Ackermanns keine weiteren unkalkulierbaren finanziellen Risiken nach sich ziehen würde. Breuer wie Ackermann sind sich auch dessen bewusst, dass der Zeitpunkt der Vertragsverlängerung günstig gewählt ist: Es zeichnet sich ein Rekordergebnis der Bank ab, das auf eine Eigenkapitalrendite von 25 Prozent hinausläuft, wie das Josef Ackermann immer wieder angekündigt hat – all dies spricht für die Vertragsverlängerung.

Nach kurzer Wartezeit werden Ackermann und Börsig bereits wieder in das Sitzungszimmer gebeten. Breuer verkündet gute Nachrichten: Er teilt Ackermann mit, das Gremium habe seinen Vorschlägen zugestimmt. Erstmals seit der Gründung im Jahre 1870 hat die Deutsche Bank damit einen Vorstandsvorsitzenden. Noch am selben Tag wird der Beschluss der Öffentlichkeit verkündet. Mit der erhofften Wirkung in den Medien: «Aufsichtsrat stärkt Ackermann den Rücken», titelt etwa die «Frankfurter Allgemeine

Zeitung» («FAZ»). Die Jahrespressekonferenz, die am nächsten Tag stattfindet, wird zum Triumph für Josef Ackermann. Vorne, auf dem erhöhten Podium im geräumigen Frankfurter Hermann-Josef-Abs-Saal inmitten seiner Kollegen aus Vorstand und Exekutivkomitee, verkündet er den anwesenden Journalisten beeindruckende Zahlen. Zwar vielleicht etwas verkrampft und abgekämpft führt Ackermann durch das Zahlenwerk, doch die Presseleute sind von den Ergebnissen beeindruckt: «Ackermann Super-Star!», titelt die zuvor oft kritisch eingestellte «Bild»-Zeitung und jubelt: «Er hats geschafft! Das beste Ergebnis aller Zeiten.» Die Wirtschaftspresse spricht von «glänzenden Bilanzzahlen» («Handelsblatt»), von «Spitzenrendite» («Süddeutsche Zeitung»). Und die «FAZ», das Blatt vor Ort, erwähnt nicht nur den «Zuwachs in allen Geschäftsfeldern» und die «500 neuen Arbeitsplätze in Deutschland», sondern lobt in einem Kommentar auch die «weitsichtige Strategie». Deutschland applaudiert dem Banker Josef Ackermann. Das hat es vorher so noch nie gegeben.

Ausgesprochen positiv ist die Stimmung an diesem Tag auch im 700 Kilometer entfernten London. In den Räumen der Deutschen Bank an der Great Winchester Street in der Londoner Finanzmeile ist das Finanzergebnis ebenfalls das Thema des Tages. An dieser Adresse arbeiten die Investment Bankers der Deutschen Bank, und ihr Selbstbewusstsein ist intakt in diesen Tagen. Es sind toughe Banker, sie handeln mit Aktien, Obligationen und Derivaten, sind Experten für Beratungen bei Firmenfusionen und Übernahmen, beim Kauf oder Verkauf von Firmenteilen, bei Börsengängen und Firmenfinanzierungen. Lukrative Geschäfte sind es, welche die Banker für die Deutsche Bank an der Themse ausführen und mit denen sie dem Finanzkonzern am Main Millionen in die Kasse spülen.

Von den vier Milliarden Euro Gewinn, die Ackermann in Frankfurt verkündet, werden mittlerweile rund 70 Prozent im Ausland verdient. Und es ist eine kleine Gruppe von hoch qualifizierten Mitarbeitern, die für einen grossen Teil dieses Geldsegens sorgt: ein Team um Anshu Jain, den charismatischen Co-Chef der Division Corporate and Investment Bank. Der 43-jährige Banker indischer Abstammung ist zuständig für den Aktienhandel sowie das Geschäft mit Bonds und Derivaten. Er ist als Mitglied des Group Executive Committee (GEC) auch Teil des obersten Managements der Deutschen Bank, und wohl nicht zufällig sitzt er an der Pressekonferenz drei Stühle entfernt zur Rechten von Josef Ackermann. Doch diese Sitzordnung vermittelt die Position von Jain innerhalb der Bank nur unvollständig. Er ist der «Rainmaker» des Hauses, der Mann, der die Kassen füllt. Er verdient für die Deutsche Bank annähernd so viel wie alle Kollegen des Topmanagements, die mit ihm auf dem Podest sitzen, zusammen – Jains Abteilung sorgt grob gerechnet für 50 Prozent des gesamten Gewinns der Deutschen Bank.

Nach der Pressekonferenz in Frankfurt, wieder zurück im Kreise seiner Londoner Mitstreiter, verkündet Jain seine eigene Botschaft: In den fünf Jahren, seit er in leitender Funktion im Investment Banking tätig sei, habe er mit seiner Abteilung insgesamt 16 Milliarden Euro für die Bank verdient. Netto, nach Abzug sämtlicher Boni. Seine Message an die Vertrauten ist deutlich: Hier, um ihn herum, stünden die Männer und Frauen, die Joe Ackermann den Erfolg brächten. Auch sonst setzt Jain selbstbewusste Zeichen: Am 8. Februar erscheint ein grosses Porträt von ihm in der «Financial Times», fast so, als wollte der smarte Inder seinen Erfolg auch nach aussen dokumentieren, und das Finanzblatt der City ist eine willkommene Plattform.

Fünf Jahre ist es her, seit die Deutsche Bank Anshu Jain gewissermassen über Nacht eine Schlüsselrolle zugedacht hat. Es waren entscheidende Tage damals – nicht nur für Jain. Das Investment

Banking, das im Jahre 2005 so schöne Gewinne erwirtschaften sollte, stand vor fünf Jahren plötzlich ohne Führung da.

Dabei hat alles ganz harmlos begonnen: am Samstag, 23. Dezember 2000. Das Wochenende verspricht friedlich zu verlaufen, und Josef Ackermann hat sich auf ein paar schöne Weihnachtsfeiertage zusammen mit Frau und Tochter eingestellt. Es ist sieben Uhr in der Früh, als er in seiner Wohnung oberhalb Zürichs vom Läuten des Telefons aus dem Schlaf gerissen wird. Am Draht meldet sich der Sicherheitschef der Deutschen Bank aus Frankfurt. Er habe schlechte Nachrichten, lässt er Ackermann wissen: Ein Mitarbeiter der Bank sei mit seinem Privatflugzeug bei Rangeley im US-Bundesstaat Maine abgestürzt und dabei ums Leben gekommen. Es handelt sich um Edson Mitchell. Ackermann ist geschockt. Diesen Mann kennt er gut: Mitchell ist Vorstandsmitglied der Deutschen Bank, zuständig für das Handelsgeschäft im Investment Banking. Der fünffache Familienvater ist ein persönlicher Freund und einer der engsten Mitarbeiter von Josef Ackermann. Noch am Tag zuvor haben sich die beiden Männer in London getroffen. In bester Stimmung haben sie sich voneinander verabschiedet, nachdem sie in einer Sitzung die Leistungsboni für die Mitarbeiter im Investment Banking besprochen hatten – es war für alle Beteiligten ein finanziell äusserst erfolgreiches Jahr. Das Jahr zudem, in dem Edson Mitchell im Sommer als erster Amerikaner in der Geschichte der Bank in den Vorstand befördert und Josef Ackermann im Herbst zum neuen Vorstandssprecher per Mai 2002 ernannt wurde. Nach dem Meeting in London ist Mitchell zu seinen Kindern nach Maine und Ackermann zu seiner Familie nach Zürich geflogen. Im Untersuchungsbericht des Flugzeugabsturzes heisst es später, ein Pilotenfehler habe den Crash des Kleinflugzeugs des Typs Beechcraft King Air 200 verursacht, mit dem Mitchell nach Rangeley unterwegs war.

Ackermann weiss, dass es mit einem geruhsamen Weihnachts-urlaub nun nichts mehr wird. Plötzlich steht der wichtigste Geschäftsbereich der Bank ohne Führung da. Damit hat niemand gerechnet. Krisenpläne existieren nicht, und Ackermann ist verant-wortlich für das Investment Banking. Er muss schnell handeln – keine einfache Aufgabe. Mitchell ist die Seele des Geschäfts-bereichs gewesen, der Kopf des Teams. Mehr noch: Vom Erfolg im Investment Banking ist auch der oberste operative Chef der Bank direkt abhängig, und Josef Ackermann weiss das. Im Windschatten des Geschäftserfolges von Mitchell ist es Ackermann überhaupt erst ermöglicht worden, innerhalb der Bank ganz nach oben zu kommen. Jetzt muss schnell ein geeigneter Nachfolger gefunden werden. Ackermann weiss: Investment Banking ist ein «People's Business», und ist der Leithammel weg, drohen Positionskämpfe. Mitchell selber hat sich stets mit einer Hand voll ihm nahe stehen-der Vertrauter umgeben, seinen «Leutnants», wie sie intern genannt wurden. Unter diesen «Leutnants» hat er bewusst Konkur-renz geschürt, um sie zu Höchstleistungen anzutreiben. Nun droht Gefahr, dass Diadochenkämpfe das sensible Geschäft des Invest-ment Banking negativ beeinflussen könnten. Josef Ackermann identifiziert vier Männer, die Mitchell besonders nahe gestanden sind und auf die er ein Auge haben muss: allen voran Anshu Jain, den erst 38-jährigen Inder. Grant Kvalheim, Tommy Gahan und Seth Waugh sind die anderen drei.

Am 26. Dezember, am Tag nach Weihnachten, reist Acker-mann nach London, um mit den «Leutnants» von Mitchell die Zukunft der Abteilung zu besprechen. Die Atmosphäre ist hektisch und emotionsgeladen. Jeder Einzelne aus dem Quartett kämpft nun, da das Alphatier nicht mehr ist, für seine eigene Karriere. Nach der Besprechung ist für Ackermann klar: Sein Mann ist Anshu Jain, der den Obligationen- und Derivatehandel leitet, den wichtigsten Bereich der Abteilung. Nicht nur dieser Fakt spielt für Josef Ackermann eine entscheidende Rolle, sondern auch eine Besonderheit: Vor Jahren ist es just dieser Jain gewesen, der zusammen mit Mitchell der Karriere Josef Ackermanns Schub verlieh. Jetzt will Ackermann Jain helfen. Er weiss auch, dass schnelle Entschlüsse notwendig sind. Andernfalls droht die Gefahr, dass eine langwierige, zähe Aufbauarbeit um das Investment Banking innerhalb der Deutschen Bank umsonst gewesen sein könnte.

Der Beginn dieser Story reicht weit zurück: Der Beschluss, Deutschlands grösstes Finanzinstitut stark auf das Investment Banking auszurichten, wurde seinerzeit von Alfred Herrhausen angeschoben, bis 1989 Vorstandssprecher der Bank. Auf Basis von Analysen des Strategieberaters Roland Berger formulierte der Vorstand diese Stossrichtung bereits Mitte der achtziger Jahre. Bis dahin war die Deutsche Bank eine im Wesentlichen auf deutsche Kunden fokussierte Kreditbank, die im Inland über 80 Prozent der Gewinne erwirtschaftete.

Es ist Herbst 1989. Die neue Strategie des Hauses bekommt ein Gesicht: Alfred Herrhausen übernimmt die Londoner Merchant Bank Morgan Grenfell, und damit hat die Deutsche Bank einen Fuss im Business des lukrativen Investment Banking in der Londoner City. Kurze Zeit später wird Alfred Herrhausen auf der Fahrt zur Arbeit Opfer eines Attentats der Rote Armee Fraktion (RAF). Der gepanzerte Mercedes des Vorstandschefs wird von der Explosion drei Meter in die Luft katapultiert – Herrhausen ist sofort tot. Nachfolger an der Spitze der Deutschen Bank wird Vorstandsmitglied Hilmar Kopper.

Kopper realisiert schnell, dass Herrhausen mit dem Kauf von Morgan Grenfell nur einen ersten Gehversuch im Investment Banking getätigt hat – mehr nicht. Die Deutsche Bank atmet Anfang der neunziger Jahre noch immer den Geist einer klassischen Universalbank alter Schule. Und als solche droht sie im dynamischen zentraleuropäischen Markt trotz stolzer Bilanzsumme zurückzufallen. Die Erträge weisen längst kein gesundes Verhältnis mehr auf zur schieren Grösse der Bank. Hinzu kommt, dass die Bank eine unvorteilhafte Risikostruktur aufweist: Im klassischen Geschäft der Kreditvergabe geht das Haus zu hohe Risiken ein, traditionelle Grosskunden aus der deutschen Industrie setzen bei ihren lukrativsten Geschäften immer stärker auf amerikanische Investment-Häuser und immer weniger auf die Deutsche Bank. Dies wertet der Vorstand als eigentliches Alarmsignal, und das zu Recht.

Die Beziehungen der Deutschen Bank zu den Grossunternehmen der deutschen Industrie sind traditionell eng geknüpft, über Jahrzehnte hat das grösste Finanzinstitut des Landes deren Finanzierung besorgt und ist ihnen in finanziellen Turbulenzen immer wieder zur Seite gestanden. Bei zahlreichen Industrieunternehmen ist die Bank im Laufe der Zeit Teilhaber geworden und hat intensive Kundenbeziehungen aufgebaut. Doch die Partner von ehedem gehen, wenn Finanzierungsfragen anstehen, seit Anfang der neunziger Jahre immer öfter fremd. Amerikanische Investment-Häuser wie Goldman Sachs und Merrill Lynch angeln sich nicht zuletzt im Zuge dieser Entwicklung lukrative Geschäfte in Deutschland – zunehmend auch zu Lasten des vormaligen Platzhirsches, der Deutschen Bank. Sie wird attackiert im eigenen Heimmarkt.

Die Bank hat gar keine andere Wahl, als im Jahr 1993 zum Gegenangriff zu blasen: Das Investment Banking soll nun mit aller Konsequenz zur tragenden Säule der Bank ausgebaut werden. Neben Vorstandschef Hilmar Kopper verschreibt sich vor allem auch Vorstandsmitglied Ulrich Cartellieri der neuen Strategie.

1994 beginnt die Bank diese mit Hochdruck umzusetzen und folgt dabei einem einfachen Rezept. Es sind die Banker selber, die den persönlichen und direkten Kundenkontakt pflegen, und wer diese auf seine Payroll transferieren kann, hat schon fast gewonnen. Deshalb kauft Hilmar Kopper nicht Konkurrenzbanken auf, sondern wirbt deren Schlüsselfiguren im Investment Banking ab. Um die vornehmlich in London und New York tätigen Banker dazu zu bewegen, zu einer im Business kaum verankerten Bank aus Frankfurt zu wechseln, muss Kopper finanziell tief in die Tasche greifen. Und es dauert denn auch nicht lange, bis in der Szene Gerüchte über äusserst grosszügig dotierte Verträge in Umlauf gelangen. Die Deutsche Bank zahle fast jeden Preis, heisst es an der Wall Street und in der Londoner City.

Anfang 1995 macht Michael Dobson, der als ehemaliger Chef der übernommenen Morgan Grenfell auch im Vorstand der Deutschen Bank sitzt, Kopper auf einen herausragenden Mann bei der US-Investment-Bank Merrill Lynch aufmerksam. Sein Name: Edson Mitchell. Dieser Mitchell hat für Merrill Lynch innert zehn Jahren äusserst erfolgreich den Fixed-Income-Bereich aufgebaut. Er sei auf dem Absprung, weiss Dobson, und sei also zu haben. Bei der bevorstehenden Beförderungsrunde bei Merrill Lynch werde nämlich nicht er, sondern Nebenbuhler Herb Allison den Topjob bekommen. Dies ist eine Chance für die Deutsche Bank.

Im Mai 1995 kontaktiert Kopper den Amerikaner und schlägt Mitchell vor, er solle für die Deutsche Bank den Bereich Global Markets aufbauen, genau so, wie er es für Merrill Lynch äusserst erfolgreich getan hat. Mitchell ist angetan von der Aussicht, in Konkurrenz zu seinem bisherigen Arbeitgeber treten zu können, denn der Stachel der nicht erfolgten Beförderung sitzt tief, und so sagt der Amerikaner zu. Und beginnt umgehend damit, seine engsten Mitarbeiter von Merrill Lynch für die Deutsche Bank abzuwerben. Als einer der Ersten wechselt im Juni 1995 Anshu Jain zu den Deutschen. Sechs Jahre hat der Inder eng mit Mitchell zusammengearbeitet. Und auch wenn die Deutsche Bank in der Szene der Invest-

20

ment Bankers noch keinen grossen Namen hat, folgt er seinem ehemaligen Chef, ohne zu zögern.

Mitchell ist eine schillernde Persönlichkeit, die von ihren Mitarbeitern strikte Loyalität einfordert. Er ist einer, der seine Vertrauten für sich einnehmen kann und bei diesen nahezu Kultstatus geniesst. Es gibt viele Geschichten, die über diesen Mann kursieren. Zum Beispiel, dass er für einen Zahnarzttermin schon mal mit der Concorde von London nach New York reise. Familienangehörige berichten von einem Vorstellungsgespräch, in dessen Verlauf er sich nach den Gehaltsforderungen des Kandidaten erkundigt haben soll. Als dieser, in Gedanken versunken, zum Fenster hinaus Mitchells geparkten Porsche fixiert habe, legte Mitchell den Schlüssel des Wagens auf den Tisch mit den Worten: Den Porsche könne er schon einmal haben. Ob sich diese Anekdoten tatsächlich so zugetragen haben, ist nicht mit letzter Sicherheit zu eruieren – aber es sind Storys, die zur Legendenbildung beitragen.

Äusserst kompetitiv verhält sich Edson Mitchell selbst im privaten Umfeld: Das Schachspiel mit seinem Sohn Erik gibt er sofort auf, als er realisiert, dass den Filius immer seltener besiegen kann. Seinen Mitarbeitern gegenüber ist der Banker extrem fordernd, aber auch extrem grosszügig: Loyale und fähige Mitarbeiter pflegt er mit Millionenboni zu belohnen. So entwickeln sich festgezurrte Bande zwischen Mitchell und seinen loyalen Mitarbeitern. «Ich wäre mit ihm bis ans Ende der Welt gegangen», wird Jain später einmal in einem Interview mit dem «Spiegel» bekennen. Mitchell hat ein einzigartiges Truppenführer-Charisma – etwas auf jeden Fall, das Hilmar Kopper so dringend benötigt. Ein weiterer Kollege, der bei der Deutschen Bank noch eine wichtige Rolle spielen wird, folgt Mitchell zur Deutschen Bank: Mike Philipp.

Koppers Kauflust ist damit freilich noch längst nicht befriedigt. Im Sommer verpflichtet er den Technologiebanker Frank Quattrone und mit diesem hundert von dessen engsten Mitarbeitern. Ein stattliches Team von Investment Bankers bekommt also nach und nach Visitenkarten der Deutschen Bank. Doch im Paradies wähnt sich der Vorstandschef deswegen noch lange nicht. Der Grund: Die teuer eingekauften Leute spülen einfach zu wenig Geld in die Kassen. Zwar erwirtschaften Mitchell, Quattrone und Co. stattliche Erträge, doch auch die Kosten steigen exponentiell an. Wie es scheint, erweisen sich die millionenschweren Verträge nun als Bumerang. Quattrone etwa verfügt über einen Vertrag, der ihm nicht nur fixe Bezüge, sondern auch Anteile an allen Erträgen im Technologiesektor garantiert, auch dann, wenn er und sein Team persönlich gar keinen Anteil an den Geschäftsabschlüssen gehabt haben. Verkehrte Welt: Unter dem Strich sind Quattrone und seine Mannen für die Deutsche Bank kein gutes Geschäft. Erschwerend kommt eine generelle Verschlechterung der Märkte hinzu. 1997 ist ein schwieriges Jahr für die Bankbranche. Die asiatische Krise bricht aus, die Börsen sind verunsichert, das Business läuft keineswegs wie geschmiert.

Im Mai 1997 tritt Rolf-E. Breuer als neuer Vorstandssprecher die Nachfolge von Hilmar Kopper an der Spitze der Bank an. Kopper wechselt ins Aufsichtsratspräsidium. Mit ihm hält auch Ulrich Cartellieri im Gremium Einzug und entwickelt sich neben dem neuen Vorsitzenden zum zweiten starken Mann im Aufsichtsrat der Bank. Als einziges Mitglied nimmt Cartellieri in sämtlichen Ausschüssen des Gremiums Platz, ist somit im Präsidial-, im Kredit-, im Bilanz- und auch im Vermittlungsausschuss präsent.

Im Sommer 1997 nimmt die Bank die Ertragslage im Investment Banking näher unter die Lupe. Sofort machen Gerüchte innerhalb der Bank die Runde, der Vorstand mache sich grundsätzliche Gedanken über die Weiterführung dieses Geschäfts. Es gebe in Frankfurt ernst zu nehmenden Widerstand gegen die Amerikanisierung der Bank, und Kopf der Kritiker sei Vorstandsmitglied Carl-Ludwig von Boehm-Bezing. Dieser leitet die Sparte Unternehmen und Immobilien, das traditionelle Kreditgeschäft der Bank. «Die letzte Hochburg des Kreditbankers alter Schule», urteilt das Schweizer Wirtschaftsmagazin BILANZ über diesen Bereich, und so kann es nicht erstaunen, dass sich dort der Widerstand gegen Mitchell und seinesgleichen zusammenrottet. Andere Vorstände seien mit Boehm-Bezing im selben Boot, heisst es bei den Investment Bankers in New York und London, namentlich Controlling-Chef Jürgen Krumnow und Michael Endres, Leiter IT und Organisation. Zum ersten Mal zeichnet sich ab, was später zum Dauerkonflikt auswachsen sollte: eine Auseinandersetzung zwischen dem deutschen Block der traditionellen Kommerzbanker und dem Block der angelsächsischen Investment Bankers.

Rolf-E. Breuer ist neu in dem Job des Vorstandssprechers, und es scheint so, als ob alteingesessene Kräfte innerhalb der Deutschen Bank den Zeitpunkt für einen Infight über den zukünftigen Kurs der Bank als günstig erachteten. Hilmar Koppers Kurs einer verstärkten Investition ins Investment Banking hat in der Teppichetage der Bank nämlich durchaus Gegner gehabt, und diese sehen ihre Stunde nun gekommen. Auf welcher Seite Josef Ackermann dabei steht, darüber besteht in der Bank keinerlei Zweifel. Der Schweizer, obwohl erst ein paar Monate bei der Bank, gilt intern bereits als engster Vertrauter Koppers im Vorstand. Als dieser symbolträchtig sein Chefbüro im 32. Stock Ackermann überlässt, versteht jeder in der Bank dieses Signal: Hier residiert der Ziehsohn und Protégé des starken Mannes. Schliesslich residierte in diesem Büro einst auch der legendäre Bankchef Hermann Josef Abs.

Was die Frage um den zukünftigen Kurs der Bank nicht einfacher macht: Der Vorstand der Deutschen Bank ist 1997 mehr als doppelt so gross wie heute. Ein Dutzend Mitglieder umfasst das

Gremium, und allein fürs Investment Banking zeichnen drei Personen verantwortlich: Michael Dobson von der übernommenen Morgan Grenfell, Ronaldo Schmitz und Josef Ackermann. Mit der Dreierlösung bekunden die Investment Bankers Mühe. Mitchell und seine Leute wollen Informationen aus einer Hand und bitten den Vorstand um ein klares Wort. Sie schicken eine Reihe von Fragen nach Frankfurt. Etwa folgende: Wie stellt der Vorstand sich zur Bonusfrage? Wie soll Leistung gemessen und entlöhnt werden? Sollen die Löhne als Teil des Gesamtertrages oder der Vorsteuergewinne berechnet werden? Von den Antworten auf derartige Fragen wollen die selbstbewussten Banker ihre eigene Zukunft innerhalb der Deutschen Bank abhängig machen. Und Edson Mitchell, dessen System der Loyalität auf einen Bonuspool als Führungsinstrument baut, muss wissen, ob und wie er seine Leute zukünftig finanziell zufrieden stellen kann. Bei den vor allem von monetären Motiven getriebenen «Söldnern der Deutschen Bank» («Stern») ist dies ausschlaggebend. Schon Wall-Street-Legende Bruce Wasserstein pflegte zu sagen, bei Investment Bankers müsse er stets Angst haben, dass sie in den Lift steigen und nie mehr erscheinen würden. Doch die Antworten aus Frankfurt bleiben zunächst aus. «Auf dem Level Schmitz, Ackermann, Dobson werden keine Entscheidungen getroffen», lässt sich ein Senior Banker im Branchenmagazin «Euromoney» zitieren.

Es brodelt offensichtlich an der Themse. Und Breuer reagiert mit der Einsetzung einer Arbeitsgruppe, die sich ab November 1997 Gedanken über eine mögliche Restrukturierung des Investment Banking machen soll. Neben Mitchell wird auch sein Mitstreiter Mike Philipp in das Gremium berufen. Doch die Existenz dieser Arbeitsgruppe verunsichert mehr, als dass sie die Gemüter zu beruhigen vermöchte. Welchen Kurs Frankfurt verfolge, fragen sich die Bankiers in London und New York. Besteht überhaupt noch das Commitment zum Investment Banking? «Wir verlieren das Momentum», teilt Mitchell seinen Leuten besorgt mit.

In der stets brodelnden Gerüchteküche an der Wall Street bleibt solcher Missmut nicht lange unter dem Deckel. Ende 1997 erhält Edson Mitchell einen Anruf der Schweizer Grossbank UBS, die ihm einen neuen Job anbietet. Mitchell trifft sich zu Gesprächen mit Hans de Gier und Markus Granziol, den Topmanagern aus dem UBS-Investment-Banking. Nach ersten Vorgesprächen schaltet sich auch UBS-Chef Marcel Ospel persönlich in die Verhandlungen ein. Mitchell fühlt die hohe Wertschätzung: Während sich die Chefs in Frankfurt eher abschotten, hofieren ihn die Schweizer nach allen Regeln der Kunst. Allerdings nehmen die UBS-Manager einen eher zwiespältigen Eindruck von Edson Mitchell mit nach Hause. Reichlich schamlos, finden sie, habe er für sich und sein Team um Bares verhandelt. Fragen zum Job habe Mitchell dagegen kaum gestellt, und einzelne der involvierten UBS-Banker vermuten gar, er habe gar kein echtes Interesse an einer Einstellung. Pokert hier einer nur um einen besseren Vertrag bei seinem bisherigen Arbeitgeber? Doch bald zeigt sich: Mitchell ist wirklich bereit zu wechseln. Und er lässt dies die UBS auch wissen. Der Mann, wichtigste Stütze des Investment Banking der Deutschen Bank, steht kurz vor dem Absprung zur Konkurrenz.

Vor diesem Hintergrund sollte es bald zu einem Grundsatzentschluss in Frankfurt kommen. Eine Entscheidung, an der Josef Ackermann grossen Anteil trägt.

An einem Montagabend Anfang 1998 macht sich einer der Mitarbeiter von Edson Mitchell auf den Weg ins Londoner Office der Deutschen Bank: Es ist Anshu Jain. Er will dort Josef Ackermann treffen. Zu einem persönlichen Gespräch sind sich die beiden Männer bisher noch nicht begegnet. Doch nun will Jain Vorstandsmitglied Ackermann unter vier Augen sprechen. Ackermann, obwohl erst knapp seit einem Jahr bei der Bank, eilt bereits eine hervorragende Reputation voraus: als Mann, der als Einziger im Vorstand der Deutschen Bank einen echten Investment-Banking-Background mitbringt; als Manager, der für die Schweizer Grossbank Credit Suisse in der ersten Hälfte der neunziger Jahre erfolgreich das Derivatebusiness geführt hat; als Mann, der die Sprache der Investment Bankers spricht. Diesen Mann will Jain sehen.

Jain fällt mit der Tür ins Haus. Er müsse, sagt er, Ackermann etwas Brisantes mitteilen: Edson Mitchell wolle innerhalb der nächsten 24 Stunden bei der UBS unterschreiben. Mitchell, sagt Jain, wisse nichts von diesem Gespräch zwischen ihm und Ackermann. Ihn, Jain, und andere wichtige Schlüsselfiguren wolle Mitchell zur UBS mitnehmen. Jain sieht sich in einem Loyalitätskonflikt. Persönlich hat er in den letzten beiden Jahren rund 500 Personen für die Deutsche Bank angestellt. Nun muss er sich fragen: Soll seine Loyalität wie bisher allein seinem Chef Mitchell gelten – oder hat er sich nicht auch seinen eigenen Leuten gegenüber verpflichtet? Das Beste wäre, sagt er zu Ackermann, Edson Mitchell bliebe bei der Deutschen Bank. Dafür müsste der Vorstand aber ein grundsätzliches Commitment für das Investment Banking eingehen. Diese Meinung teilt Ackermann, der als erfahrener Investment Banker nur allzu gut weiss, was er an Mitchell hat. Er werde sich darum kümmern, meint er zu Jain.

Was Jain bei seinem Besuch nicht weiss: Ackermann ist über die Absprungpläne von Mitchell bereits informiert. Am Wochenende zuvor haben sich Ackermann und Mitchell zu einem längeren Gespräch getroffen. Wie Jain hatte auch Mitchell den Schweizer als jenes Vorstandsmitglied identifiziert, das am ehesten Verständnis für seine Anliegen haben könnte. Er verlange, meinte er, ein klares Signal von Ackermann. Die Weiterentwicklung des Business sei nur möglich, wenn er den Support der Konzernzentrale spüre.

Ackermann solle ihn dabei unterstützen. Der erfahrene Dealmaker Mitchell weiss, dass in diesem Business eine Hand die andere wäscht, und so gibt er das Ackermann auch zu verstehen: Wenn du mich unterstützt, dann werde ich auch dich unterstützen. Ackermann ist in dieser Zeit daran, seine Position im Konzern abzustützen, und er weiss, dass Mitchell eine der Schlüsselfiguren sein könnte. Als die beiden sich von ihren Sitzen erheben, haben sie ein gemeinsames Ziel. Einen Vertrag gibt es nicht, aber einen Händedruck, von dem beide wissen, was er bedeutet: das Versprechen, sich gegenseitig zu unterstützen. Es ist die Besiegelung eines Paktes, der sich für beide als lohnend herausstellen wird.

Als sich Jain nach dem Gespräch mit Ackermann verabschiedet, weiss der Schweizer: Er hat noch 24 Stunden, um Edson Mitchell ein eindeutiges Signal zu geben. Ackermann handelt, wie es seinem Wesen entspricht: schnell und präzis. Noch am selben Abend informiert er Breuer, Kopper und Cartellieri über die brenzlige Lage im Investment Banking. Derweil begibt sich Jain in den Londoner Stadtteil Chelsea. Dort wohnt Mitchell, und dort will er seinen Chef zum Dinner treffen. Der Dritte am Tisch ist Bill Broeksmit, wie Jain ein Mitarbeiter Mitchells aus vergangenen Merrill-Lynch-Tagen. Auch Broeksmit steht auf der Liste der Mitarbeiter, die Mitchell zur UBS mitnehmen würde. Jain berichtet Mitchell von seinem Treffen mit Ackermann. Die Einschätzung der Männer deckt sich: «Let's give Joe a chance», beschliessen sie. Gegen ein Uhr nachts trennt sich die Gruppe, gewillt, sich am folgenden Mittag in dieser Sache beim Lunch abermals zu besprechen.

Am Dienstagvormittag wird Mitchell mit einer Reihe von Telefonanrufen konfrontiert. Kopper, Breuer und Cartellieri persönlich versuchen ihren Mitarbeiter zum Bleiben zu bewegen – der Vorstoss von Josef Ackermann hat offenbar gewirkt. Mitchell soll der UBS bereits mündlich zugesagt haben, munkeln enge Mitarbeiter. Doch dieser, geschickter Verhandler, der er ist, hält sich weiter alle Optionen offen. Um 13 Uhr trifft er sich mit Jain und Broeksmit zum Lunch. Noch immer hat sich Mitchell nicht entschieden, und sogar Jain, der seinen Chef gut kennt, würde es nicht wagen, darauf zu wetten, wer das Rennen machen wird: die UBS oder die Deutsche Bank. Wieder zurück an seinem Pult im Londoner Trading Room, kommt der Anruf. Mitchell teilt mit, er bleibe. Jain fällt ein Stein vom Herzen. In diesem Moment der Zufriedenheit vergisst er sogar, den Chef zu fragen, was denn den Meinungsumschwung bewirkt habe.

Und das ist der Deal, den die Deutsche Bank angeboten hat: für Mitchell 70 Prozent des Gesamtgehalts, garantiert auf drei Jahre – in bar. Für die Mitarbeiter wird zudem der Kompensationspool aufgestockt. So wird es Mitchell ermöglicht, sowohl Aktien wie Cash zu verteilen – Treibstoff für die Loyalitätsmaschinerie des Bankers. Verbunden mit diesen finanziellen Neuregelungen sind ein klares Bekenntnis zum Business und das Versprechen einer massiven Restrukturierung des Bereichs Corporate and Investment Bank. Bei seinem Einstieg 1995 hat Mitchell der Deutschen Bank klar gemacht, dass er fünf Jahre brauche, um das Geschäft auf eine stabile Basis zu stellen. Nun erneuert Kopper sein Versprechen, genügend Zeit für den Aufbau zu geben.

Nach dem erneuerten Commitment für die Investment Bankers ist Edson Mitchell auch bereit, seinen Teil des Versprechens einzuhalten und Josef Ackermann den Rücken zu stärken. Mitchell und seine Leute lassen die Bankoberen wissen, dass sie zukünftig nur *einen* Mann als Chef des Bereichs Investment Banking wollen. Und dieser Mann könne nur Joe Ackermann heissen.

In der Tat ergibt dies einigen Sinn. Ackermann kennt das Geschäft, und sein Ruf bei den Bankern ist hervorragend. Die Unsicherheiten im Vorfeld der (Wieder-)Verpflichtung Mitchells haben gezeigt, dass eine Neuverteilung der Aufgaben ohnehin vonnöten ist. Vorstandschef Breuer hat denn auch keine Einwände – es ist auch für ihn eine richtige Entscheidung. Mit Ackermann hat Mitchell schon vorweg gesprochen, und so weiss der Investment Banker, dass Ackermann willens ist, diese Steilvorlage zu nutzen.

So übernimmt Josef Ackermann im Frühsommer 1998 das Investment Banking. Er weilt zunächst sechs Monate lang in New York, denn dort ist der Handlungsbedarf gross. So freundlich er den Investment Bankers gewogen ist, so schnell macht er aber auch klar, dass er sich von den toughen Herren nicht ans Gängelband nehmen lässt. Im Gegenteil: Erstmals kommt eine klare Führung in die Abteilung. Als Erster sollte dies der amerikanische Technologie-Banker Quattrone zu spüren bekommen. Quattrones Truppe agiert wie eine Bank in der Bank, was Ackermann für zu risikoreich hält. Zudem ist er nicht bereit, den grosszügigen Vertrag von Quattrone zu verlängern. Nicht der Bruttoertrag, sondern die Profitabilität ist für Ackermann die ausschlaggebende Messlatte für die Entlöhnung. Später, als oberster Chef der Deutschen Bank, will Ackermann sämtliche Geschäftsbereiche nach diesem Grundsatz geführt wissen. Er glaubt felsenfest, dass dies für erfolgreiches Banking entscheidender ist als alles andere, und Quattrone bekommt die Unerbittlichkeit des Schweizers in dieser Frage als Erster zu spüren.

Doch der selbstbewusste Quattrone will nicht einlenken und sucht nach eigenen Lösungen. Am 30. Juni schickt er seine Kündigung per Fax an die US-Zentrale der Deutschen Bank in New York. Quattrone wechselt samt seinem Team zur Credit Suisse First Boston, dem ehemaligen Arbeitgeber Josef Ackermanns. Lukas Mühlemann, Chef der Schweizer Grossbank und jener Mann, der 1996 statt des ausgeschiedenen Ackermann für den CEO-Posten bei der Credit Suisse berücksichtigt wurde, ist über diesen Wechsel sehr erfreut. Doch die Hochstimmung sollte von kurzer Dauer sein. Zwar ermöglicht Quattrone im Technologieboom der Jahre 1999 und 2000 den Schweizern eine Schlüsselrolle bei den Börsengängen von Hightechfirmen. Doch Quattrone verheddert sich bald mit seinen IPO-Geschäften und muss sich wegen Behinderung der Justiz verantworten. 2003 findet er sich vor den Schranken des Gerichts wieder – mit grossem Imageschaden für die Credit Suisse. Dieser Kelch ist an der Deutschen Bank vorbeigegangen.

Doch zunächst steht Ackermann gegen aussen als Verlierer da. Nicht nur Quattrone, sondern auch weitere Investment Bankers verlassen die Bank. Im Frühling 1998 kommt es gar zu einem Massenexodus. Leute wie Carter McClelland, Maurice Thompson oder Ernst Fassbender suchen das Weite. «Deutsche dumps its investment bankers», schreibt «Euromoney» im Juli 1998. Aber Ackermann will das Business überhaupt nicht zurückfahren – er will nur mit schlechten Sitten aufräumen. Dem Vorstand der Deutschen Bank ist aber durchaus bewusst, dass die Deutsche Bank ihr neu bestärktes Bekenntnis zum Investment-Bereich bald durch ein klares Signal unterstreichen muss.

Im Sommer 1998 treffen sich die Senior Managers des Investment Banking in Fiuggi ausserhalb Roms mit dem Vorstand der Deutschen Bank zu einem Seminar. Die Investment Bankers verlangen dabei eindringlich einen Ausbau des Geschäfts in den USA. Dort ist die Plattform des Geldinstituts bisher unbedeutend geblieben. Die Forderung wird auch konkretisiert: Die Deutsche Bank soll eine US-Investment-Haus übernehmen. Nur mit einem Expansionsschritt in den USA sei ein erfolgreicher Aufbau des Business möglich. Lange hat sich die Führung vor diesem Schritt gescheut. Nun verlangen Mitchell und seine Mannen ein klares Zeichen.

Breuer und Ackermann verstehen diese Botschaft wohl. Ihnen ist bewusst, dass mit einer Expansion in den USA die Bedeutung des

Investment Banking im Konzern massiv steigen würde, und sie wollen diesen Sprung wagen. Mehrere potenzielle Kandidaten werden unter die Lupe genommen. Zunächst neigt die Bank dazu, Lehman Brothers zu übernehmen. Doch es gibt zwei Nachteile: Der Kauf wäre überaus teuer, und viele Bereiche überschneiden sich mit den Fixed-Income-Teams von Edson Mitchell. Mehr Synergien verspricht ein anderer möglicher Partner: Bankers Trust. Die achtgrösste Bankholdinggesellschaft der USA ist nach Handelsdefiziten und dem Verlust vieler Firmenkunden zum Übernahmekandidaten geworden. Das Fed in New York hat aktiv bei der Suche nach möglichen Partnern geholfen, die Deutsche Bank kontaktiert und gefragt, ob allenfalls Interesse an einem Kauf von Bankers Trust bestehe. Nun kommt die grosse Stunde von Rolf-E. Breuer: Engagiert führt er auf Seite der Deutschen Bank die Verhandlungen, und es kommt zum Handschlag mit Bankers-Trust-Obmann Frank Newman. Am 29. November 1998 segnet der Aufsichtsrat der Deutschen Bank den Kauf von Bankers Trust ab. Verkaufspreis: 9,7 Milliarden Dollar. Michael Dobson bringt es auf den Punkt: Nun sei, lässt er sich in der Presse zitieren, der Weg Richtung Investment Banking «unwiderruflich».

Die eigentliche Arbeit sollte erst nach dem Kauf beginnen. Bankers Trust ist ein Unternehmen in der Identitätskrise, gelähmt durch Infights und eine tief im Management sitzende Ablehnung der bisherigen Leitung unter Frank Newman. Der Vorstand der Deutschen Bank betraut Josef Ackermann mit der Integration von Bankers Trust in das bestehende Investment-Banking-Business der Deutschen Bank, und Ackermann löst diese Aufgabe mit Bravour. Mit seiner ruhigen Art findet er schnell Vertrauen bei den verunsicherten Mitarbeitern von Bankers Trust. Aus den verschiedenen Teilen der Bank zimmert er in Rekordzeit ein Ganzes.

Mit dem Kauf von Bankers Trust ist der Graben zwischen den Vorstandsmitgliedern allerdings noch grösser geworden. Der deutsche Block um Boehm-Bezing, Krumnow und Endres einerseits und die Befürworter des Mitchell-Kurses um Ackermann und Breuer anderseits trauen sich gegenseitig nicht mehr recht über den Weg. Die Folge: Machtkämpfe unter Vorstandsmitgliedern. Die zweite Führungsebene realisiert dies sehr wohl, und jeder sucht sich seine eigenen Schirmherren. Ein fast mittelalterlich anmutendes Vasallensystem beginnt sich bei der Bank breit zu machen.

So beginnt Mitchell für seinen Bereich der Investment Bank ein eigenes IT-System aufzubauen – kaum zur Freude von IT-Vorstand Endres in Frankfurt. Der zuständige Bereichsvorstand in Endres' Department wirft das Handtuch. Dann gibt es Streit in Boehm-Bezings Department. Der Vorstand hat beschlossen, dass sich Ackermann und Boehm-Bezing das globale Aktiengeschäft teilen, indem Ackermann das weltweite Business unter sich haben soll und Boehm-Bezing das deutsche. Doch der von Boehm-Bezing für die mittelständischen Unternehmen vorgesehene Bereichsvorstand, Helmut Mader, stösst bald auf Widerstand bei Josef Ackermann. Mader hat sich mit wichtigen Mitarbeitern aus dem Investment Banking, allen voran Mike Philipp, überworfen. Obwohl dies gar nicht seinen Bereich betrifft, greift Ackermann ein: Er besteht bei Breuer auf Rückabwicklung der Entscheidung. Da Ackermann weiss, dass Mader ein alter Kollege Breuers aus gemeinsamen Tagen im Trading ist, holt er sich für sein Vorhaben auch die Rückendeckung von Aufsichtsratschef Kopper. Auch der spricht mit Breuer und agiert so ganz im Sinne Ackermanns. Breuer macht die Platzierung von Mader rückgängig. Mit der erwarteten Konsequenz: «Helmut Mader, Bereichsvorstand des Unternehmensbereichs Unternehmen und Immobilien, wird zum Jahresende 1998 in freundschaftlichem Einvernehmen aus den Diensten der Deutschen Bank ausscheiden», teilt die Bank mit. Der Ausstieg des langjährigen Mitarbeiters wird intern als Desavouierung von Vorstandsmitglied Boehm-Bezing gewertet.

Auch im Risikomanagement, dem Bereich von Vorstand Krumnow, gibt es Rangeleien. Ackermann will sich bei der Integration von Bankers Trust vom Corporate Center in Frankfurt nicht dreinreden lassen. Bereichsvorstand Otto Steinmetz erhält Hausverbot bei Bankers Trust in New York. Gestärkt wird derweil ein alter Vertrauter von Josef Ackermann aus Credit-Suisse-Tagen: Hugo Bänziger, der mit Ackermann zusammen beim Derivatehaus CS Financial Products tätig gewesen ist, nimmt ab Anfang 2000 im neuen Group Risk Board eine Schlüsselrolle im Risikomanagement der Deutschen Bank ein. 2006 zieht er gar in den Vorstand der Bank ein.

In diesen Kämpfen um Macht und Einfluss innerhalb der Deutschen Bank hat der deutsche Block schliesslich keine Chance. Mehr noch: Kopper und Breuer lassen renitente Vorstandsmitglieder wissen, dass sie keine Bremser bei der Ausrichtung der Bank aufs Investment Banking dulden werden. Michael Endres tritt per 31. Dezember 1998 in den Ruhestand, Jürgen Krumnow auf den 31. Oktober 1999 und Carl-Ludwig von Boehm-Bezing schliesslich per 17. Mai 2001.

Neue Vorstände, die dem Investment Banking wohlgesinnt sind, ersetzen nach und nach die Abgänge: Hermann-Josef Lamberti von IBM-Deutschland und Thomas Fischer, ein langjähriger Mitarbeiter der Bank, der ein kurzes Zwischenspiel bei der Landesgirokasse Stuttgart gegeben hat, treten in den Vorstand ein.

Das ist auch im Sinne von Josef Ackermann. Nun muss er allerdings beweisen, dass die Bank mit dem neuen Kurs richtig liegt. Vom Vorstand nunmehr breiter unterstützt, startet das Investment Banking der Deutschen Bank in die Boomjahre 1999 und 2000. Es sind Jahre, in denen der Rubel überall rollt. Die Börsen erklimmen eine Rekordmarke nach der anderen, weltweit sind die Firmen im Fusions- und Übernahmerausch – und stets verdienen die Investment-Häuser mit: als Trader, als Berater für Mergers and Acquisitions und als Begleiter von Börsengängen. Ackermann als Chef des Bereichs reitet so auf einer Welle des Erfolgs, die seine Stellung in der Bank stetig stärkt. Fast zwei Drittel der Erträge der Deutschen Bank sprudeln aus Josef Ackermanns Departement.

Kein Zweifel: Der Schweizer spielt im deutschen Bankkonzern eine immer tragendere Rolle. Seine Kompetenz geht weit über das Investment Banking hinaus. Als Ex-Chef der Schweizer Credit Suisse geniesst er auch Glaubwürdigkeit in Fragen des Private Banking sowie im Kleinkundengeschäft. Im Vorstand wie im Aufsichtsrat ist man beeindruckt. Ackermann ist breit akzeptiert, auch wegen seiner immer ruhigen Art. Schon sein Einstand bei der Bank im Herbst 1996 hat nachhaltigen Eindruck gemacht: Zwei Monate lang hat er sich Zeit genommen, alle Bereiche und Teams kennen zu lernen, und hat in dieser Zeit auch alle grossen Filialen persönlich besucht. Er ist ein Sympathieträger, offen, geradeaus, höflich, ohne Allüren, engagiert. Eine Leaderfigur. Das spüren alle, die mit ihm zu tun haben.

Im Herbst 2000 gerät die Deutsche Bank in ein Führungsvakuum. Vorstandssprecher Rolf-E. Breuer hat versucht, die Bank mit der Dresdner Bank zu verschmelzen, doch der Deal ist gescheitert. Breuer ist angeschlagen, und die deutsche Presse wälzt Nachfolgeszenarien. Zwei potenzielle Nachfolger werden immer wieder genannt: Josef Ackermann ist der eine, der andere Thomas Fischer. Wie Ackermann ist Fischer eines der aktivsten Mitglieder des Vorstands. Der Leiter des Bereichs Treasury und Risikomanagement im Corporate Center gilt – mit seinen blauen Kragenhemden und seinen grellen Krawatten – als etwas extravagant. Doch er gilt auch als höchst intelligent und kompetent. Von 1985 bis 1995 war

Fischer schon einmal bei der Deutschen Bank. Er hat schon unter dem ehemaligen Vorstandschef Alfred Herrhausen gedient und wichtige Posten in der Konzernentwicklung und im Controlling innegehabt.

Um die Spekulationen zu beenden, beschliesst Breuer, die Frage seiner Nachfolge frühzeitig zu regeln. Noch im Herbst 2000 soll entschieden werden, wer per Mai 2002 neuer operativer Chef der Bank werden soll.

Im September 2000 trifft sich der Vorstand der Deutschen Bank zu einem Nachtessen im engsten Kreis. Rolf Breuer ist nicht anwesend. Das Gremium soll ohne Beeinflussung durch den Sprecher unter sich ausmachen, wer sein neuer Primus inter Pares werden soll. Da der Sprecher fehlt, führt Personalchef Tessen von Heydebreck das Zepter, als einer der Dienstältesten im Vorstand. Er ist es, der diese so wichtige Sitzung eröffnet und die Frage der Nachfolge Breuers aufwirft. «Gibt es Kandidaten?», fragt von Heydebreck und blickt in die Runde. Nur ein Mann ergreift das Wort: Vorstandsmitglied Edson Mitchell. Neuer Vorstandssprecher könne nur Josef Ackermann sein, sagt der Amerikaner mit Nachdruck. Einmal mehr – und diesmal in einem besonders wichtigen Moment – spielt also die «Special Relationship» zwischen Mitchell und Ackermann. Es bleibt der einzige Vorschlag, und die Zustimmung zum Vorstoss von Mitchell ist beeindruckend. Jawohl, so ist es, meinen alle anwesenden Mitglieder des Vorstands am Dinner-Tisch einstimmig – das Gremium hat seinen künftigen Sprecher bestimmt.

Auch Thomas Fischer ist dafür, ja beglückwünscht Ackermann sogar. Allerdings verfolgt Fischer damit eigene Pläne – er will Chef des Investment Banking werden. Doch dabei gibt es ein Problem. Die Investment Bankers wollen Fischer nicht als Chef akzeptieren. Ein anderer hat denselben Job für sich im Auge: Edson Mitchell.

Die Wahl Ackermanns zum zukünftigen Vorstandssprecher wird am 21. September 2000 der Öffentlichkeit mitgeteilt. Nun muss sich Breuer ins Zeug legen, um nicht die kommenden zwei Jahre als «Lame Duck» zu gelten. Josef Ackermann hat ihm versichert, sich öffentlich zurückzuhalten und keine Interviews zu geben. Daran hält sich der Schweizer und stärkt so seinem Chef den Rücken. Ganz zum Missfallen der Presse, die gerne mehr vom zukünftigen Mann an der Spitze der Deutschen Bank erfahren hätte.

Im Innern beginnt Ackermann die Bank aber bereits nach seinen Vorstellungen umzubauen. In enger Zusammenarbeit mit Edson Mitchell entwickelt er das Konzept eines Bankkonzerns, der auf zwei starken Säulen ruht: Investment Banking und Privatkundengeschäft. Bei der Investment-Banking-Säule soll Mitchell die tragende Rolle spielen.

Der Flugzeugabsturz, bei dem Mitchell ums Leben kommt, macht diese Pläne mit einem Schlag zunichte. Ackermann muss improvisieren. Mitchells Nachfolger Jain auch die Gesamtleitung übertragen will er nicht. Thomas Fischer wiederum hätte zwar das nötige Rüstzeug, ihm fehlt aber der Support der Investment Bankers. Ackermann bespricht sich mit Breuer, und gemeinsam beschliessen sie eine kreative Lösung. Am 31. Januar 2001 präsentiert der Vorstand dem Aufsichtsrat die neue Struktur mit den zwei Säulen. Sie soll Synergiegewinne von 1,5 Milliarden Euro pro Jahr bringen. Die Spitze der Säule Corporate & Investment Bank übernimmt Josef Ackermann selber. Die Säule Private Clients & Asset Management übernimmt Breuer.

Jain wird der Bereich Global Markets übertragen, wie schon unter Mitchell Kern des Investment Banking. Grant Kvalheim, Hauptwidersacher von Jain unter den Mitchell-«Leutnants», verlässt im Mai 2001 die Bank und nimmt die Topbanker Peter Goettler und John Winter mit zur englischen Barclays Capital.

Thomas Fischers Wunsch, das Investment Banking zu übernehmen, bleibt unerfüllt. Doch es kommt noch schlimmer für das Vorstandsmitglied. Im November 2001 plant Ackermann eine generelle Umstrukturierung der Führung. Es soll ein Exekutivkomitee geschaffen werden. Das operative Business der Bank soll auf mehrere Geschäftsfelder verteilt werden, an deren Spitze je ein Spartenleiter steht. Das neue Group Executive Committee, dessen Vorsitz der Vorstandssprecher innehat, umfasst neben dem auf nur noch fünf Personen verkleinerten Vorstand auch die Spartenleiter, die Global Business Heads, die an den Vorstandssprecher rapportieren. Damit werden die Verantwortlichkeiten für die Geschäftsaktivitäten der Bank klar zugeordnet. Der Sprecher wird dadurch zu einer Art CEO im amerikanischen Sinne.

Doch dies alles bedeutet auch eine Schwächung des Vorstandes. Für Fischer ist dies nicht akzeptabel. Vehement wehrt er sich gegen die neue Struktur, bleibt jedoch mit seinem Vorstoss im Vorstand isoliert. Fischer verärgert mit seiner Kritik aber auch Aufsichtsratschef Hilmar Kopper, der von seinem Büro im 29. Stock der Bankzentrale aus immer noch als Strippenzieher agiert. Kopper geht davon aus, dass die wirkliche Motivation Fischers im verlorenen Rennen gegen Ackermann um den Chefposten liegt. So etwas mache er nicht mit, lässt er Fischer wissen. Die Kritik an der neuen Struktur hält er nicht nur für vorgeschoben, er hält sie auch im Grundsatz für falsch. Dies sei genau die Struktur, die er sich immer vorgestellt habe, ist die Haltung des Aufsichtsratschefs. In der Tat hat Kopper schon 1995 in einem Interview mit dem «Spiegel» gesagt, er halte die Struktur des zwölfköpfigen Vorstandes für überholt.

Fischer muss spätestens nach der Aussprache mit seinem Aufsichtsratschef klar geworden sein, dass er einen Machtkampf mit Josef Ackermann verlieren würde. Er weiss auch um den

Einfluss, den Kopper bei Breuer besitzt. So kommt es wie erwartet: An seiner Sitzung vom 30. Januar 2002 löst der Aufsichtsrat den Vertrag mit Thomas Fischer «auf dessen Wunsch» (Pressecommuniqué) mit sofortiger Wirkung auf. Grund: «unterschiedliche Auffassungen zur neuen Führungsstruktur».

Mit dem Wegfall des Rivalen ist der Weg frei für Josef Ackermann. Am 31. Januar wird die neue Führungsstruktur mit dem Group Executive Committee per Communiqué der Öffentlichkeit vorgestellt: Nie zuvor sei die Bank «stärker auf eine Person ausgerichtet gewesen», kommentiert die «FAZ». Mit der Aktionärsversammlung der Bank vom 22. Mai 2002 wird die Berufung Ackermanns offiziell – der Schweizer ist im Zentrum der Macht der Deutschen Bank angekommen.

Aus den Bergen auf den Gipfel

Wie ein Arztsohn aus dem ländlichen Mels im Kanton St. Gallen zum Rising Star der Schweizer Bankbranche avanciert. Und wie er bei der Schweizerischen Kreditanstalt die Basis für einen weiteren rasanten Aufstieg legt.

Der junge Landarzt hat schon einigen Babys auf die Welt geholfen. Kurz nach dem Zweiten Weltkrieg sind in der Gegend des oberen Walensees Hausgeburten die Regel. Bei der bevorstehenden Niederkunft seines eigenen Kindes ist Dr. med. Karl Ackermann jedoch auf fremde Hilfe angewiesen, und so fährt der werdende Vater seine hochschwangere Frau an einem kalten Tag Anfang 1948 ins Spital nach Walenstadt. Dort kommt Josef Ackermann am 7. Februar per Kaiserschnitt auf die Welt.

Es sind stressige Zeiten für die junge Familie. Ein Jahr zuvor hat Karl Ackermann in Sargans seine Praxis für Allgemeinmedizin eröffnet. Sargans, ein 2000-Seelen-Städtchen am südlichen Ende des Kantons St. Gallen, ist malerisch gelegen in Nachbarschaft zum Fürstentum Liechtenstein und zur weiten Talebene der Bündner Herrschaft, die sich dem Rhein entlang bis vor Chur, den Hauptort Graubündens, hinzieht. Markantestes Bauwerk von Sargans ist das mittelalterliche Schloss auf einem Felsvorsprung eingangs des Tals.

Die Pläne der Familie Ackermann für den Bau eines eigenen, geräumigen Hauses mit integrierter Praxis in der wenige Kilometer entfernt gelegenen Ortschaft Mels sind zwar ausgearbeitet, doch das Bare für den Bau des Eigenheims muss erst noch verdient werden. Die Ackermanns stammen aus einfachen, kleinbürgerlichen

Verhältnissen. Der Grossvater war Vorarbeiter im Stellwerk beim Bahnhof Sargans. Karl Ackermann, der Vater, musste sein Medizinstudium grösstenteils als Werkstudent bestreiten. Seinen Lebensunterhalt als Student verdiente er mit dem Hüten von Vieh, Holzhacken oder mit dem Verkauf von Beeren, die er in die lokale Konfitürenfabrik in Sargans brachte. Und auch später werden bei Ackermanns alle Hände gebraucht. Der jungen Mutter, Margrith Ackermann, ist nach der Geburt des kleinen Josef keine lange Erholungspause vergönnt – bald schon muss die gelernte Krankenschwester in der Praxis ihres Mannes mithelfen. Die Betreuung des Buben besorgt in dieser Zeit die Grossmutter. Im Abstand von jeweils nur knapp über einem Jahr bekommt Josef noch zwei Brüder: Im April 1949 wird Karl, im Mai 1950 Daniel geboren.

Kurz nach der Geburt des dritten Sohnes ist das Haus in Mels bezugsbereit. Es beginnt eine Zeit wachsenden Wohlstands im Grosshaushalt der Familie Ackermann. Wenn der Vater um zwölf Uhr mittags seine Praxis verlässt und sich durch den Mittelgang hinüber in den Wohnbereich begibt, treffen sich meist acht Personen am grossen Tisch zum Mittagessen: seine Frau, die drei Buben, Schwiegervater und Schwiegermutter, ein Hausmädchen sowie Bruder Anton Ackermann, der als gelernter Kaufmann die Buchhaltung der Arztpraxis erledigt. Karl Ackermann ist ein viel beschäftigter Mann, und so dauert das gemeinsame Mittagsmahl meist nicht länger als eine Stunde. Danach, von 13 bis 15 Uhr, absolviert der Arzt seine Hausbesuche in der Umgebung. Josef und seine beiden Brüder sind oft mit dabei, und wenn der VW Käfer auf der Tour zu den Patienten an einer Steigung im Schnee stecken bleibt, was öfter vorkommt, müssen die Buben hinten auf die Stossstange stehen, damit die Reifen wieder Halt bekommen.

Es gibt nur wenige Arztpraxen in der Region, und so herrscht im Wartezimmer des Doktors Ackermann meist viel Betrieb. Der

Landarzt steht bereit für allerlei Leiden: Verletzungen und Infekte verarztet er, betreut Hausgeburten und zieht, wenn es sein muss, auch Zähne. Zwischen sechs und sieben Uhr abends pflegt Karl Ackermann eine Pause einzulegen, dann steht das Nachtessen auf dem Programm, und nach dem letzten Bissen hat der Arzt nochmals Sprechstunde – bis gegen 21 Uhr.

Der Vater ist also meist abwesend, und auch die Mutter hat viel zu tun. Ein inniges Verhältnis entwickelt Josef Ackermann zu seiner Grossmutter, die nicht nur bei der Kinderbetreuung hilft, sondern auch das Mittag- und das Abendessen für die Grossfamilie kocht. Die Grossmutter ist eine gelernte Gouvernante mit Hotellerieausbildung und hat lange in der Westschweiz gewohnt. Sie ist eine warme, humorvolle Frau, die leicht Zugang zu Kinderherzen findet – und hervorragend kocht. Der Grossvater indes ist selten zu Hause: Er ist im Schloss Sargans engagiert und leitet dort das Museum mit angeschlossenem Speisesaal. Er stammt ebenfalls aus dem Gastgewerbe, war lange Kellner im Hotel Palace in Montreux.

Josef Ackermann erlebt eine unbekümmerte Kindheit. In dieser Zeit ist er für alle nur der Seppi – erst im Erwachsenenalter wird daraus dann der Joe. Die drei Ackermann-Brüder sind wilde Jungs und begeisterte Sportler. Im Winter gehts in die nahen Berge zum Skifahren, im Sommer wird die wenig befahrene Strasse vor dem Haus zum Fussballplatz und die Garage des elterlichen Hauses zum Tor. Karl Ackermann, der als Kind selber nicht schwimmen gelernt und sehr darunter gelitten hat, lässt für seine Söhne einen grossen Pool aus Plastik aufstellen, sieben Meter im Durchmesser; Josef, Karl und Daniel können schon bald schwimmen. Das Bassin wird zum Treffpunkt der Kinder aus der Nachbarschaft. Im Garten werden überall Seile für den Hochsprung gespannt und Bänder für den Wurfsport ausgelegt. Mit Steinen üben sich die

Sprösslinge im Kugelstossen – auch wenn der Garten dafür mitunter zu eng wird. Einmal stösst Seppi einen Stein durchs Fenster mitten in das Sprechzimmer der väterlichen Praxis.

Der Vater reagiert meist ohne Groll auf die Streiche der Buben. Er tadelt seinen Ältesten in solchen Fällen zwar, doch ist der Ärger schnell verraucht. Ein Missgeschick kann geschehen. Es sind andere Dinge, die dem Vater am Herzen liegen und über die er sich ereifern kann. Es sind seine ganz eigenen Werte und Verhaltensregeln, die er seinen Söhnen weitergibt – und die Josef Ackermann bis heute prägen. Das ackermannsche Weltbild vermittelt der Vater beim gemeinsamen Mahl. Das ist die Zeit der Gespräche am Familientisch, und Karl Ackermann bläut seinen Söhnen einen Wert fürs Leben besonders ein: Solidität. Dem Landarzt bietet seine Praxis ein Füllhorn abschreckender Beispiele. Er weiss anschaulich zu berichten von Existenzen, die vom rechten Weg abgekommen und in die Verarmung oder den Alkoholismus abgesunken sind.

Die Gegend um Mels mit den sonnigen Ebenen und dem gebirgigen Hinterland verfügt über sehr fruchtbaren Boden. Hier in der Nähe spielt der weltbekannte Roman «Heidi» der Schriftstellerin Johanna Spyri. Den Bürgern der Region steht das Recht zu, auf der gemeindeeigenen Allmend Ackerbau zu betreiben, und der Boden gibt viel her: Kartoffeln, Weizen, Gemüse. In der Bündner Herrschaft wachsen auch einige herausragende Schweizer Rotweine. Hungern muss niemand, doch ein Vermögen erwirtschaften lässt sich im Tal kaum, und manch einer verprasst das wenige, was er hat, beim Jassen, dem Urschweizer Kartenspiel.

Über solche Schicksale referiert Karl Ackermann bei Tisch, und seine Botschaft ist deutlich: Ein solides und diszipliniertes Verhältnis zum Geld schützt vor dem Abstieg ins soziale Elend. Sein eigener Vater hatte als einfacher Bahnangestellter acht Kinder grossgezogen und jedem einzelnen eine gute Ausbildung ermöglichen können, weil er seinen Verdienst nach Hause trug und nicht am Jasstisch oder in der Beiz liegen liess. So predigt es der Vater und untermauert seine Aussagen mit markigen Sprichwörtern wie «Hilf dir selbst, dann hilft dir Gott» oder Zitaten aus den Klassikern der Literatur. Vor allem Schillers Wilhelm Tell hat es ihm angetan: «Der Starke ist am mächtigsten allein.»

Neben der Solidität wird im Hause Ackermann ein weiterer Wert besonders hochgehalten: Ehrlichkeit. Wortbrüchigkeit habe der Vater gar nicht goutiert, erinnern sich Familienangehörige. Dann konnte es schon einmal eine Ohrfeige absetzen, obwohl Karl Ackermann von körperlicher Züchtigung nicht viel hielt. Josef Ackermann hat die Werte des Vaters stark verinnerlicht; Konsequenz und Verlässlichkeit bedeuten ihm bis heute viel. Beliebt zu sein, ist Josef Ackermann nicht so wichtig, zuverlässig zu sein, hingegen schon.

Seine Familie prägt ihn fürs Leben, und das Urvertrauen, das er dort erlebt, ist sicher mit ein Grund, weshalb es ihm in Krisensituationen immer wieder gelingt, eine gewisse Abgeklärtheit zu bewahren. Die Ruhe, die er selbst in hektischen Momenten auszustrahlen pflegt, fällt noch heute vielen Personen aus seiner Umgebung auf. Wie vielen Kindern aus verhältnismässig wohlhabenden Familien sind Ackermann Existenzängste fremd. Das Einkommen des Vaters und das erarbeitete Vermögen sind eine Art Rückversicherung, die auch beruflich zu Freiheiten verhilft.

Auch die ihn bis heute kennzeichnende Selbstdisziplin hat wohl in den Werten und im Vorbild der Familie ihren Ursprung. Während seine Mitschüler ihre Hausaufgaben meist im letzten Moment erledigen, hat Josef Ackermann seinen Vortrag oder seinen Aufsatz schon längst geschrieben. Später im Gymnasium, als die Schüler aus Mels und Sargans die Rechenaufgaben meist noch schnell während der morgendlichen Fahrt im Zug nach Chur erledigen und das Heft wacklig auf den Knien halten, hat sie Josef meist schon zu Hause gelöst. Josef Ackermann gilt als ausgesprochen intelligent – doch das sind andere Kommilitonen auch. Es ist die bereits in jungen Jahren gelebte Disziplin, die ihn zu aussergewöhnlichen Leistungen befähigt und dazu führt, dass ihn die Mitschüler als natürliche Autorität im Klassenverband akzeptieren. Josef Ackermann ist nicht nur einer der besten Schüler der Klasse, er ist meist auch Klassensprecher. Er erreicht in fast allen Fächern gute Noten, auch im Sport. Vor allem das Speerwerfen liegt ihm, und an den Jugendmeisterschaften gewinnt er manche Auszeichnung. Nur im Zeichnen glänzt er nicht – zu seinem Glück ist dies ein Nebenfach. Ein fast rundum Erfolgreicher schafft sich freilich auch Neider: Jene, die Josef Ackermann nicht mögen, halten ihn jedenfalls für einen Streber.

An Seppi scheint dies abzuperlen, ist er doch ziemlich unverkrampft. Er leidet, so scheint es, nicht an seiner Selbstdisziplin. Die Leistung spult er jedenfalls mit einer gewissen Lockerheit ab. Wahr ist aber auch, dass Ackermann schon früh in seinem Leben einen ihn prägenden Charakterzug entwickelt: grossen Ehrgeiz. Er misst sich oft mit Kontrahenten. Im Sport oder auch in der Schule. Er erwartet, dass man ihn beachtet. Selbst das Verhältnis zu seinen Brüdern ist von Konkurrenz geprägt, vor allem im Sport sucht er das Kräftemessen mit ihnen. Und wenn Joe Ackermann im Tischtennis gegen Karl oder Daniel verliert, knallt er den Ball schon mal wütend gegen die Wand.

Die Brüder unternehmen vieles gemeinsam. Musik spielt eine grosse Rolle in der Familie, jeder der drei Söhne spielt ein Instrument: Josef Klavier, Karl Cello und Daniel Geige. Oft gesellen sich Vater und Mutter dazu, und dann wird aus voller Kehle gemeinsam gesungen. Bis heute ist Singen ein Hobby geblieben, das Joe Ackermann pflegt. In den achtziger Jahren, als er beruflich längere Zeit in New York stationiert war, nahm er bei einem professionellen Opernsänger Gesangsstunden.

Im Winter geben die Ackermann-Jungs den Absolventen der englischen Schule am Ort Skilektionen im Tausch gegen Englischunterricht. Sprachen gelten viel im Hause Ackermann: Bereits mit sechs Jahren wird Seppi zum Französischlernen in die Westschweiz geschickt. Auch Kultur hat einen hohen Stellenwert. Einmal, in den Ferien, während eines Besuchs der Ruinen in Rom, rezitiert Karl Ackermann aus den Schriften Julius Cäsars. Sein aus dicken Reiseführern zusammengetragenes Wissen gibt er im Stil eines Dozenten an seine Kinder weiter. Auch seine Begeisterung für Botanik versucht er den Söhnen zu vermitteln, mit mässigem Erfolg allerdings. Der Vater tritt schon einmal bei voller Fahrt mit dem Auto aufs Bremspedal, nur weil er am Strassenrand eine seltene Blume gesichtet hat – und bleibt dabei in seinem Elan oft allein.

Mehr Spass machen den Ackermann-Brüdern die häufigen Besuche im Engadin. In Ftan wohnt eine Cousine der Mutter. Ihr Mann ist Skilehrer am lokalen Töchterinstitut. Die Ackermanns dürfen ihm bei den Skistunden assistieren und bemühen sich redlich, den Mädchen aus dem Internat zu imponieren. Das Training ist nicht umsonst. Josef Ackermann entwickelt bereits als Knabe eine Ausstrahlung, die andere Menschen in ihren Bann zieht. Wenn er den Raum betritt, spürt man seine Präsenz; es sei oft vorgekommen, dass wildfremde Leute sich auf der Strasse nach ihm umgeschaut hätten, erinnern sich Freunde aus der Jugendzeit. Er sieht blendend aus, und bei den Mädchen hat er Erfolg. Im Gymnasium in Chur ist er es, der die auffälligste Schönheit an der Schule, die Tochter des lokalen Möbelfabrikanten, als Freundin gewinnt. Mit verschiedenen Schulkameraden aus jener Zeit pflegt Josef Ackermann bis heute noch freundschaftlichen Umgang. Und wenn ein Klassentreffen der ehemaligen Kantonsschüler ansteht, fehlt der viel beschäftigte Banker bis heute nur selten.

Sein Entschluss, ein Wirtschaftsstudium zu absolvieren, fällt erst gegen Ende seiner Gymnasialzeit. Zunächst, Jahre vorher, will er Arzt werden, wie der Vater. Mit etwa zwölf Jahren beginnt er sich über die verschiedenen Disziplinen in der Medizin zu informieren. Zwei Gebiete interessieren ihn besonders: Er schwankt zwischen Augenheilkunde und Psychiatrie. Doch fast so schnell, wie die Faszination an der Medizin entstanden ist, schwindet sie wieder – und den Jüngling packt eine neue Begeisterung: die Politik. Die frühen Sechziger sind die Jahre John F. Kennedys, der Kuba-Krise und des Kalten Krieges. Am ackermannschen Familientisch wird viel über Politik debattiert. Als US-Präsident Kennedy Ende 1963 in Dallas erschossen wird, ist Josef 15 Jahre alt – und das Thema wird in der Familie intensiv und emotional diskutiert. Es ist die Zeit, in der Josef Ackermann die Biografien bekannter US-Präsidenten verschlingt; neben Kennedy interessiert ihn vor allem Theodore F. Roosevelt und dessen Zeit.

Die sechziger Jahre sind auch die Zeit der sozialen Veränderungen, von Jugendunruhen, Flower Power und Hippie-Bewegung. Davon jedoch bekommt Josef Ackermann kaum etwas mit. Heidiland liegt weitab von revolutionären Strömungen, und im kleinstädtisch-idyllischen Chur wirken die paar Jugendlichen, die mit langen Haaren durch die Gassen ziehen, nicht gerade als Bedrohung. Josef verfolgt die Wertedebatten der Zeit zwar, doch Rebellion ist seine Sache nicht. Es ist nicht so, dass er alle politischen Ansichten seines Vaters teilen würde, und es kommt schon einmal zu Auseinandersetzungen zwischen Vater und Sohn – mehr aber auch nicht. 1968, als in Paris die Barrikaden brennen, und später, als in Zürich die Globus-Krawalle ausbrechen, ist Josef meist im Militär. Und er tut den Dienst am Vaterland mit ehrlicher Begeisterung.

Im Militär lernt er eine neue Welt kennen – eine wichtige Erfahrung für ihn. Mit 19 Jahren, nach abgeschlossener altsprachlicher Matur, tritt er aus seinem gut situierten Elternhaus und einer heilen Welt heraus den Militärdienst als Kanonier in der Feldartillerie an. Die Schweizer Milizarmee und besonders die Ausbildungszeit während der Rekrutenschule sind eine Erfahrung der speziellen Art: Junge Männer unterschiedlichster sozialer und regionaler Herkunft müssen sich während der 17-wöchigen Ausbildung zusammenraufen, und nicht selten mündet dies in lebenslange Freundschaften. So auch bei Josef Ackermann.

Er steckt viel Zeit und Energie ins Militär, macht Karriere und steigt in der militärischen Hierarchie vom Artilleriesoldaten auf bis zum Obersten. Und auch das prägt ihn fürs Leben. Noch heute vertritt er in Referaten die Meinung, im Militär habe er viele wichtige Führungseigenschaften gelernt. Morgens um vier, nach der dritten Nacht eines Marsches, wenn die Leute frören, müde und aufmüpfig seien, zu vernünftigen Entscheidungen zu kommen und die Leute zu motivieren – das gebe einem als jungem Unteroffizier in frühen Jahren viel Selbstsicherheit. Man lerne mit knapp zwanzig Jahren, was man in der Privatwirtschaft meist erst mit über dreissig erfahren könne.

Die Entscheidung, Ökonomie zu studieren, fällt erst kurz vor der Matura, und es ist der Vater, der ihn dazu inspiriert. Karl Ackermann ist ein begeisterter «Börseler» – so nannte man damals die an der Börse aktiven privaten Kleinanleger. In den sechziger Jahren besassen in der Schweiz nur wenige Private ein Aktienportefeuille, schon gar nicht fernab der Wirtschaftszentren Zürich oder Basel. Doch Karl Ackermann ist von diesem Thema fasziniert und in dieser Hinsicht sicherlich eine Ausnahme. Er verschlingt den Wirtschaftsteil der Zeitung und verpasst kaum eine TV-Sendung zum Thema. Am Familientisch berichtet er über lukrative und weniger ertragreiche Investments – und Josef Ackermann hängt an den Lippen des Vaters. Getreu der Familiendevise investiert der Vater in eher sichere Werte, etwa in grosse Aktiengesellschaften wie Royal Dutch oder Nestlé. Vor allem aber Bankaktien wie jene der Schweizerischen Kreditanstalt, heute Credit Suisse, oder der Schweizerischen Bankgesellschaft haben es ihm angetan. Das durch sparsame Lebensführung angehäufte Vermögen der gut laufenden Praxis vermehrt Karl Ackermann auf diesem Wege recht ordentlich.

Geld zu verdienen, hat im Hause Ackermann keineswegs den Ruch des Negativen. Im Gegenteil, der Vater arbeitet darauf hin, dass es die Kinder einmal besser haben sollen als er selbst. Finanzieller Wohlstand ist ein erstrebenswertes Lebensziel für ihn, mit einer Einschränkung allerdings: Verschwenderischer Umgang mit Pekuniärem ist ihm ein Gräuel. Einmal, als die Familie Ackermann auf einer Reise in Venedig eine Nacht im Luxushotel Gabrielli verbringt, beschliesst der Vater nach vierundzwanzig Stunden den Umzug in eine billigere Absteige – obwohl es sich die Ackermanns problemlos hätten leisten können, im teureren Etablissement ein paar Nächte zu residieren.

Das Thema Wirtschaft lässt Josef Ackermann nicht mehr los. 1968 schreibt er sich an der Handelshochschule in St. Gallen (HSG) ein. Die HSG gilt als Eliteschule unter den einheimischen, ja den europäischen Universitäten; und das Selbstverständnis, zu einer Elite zu gehören, ist auch unter den Studenten durchaus verbreitet. Insbesondere die Wirtschafts- und Sozialwissenschaftliche Fakultät strahlt weit über die Landesgrenzen hinaus und lockt viele ausländische Studierende an. Revolutionäre Strömungen allerdings, wie sie in jenen Jahren etliche Universitäten Europas erfassen, dringen kaum bis in die Ostschweiz. Während beispielsweise der jüngere Bruder Daniel Ackermann, heute Urologe an der Hirslanden Klinik in Aarau, sein Medizinstudium in Zürich schon einmal für einen

Sit-in-Protest unterbricht, konzentriert sich Josef darauf, den grossen Ökonomen dieser Welt auf den Grund zu gehen.

Diszipliniert zieht er sein Studium durch. Beeindruckt vom wissenschaftlichen Eifer des Studenten, fragt ihn HSG-Professor Hans-Christoph Binswanger im Jahr 1973, ob er nicht an einer Assistenzstelle interessiert sei. Josef Ackermann, inzwischen 25, sagt zu, arbeitet am Institut, geht dem Professor bei der Vorbereitung von Vorlesungen und Prüfungen zur Hand und schreibt nebenbei an seiner Doktorarbeit. Besonders fasziniert Josef Ackermann die Geldtheorie, und genau darüber schreibt er seine 1977 publizierte Dissertation. Titel: «Der Einfluss des Geldes auf das reale Wirtschaftsgeschehen. Eine theoretische Analyse».

Als Assistent an der Uni lernt er auch seine spätere Gattin Pirkko kennen. Frauen sind an der Wirtschafts-Uni in St. Gallen eher rar und werden von den Studenten entsprechend umschwärmt. Pirkko ist eine attraktive junge Frau aus Finnland und einige Semester weniger weit, als Josef sie bei einer Prüfung kennen lernt, an der Assistent Ackermann als Aufsichtsperson eingesetzt ist. Josef korrigiert Pirkkos Arbeit, die beiden kommen sich näher, bald sind sie ein unzertrennliches Paar. Pirkko stammt aus einer mittelständischen Familie aus einer Kleinstadt im Süden Finnlands; sie ist eine intelligente, sehr bodenständige und pragmatisch denkende Frau. Unprätentiös ist sie, mehr dem Sein als dem Schein zugetan, und in ihr findet Josef Ackermann so etwas wie eine Seelenverwandte. Selbst heute, als Gattin des Deutsche-Bank-Chefs, meidet sie glamouröse Auftritte in der Welt der Schönen und Reichen, die Partywelt ist nicht ihr Ding. Wie er schätzt sie eher das private Geniessen von Kunst und Musik. Eine gemeinsame Leidenschaft des Ehepaares Ackermann sind denn auch Opernbesuche.

Josef und Pirkko heiraten 1977. Im Jahr 1984 wird Tochter Catherine, das einzige Kind, geboren. Ihre eigenen beruflichen Ambitionen steckt Pirkko zurück, für die Karriere von Joe Ackermann ist sie jedoch eine wichtige Stütze. Sie hält ihm den Rücken frei, liest Bücher, die zu lesen er selber keine Zeit findet, und schreibt für ihn mitunter kurze Zusammenfassungen über das Gelesene. Pirkko reist Josef nach, wenn ihn sein Beruf nach London oder New York führt; Lebensmittelpunkt bleibt jedoch Zürich.

Hier, am noblen Zürichberg, besitzen die Ackermanns eine Wohnung mit traumhaftem Blick über den Zürichsee. Direkter Nachbar ist der heutige CS-Präsident Walter Kielholz. Hinzu kommen eine Wohnung in Frankfurt sowie je ein Apartment in London nahe dem Buckingham Palace und in Midtown Manhattan, wo sich Joe und Pirkko auch privat gerne aufhalten. Dennoch wird im Hause Ackermann keineswegs dem Luxus gefrönt, sondern man folgt dem Beispiel von Vater Karl Ackermann. Viel ausgegeben wird höchstens für moderne Kunst. In der Garage am Zürichberg stehen keine teuren Oldtimer – Joe fährt Porsche, Pirkko einen BMW der Dreier-Reihe. Und Tochter Catherine jobbt gelegentlich im Zürcher Restaurant Seidenspinner, um ihr Studiengeld aufzubessern. Das Lokal gehört dem Seidenfabrikanten Andy Stutz, einem guten Freund der Familie Ackermann.

Den Schritt ins Erwerbsleben macht Josef Ackermann im Jahr 1977. Seinen Professor Hans-Christoph Binswanger informiert er über seine Pläne, in die Privatwirtschaft zu wechseln. Der versucht ihn zu halten und will ihn dazu überreden, eine akademische Karriere einzuschlagen und eine Habilitationsschrift zu verfassen. Doch Josef Ackermann zieht es hinaus aus dem Elfenbeinturm der Alma Mater. Er will in eine Bank. Im Frühling 1977 bewirbt er sich bei den beiden grössten Schweizer Banken, der Schweizerischen Kreditanstalt (SKA) und der Schweizerischen Bankgesellschaft (SBG).

Von beiden Banken erhält Josef Ackermann ein Jobangebot: Die Bankgesellschaft bietet ihm eine Anstellung in der volkswirtschaftlichen Abteilung an; die SKA schlägt ein spezifisches Förderungsprogramm vor. Letzteres reizt den 29-Jährigen, und er nimmt Kontakt auf mit der Zürcher Bank. Sein erster Gesprächspartner bei der SKA ist der Personalverantwortliche Hannes Scherrer – später einer der wichtigsten Förderer von Ackermanns Karriere. Der junge Hochschulabgänger unterschreibt bei der SKA. Keine zwei Jahrzehnte später wird er Chef dieser Bank sein.

Sein erster Job führt ihn ins Backoffice der SKA-Filiale am Zürcher Werdmühleplatz. Voller Elan tritt er im Frühling 1977 seine Arbeit an. Doch kaum hat er sich etwas eingelebt, als die SKA in die grösste Krise ihrer Geschichte gerät: Der so genannte Chiasso-Skandal bricht auf.

Ackermann ist gerade einmal vier Wochen bei der Bank, als am 2. Mai 1977 am SKA-Hauptsitz am Zürcher Paradeplatz hektisches Treiben einsetzt. Die Aufsichtsräte der Bank treffen sich zur Krisensitzung. Die zwanzig Männer, die sich um den stattlichen ovalen Tisch versammeln, sind die Grandseigneure des Schweizer Wirtschaftsestablishments: Max Schmidheiny, Kopf der ehrwürdigen Ostschweizer Industriellenfamilie, Max E. Eisenring, Präsident der Schweizerischen Rückversicherungs-Gesellschaft, Peter Dätwyler, Vizepräsident des Verwaltungsrats (Aufsichtsrat) der Dätwyler Holding, Ciba-Konzernchef Samuel Koechlin, Swissair-Chef Armin Baltensweiler, Alt-Bundesrat Nello Celio, BBC-Chef Piero Hummel oder der Zürcher Lokalmatador Rudolph R. Sprüngli, Präsident der Chocoladenfabriken Lindt & Sprüngli. Aufgeboten zu dieser ausserordentlichen Sitzung des Gesamtverwaltungsrates hat SKA-Präsident Oswald Aeppli.

Die Lage ist ernst. Knapp zwanzig Tage zuvor, am 14. April, hat die Generaldirektion der SKA per Telex eine vierzehnzeilige Pressemitteilung in Umlauf gesetzt, in der es unter anderem heisst: «Untersuchungen der internen Revisionsorgane haben ergeben, dass bei einem ausländischen Grosskunden der Filiale Chiasso – einer Finanzholding mit verschiedenen Beteiligungen in Europa und Übersee – Rentabilitäts- und Liquiditätsprobleme bestehen, deren Vorhandensein durch die dortige Filialdirektion unter massiver Verletzung ihrer Sorgfaltspflichten und Kompetenzen seit längerer Zeit verheimlicht wurde. Der Bank dürfte daraus voraussichtlich ein erheblicher Verlust erwachsen.» In der Tat: Die SKA sollte durch den Betrugsfall in ihrer Tessiner Filiale über eine Milliarde Franken verlieren.

Der Skandal wächst sich zu einem finanziellen Fiasko aus und belastet das Image der Bank schwer. Der Aufsichtsrat entscheidet an der denkwürdigen Verwaltungsratssitzung vom 2. Mai, eine bankeigene Sonderkommission einzusetzen, die den Chiasso-Skandal aufzuarbeiten und etwaige Verantwortlichkeiten zu klären hat – Startschuss für eine noch nie da gewesene Säuberungsaktion in der Teppichetage einer Schweizer Bank und indirekt ein Glücksfall zumindest für die Karriere eines jungen SKA-Mitarbeiters in der Filiale am Werdmühleplatz: Josef Ackermann.

Noch am Tag, an dem der Verwaltungsrat die Bildung einer Sonderkommission beschliesst, beginnt diese bereits mit den Befragungen der Generaldirektoren der Bank. Nach einem mehrere Wochen dauernden Befragungsmarathon kommt es zu einem personellen Wechsel an der Spitze der Bank: Der Präsident der Generaldirektion, Heinz Wuffli, übernimmt formell die Verantwortung für den Skandal und wird von der Sonderkommission zur Demission gedrängt. Gestärkt aus der Krise der Bank hervor gehen jene Vertreter der Generaldirektion, denen trotz intensiven Befragungen keine Verantwortung am Debakel nachgewiesen werden kann. Vor allem Generaldirektor Rainer E. Gut, Chef Effektenhandel, Emissionen und Unternehmensfinanzierung, aber auch der stellvertretende Generaldirektor Robert A. Jeker, Chef Interne Dienste, Organisation, Unternehmensplanung und Rechnungswesen, sind nach dem Urteil der Sonderkommission aus dem Schussfeld – beides Bankmanager, in deren Windschatten Josef Ackermann bei der SKA bald Karriere machen wird.

In jenen Frühlingstagen im Mai 1977 ist die Bank wie paralysiert. Die Zeitungen laufen Sturm, fast täglich berichten sie über den Skandal, der immer grössere Kreise zieht. Vor allem die kurz zuvor gegründete neue linke Boulevardzeitung «Die Tat» fährt schweres journalistisches Geschütz auf und titelt: «SKAndal. Jetzt zittern die Gnomen». Die aufgepeitschte öffentliche Stimmung geht an den Mitarbeitern der Bank nicht spurlos vorbei. Seiner Frau klagt Josef Ackermann in jenen Tagen, er habe sich wohl für die falsche der beiden Grossbanken entschieden. Er habe leider jene Bank ausgewählt, die es möglicherweise bald nicht mehr geben werde.

Diese Einschätzung erweist sich als falsch. Der Chiasso-Skandal erschüttert das Finanzinstitut zwar in seinen Grundfesten, und eine Milliardensumme muss abgeschrieben werden, doch mit einer personell verjüngten Führungscrew findet die Bank schnell wieder Tritt. Unter dem Druck der öffentlichen Schmach kommt es innert weniger Jahre zu einem Generationswechsel in Management und Aufsichtsrat. Jüngere, ehrgeizige Banker steigen in die Teppichetage auf und treiben den Umbau der Bank tatkräftig voran. Es sind Bankmanager wie Rainer E. Gut und Robert A. Jeker, die kurze Zeit später als Präsident und Konzernchef die SKA neu ausrichten werden.

Es dauert nicht lange, und Robert A. Jeker, damals noch Generaldirektor, sucht einen neuen persönlichen Assistenten. Personalchef Hannes Scherrer gibt ihm einen heissen Tipp: Er habe da einen hervorragenden jungen Mann, meint der Personalchef, der eine Herausforderung suche. Sein Name: Josef «Joe» Ackermann. Mit ihm pflegt Scherrer inzwischen auch privat freundschaftlichen

Umgang. Die beiden verbindet die Leidenschaft für edle Weine aus dem Bordeaux – Scherrer ist Autor mehrerer Bücher über Wein und gilt unter Insidern als «Bordeaux-Papst» der Schweiz. Diese freundschaftliche Beziehung hält über Jahre, und später wird Scherrer Pate von Ackermanns Tochter Catherine. Als Assistent eines Generaldirektors ist Ackermann ein gewaltiger Karriereschritt gelungen, der sich für seine spätere Entwicklung als segensreich erweisen sollte. Er sitzt nun gewissermassen im Vorzimmer der Macht, im Fokus der Bankgewaltigen, und wird vom Personalchef des Hauses gefördert – eine perfekte Konstellation für eine steile Karriere, vorausgesetzt, die Leistungen halten mit dem Willen Schritt.

Josef Ackermann ist sich dessen durchaus bewusst. Wo auch immer er eingesetzt wird, liefert er tadellose Resultate, und Anfang 1981 wird er zum Vizedirektor befördert. Er arbeitet nun am Hauptsitz am Zürcher Paradeplatz 8, direkt unter Generaldirektor Hugo von der Crone, und ist zuständig für den Zahlungsverkehr. Zwei Jahre später wird Josef Ackermann zum stellvertretenden Direktor ernannt und in die Niederlassung in Lausanne geschickt. Der junge Banker versprüht grossen Ehrgeiz, das spüren alle, die mit ihm zu tun haben. Mitunter fällt er negativ auf in seinem Drang, vorwärts zu kommen. In Lausanne kommt es etwa vor, dass er respektlos seine Vorgesetzten tadelt, und viele seiner Arbeitskollegen vermuten, Ackermanns Ambition sei es, irgendwann in die Generaldirektion der Bank aufzusteigen.

Ende 1984 wird er von Lausanne zurück an den Hauptsitz berufen, wo er die Verantwortung für das Emissionsgeschäft übernimmt. Chef dieser Sparte ist Generaldirektor Hans-Ulrich Doerig, ein gemütlicher Appenzeller, heute Vizepräsident des Verwaltungsrats der Credit Suisse. 1987 wird Ackermann für den Bereich Multinational Services in der Schweiz zuständig, diesmal bereits im Range eines Direktors. Unter ihm arbeitet zu dieser Zeit ein

Manager als Vizedirektor, der später ebenfalls eine herausragende Karriere machen sollte: Walter Kielholz, heute Präsident der Credit Suisse und Delegierter beim weltgrössten Rückversicherungskonzern, Swiss Re. In diesen Zeitraum fällt auch ein Einsatz als Investment Banker in London, wo er mit den dortigen CS-Profis zusammenarbeitet, allen voran mit «Mr. Euromarket», Hans-Jörg Rudloff, der im blühenden Eurobond-Markt Millionen für die CS verdient hat, und Oswald Grübel, dem heutigen CEO der Credit Suisse, der lange den Obligationenhandel geleitet hat. Ackermann wirkt mit seiner ruhigen und überlegten Art zwar wie ein Fremdkörper zwischen all den nervösen Händlertypen, wird dank seiner Lernbereitschaft und Offenheit aber schnell akzeptiert.

Ende 1988 scheint die Chefetage der SKA für Josef Ackermann in Sichtweite. Sein Ex-Chef Robert A. Jeker, nunmehr Direktionspräsident der Bank, verspricht, ihn per Anfang 1989 in die Generaldirektion zu befördern. Allerdings kann Jeker sein Wort nicht halten. Rainer E. Gut, der mächtige Präsident der Bank, hat einen anderen für die höchsten Weihen auserkoren. Und gegen den Willen des Präsidenten geht nichts innerhalb der Kreditanstalt – der Schlüssel zum Aufstieg nach ganz oben liegt bei diesem Mann.

Seit Gut im Nachgang des Chiasso-Skandals zunächst zum Konzernchef und 1983 auch zum Verwaltungsratspräsidenten der Bank gewählt worden ist, regiert er den Finanzkonzern mit eiserner Hand. Robert A. Jeker, operativer Chef und die Nummer zwei im Unternehmen, trifft denn auch keine wichtige Entscheidung ohne Konsultation des Präsidenten. Und selbst im Tagesgeschäft ist Gut in der Bank präsent: Er pflegt jede Sitzung der Generaldirektion zu besuchen und scheut auch kein deutliches Wort, wenn es denn sein muss. Das zeitigt Wirkung: Er springe lieber vom Zehnmeterbrett ins eiskalte Wasser, sagt ein Generaldirektor jener Zeit, als dem Präsidenten zu widersprechen.

Ende 1988 wird nicht Josef Ackermann zum Generaldirektor befördert, sondern Ruedi Stalder – und der übernimmt zu allem Überfluss auch noch den Bereich Multinational Services. Josef Ackerman reagiert empört auf den Wortbruch. Aus Protest erscheint er tagelang nicht zur Arbeit. Jeker sucht das Gespräch mit Ackermann; diesen Mann will er nicht verlieren. Und später spricht er auch beim Präsidenten höchstpersönlich, Rainer E. Gut, in dieser Sache vor. Offenbar eine erfolgreiche Intervention: Im Geschäftsbericht 1989 der Bank, der im Frühling 1990 erscheint, ist nachzulesen: «Mit Wirkung ab 1. Januar 1990 wurde Herr Dr. J. Ackermann vom Verwaltungsrat zum Generaldirektor ernannt.» Er ist innerhalb der Sparte Finanz / Investment Banking zuständig für die multinationalen Gesellschaften, den Geldmarkt sowie den Devisen- und Edelmetallhandel. Ruedi Stalder, sein Nebenbuhler, wird vom Bereich Multinationals abgezogen, übernimmt zunächst das europäische Kommerzgeschäft, später bei der Schwestergesellschaft Financière Credit Suisse First Boston den Vorsitz der Geschäftsleitung. Was für Josef Ackermann zählt: Nun sitzt er in der Generaldirektion. Hier ist die Bühne, von der aus die Top-Rollen innerhalb der Bank besetzt werden.

Mitte 1990 beginnt die Bank mit dem Aufbau einer auf den Handel mit Derivaten und Swaps spezialisierten Einheit namens Credit Suisse Financial Products (CSFP) in London. Das geschieht in enger Tuchfühlung mit der konzerneigenen Investment Bank Credit Suisse First Boston. Diese ist aus dem Zusammenschluss der Schweizer Bank mit dem US-Finanzhaus First Boston Ende der achtziger Jahre entstanden. Für das junge Business der CSFP sucht Rainer E. Gut einen Chef – und findet unter seinen Spitzenleuten niemanden, der so richtig Feuer fängt. Derivate sind zu jener Zeit ein recht exotisches Business, und kaum ein Banker vermag abzuschätzen, was der geschäftliche Nutzen der neuen Finanzinstrumente sein könnte. In seiner Personalnot klopft Präsident Rainer E. Gut auch bei Josef Ackermann an. Und der greift zu. Er spürt wohl, dass dies eine einmalige Chance darstellen könnte, den mächtigen Präsidenten für sich einzunehmen.

Credit Suisse Financial Products wächst zu einem der erfolgreichsten Geschäfte der CS Holding heran. Nach sechs Monaten wird CSFP von dem Fachorgan «International Financing Review» als «Swaphouse of the Year» ausgezeichnet. Operativ führt bei CSFP der smarte, aber auch äusserst risikofreudige Investment Banker Allen Wheat, der vom Bankers Trust gekommen ist, das Zepter. Das Bindeglied zur Zentrale in Zürich bildet Josef Ackermann. Mehrere Jahre steht er der CSFP als Chairman vor.

Ackermann, Wheat und Co. verwandeln die Einheit Credit Suisse Financial Products in eine Cash Cow für die Bank. Sie spült Hunderte von Millionen Franken in die Kasse des Mutterhauses, Geld, das am Zürcher Paradeplatz höchst willkommen ist. Rainer E. Gut kann mit diesem Geldsegen jene Finanzlöcher stopfen, die der Bank durch die Übernahme der US-Investment-Bank First Boston erwachsen sind – eine Akquisition, die Rainer E. Gut persönlich orchestriert hat.

Er ist es gewesen, der seine persönliche Autorität in die Waagschale geworfen hat, um den Kauf des immer wieder von finanziellen Krisen gebeutelten US-Bankhauses zu realisieren. Die CS First Boston (CSFB) erweist sich als Fass ohne Boden, und das Mutterhaus kommt nicht darum herum, immer wieder Substanz von den gesunden Teilen der Bank in die kränkelnde CSFB einzuschiessen. Typisch für dieses Vorgehen ist eine Aktion im Jahr 1990: Zu dieser Zeit verkauft Rainer E. Gut die Clariden Bank, eine der kleineren Privatbanken unter dem Dach der CS Holding, an die Leu Holding, eine Subholding ebenfalls im Portefeuille der CS Holding. Kostenpunkt: rund 200 Millionen Franken. Diese Gelder aus dem bankinternen Geldtransfer verwendet Präsident Rainer E. Gut, um in den Vereinigten Staaten Finanzlöcher bei der CSFB zu stopfen. «Im Verlust von CS First Boston ist ein Gewinn vor Steuern von 140 Millionen aus dem Verkauf der Clariden Bank an die Leu Holding enthalten», heisst es in einer Fussnote im Geschäftsbericht der CS Holding aus dem Jahr 1990/91.

Für ein ähnliches System der internen Geldverschiebung instrumentalisiert Rainer E. Gut kurze Zeit später auch die von Josef Ackermann geführte Credit Suisse Financial Products. 1994 verkauft der Präsident zwanzig Prozent der CSFP an die der Credit Suisse traditionell nahe stehende Schweizer Rückversicherungs-Gesellschaft, heute Swiss Re. Im Rückversicherungskonzern, mit dem die Bank seit Jahren durch eine gegenseitige Kapitalbeteiligung verbunden ist, amtet Rainer E. Gut als Vizepräsident des Verwaltungsrats. Die Schweizer Rück bezahlt dafür teilweise mit eigenen Aktien. Die Anlegerzeitung «Finanz und Wirtschaft» spricht von einem Freundschaftspreis – das Management der Rück widerspricht dieser Darstellung indes. Es seien übliche Marktpreise bezahlt worden. Klar ist: Rainer E. Gut kann die Millionen aus dem Verkauf gut gebrauchen. Sein Investment-Banking-Kind CS First Boston steckt wieder einmal in den roten Zahlen, und die Schweizer überweisen das Geld aus dem Verkauf nach New York.

Dieser ausserordentliche Erlös in Höhe von 540 Millionen Franken stopft nicht nur bei CSFB die grössten Löcher, er lässt auch das magere Geschäftsergebnis der CS Holding in einem helleren Licht erscheinen. Immerhin wird der erfolgreiche Aufbau der Credit Suisse Financial Products zum Schmiermittel für Josef Ackermanns eigene Karriere. Für die Bank verdient die von ihm geleitete CS-Tochtergesellschaft etliche Millionen, die Rainer E. Gut sehr gelegen kommen angesichts seiner Finanzprobleme in den USA. Das vergisst der Präsident nicht.

Ende 1992 äussert der operative Chef der Credit Suisse, Robert A. Jeker, den Wunsch, seinen Job zu quittieren – er hat das lukrative Angebot vorliegen, Chef der Beteiligungsgesellschaften bei Stephan Schmidheiny zu werden. Schmidheiny, Spross der Ostschweizer Industriellendynastie, verfügt über ein breit diversifiziertes Portefeuille an Beteiligungen, deren Wert die Milliardengrenze bei weitem übersteigt.

Rainer E. Gut hat diese Eventualität im Geiste längst durchgespielt und auch bereits einen geeigneten Nachfolger im Auge. Ende 1992 ruft der Präsident seinen 44 Jahre jungen Generaldirektor Josef Ackermann in sein Büro und fällt – wie es seine Art ist – gleich mit der Tür ins Haus: Robert A. Jeker, eröffnet er dem verdutzten Ackermann, werde die Bank verlassen. Und es komme noch besser, meint Gut. Er, Joe Ackermann, werde der neue Präsident der Generaldirektion. «Ich war», wird Ackermann später Freunden erzählen, «völlig überrascht.»

Bald schon bekommt der neue Bankchef Gelegenheit, sein Gesellenstück abzuliefern: Gut und Ackermann setzen an zur Übernahme der Schweizerischen Volksbank (SVB). Ende der achtziger Jahre hat Rainer E. Gut die Strategie formuliert, im Inland durch Zukäufe wachsen zu wollen, und 1990 hat die CS Holding durch den Kauf der altehrwürdigen Bank Leu bereits einen ersten Schritt in diese Richtung getan. Und nun eröffnet sich plötzlich die Gelegenheit, sich einen der ganz grossen Konkurrenten einzuverleiben. Anfang der neunziger Jahre verfügt der Bankenplatz Schweiz noch über vier Grossbanken: neben der Kreditanstalt die Bankgesellschaft, der Schweizerische Bankverein (SBV) sowie die Volksbank. Im Jahr 1992 beschliesst die genossenschaftlich organisierte Volksbank die Umwandlung der Universalbank in eine Aktiengesellschaft, und damit werden die Berner zum Übernahmekandidaten, zumal das Geldinstitut auf zahlreichen faulen Krediten sitzt.

Kaum ist der Schutz der Genossenschaftsstruktur gefallen, treten auch schon Kaufinteressenten auf den Plan. Im Spätherbst des Jahres 1992 wurden nicht nur der Schweizerischen Kreditanstalt, sondern auch der Schweizerischen Bankgesellschaft, dem französischen Crédit Lyonnais und der amerikanischen Citibank Übernahmepläne nachgesagt. Der Verwaltungsrat der Volksbank bevorzugt jedoch eine schweizerische Lösung, und damit sind nur noch Kreditanstalt und Bankgesellschaft im Rennen.

Der Ausschuss des Verwaltungsrates der Volksbank, der innerste Machtzirkel der Bank, kündigt für Samstag, den 2. Januar 1993, eine Vorentscheidung über den zukünftigen Partner der Bank an. Es ist dies der zweite Arbeitstag von Josef Ackermann als operativer Chef der SKA, nachdem er zum Jahreswechsel 1992/93 Robert A. Jeker an der Spitze der Bank ersetzt hat. An diesem kalten Berchtoldstag präsentieren die beiden verbleibenden Interessenten, Rainer E. Gut, Präsident der CS Holding, und Robert Studer, Chef der SBG, vor dem Ausschuss der Volksbank ihre Vorstellungen über die Zukunft des Hauses nach einer Übernahme. Wenige Stunden später liegt das Resultat dieses Beauty Contest auf dem Tisch: SVB-Präsident Walter Rüegg informiert seinen Kollegen Gut, darüber, dass nicht die CS Holding, sondern die SBG den Zuschlag für die Übernahme der Volksbank erhalten hat. Diesen Beschluss habe deren Ausschuss soeben einstimmig gefällt.

Was ist geschehen? Rainer E. Gut informiert umgehend seinen neuen CEO Joe Ackermann über diese negative Wende der Ereignisse, und gemeinsam analysieren sie die Lage, fragen sich, ob sie nochmals ins Spiel kommen könnten. Sie identifizieren die Schwachstelle in ihrem Dispositiv, und diese heisst Walter Rüegg, seit knapp einem Jahr Präsident der Volksbank. Rüegg, Sohn eines Arbeiters, ist 44 Jahre zuvor als Lehrling in die Bank eingetreten und hat sich bis nach ganz oben gearbeitet. Nun will er mit aller

Kraft sein Vermächtnis durchsetzen: den Zusammenschluss seiner Bank mit der Schweizerischen Bankgesellschaft, dem grössten Schweizer Finanzhaus.

Rüegg tut dies, wie es seinem Weltbild entspricht: Ein Präsident hat die Marschrichtung vorzugeben, der Ausschuss hat zu folgen, und was dieser beschliesst, hat der Gesamtverwaltungsrat ohne Murren abzusegnen. Die erste Etappe schafft der Volksbank-Präsident am 2. Januar 1993 noch ohne grossen Widerstand – auf seinen Ausschuss ist Verlass. Zwar nicht einstimmig, wie es Rüegg dem unterlegenen Rainer E. Gut mitteilt, aber doch mit vier von fünf Stimmen folgt das Gremium seinem Präsidenten. Nur einer widersetzt sich und enthält sich der Stimme: Ausschussmitglied Gianfranco Cotti, seines Zeichens Nationalrat der Christlich-Demokratischen Volkspartei (CVP). Ihn hat Rainer E. Gut ein paar Wochen zuvor anlässlich eines gemeinsamen Kuraufenthalts persönlich kennen und schätzen gelernt.

Volksbank-Präsident Walter Rüegg wähnt sich am Ziel. Er lässt den Börsenhandel mit sämtlichen Papieren des SBV an den Börsen Zürich, Basel und Genf bis am Dienstag, 5. Januar 1993, einstellen und begründet diesen Schritt mit «einer positiven Nachricht», die bald publiziert werden soll. An jenem Dienstag tagt der Gesamtverwaltungsrat der SVB und muss definitiv über die Zukunft der Bank befinden. Und das kann in der Optik des Präsidenten nur heissen, dass das Gremium die vom Ausschuss vorgespurte Entscheidung absegnen würde.

Rainer E. Gut und Josef Ackermann wissen nun: Es bleiben ihnen 72 Stunden, um die Vorentscheidung des Verwaltungsratsausschusses umzustossen. Nun läuft das Duo zur Höchstform auf. Per Brief und vertraulich erhält jedes der 21 Mitglieder des SVB-Verwaltungsrates den Vorschlag der CS Holding zugeschickt. Beide aktivieren in diesen Tagen zudem ihre persönlichen Kontakte mit dem Aufsichtsratsgremium. Ziel ist es, den Ausschuss bis zur ausschlaggebenden Verwaltungsratssitzung zu isolieren.

Am 5. Januar 1993 reisen Ackermann und Gut ein zweites Mal nach Bern, um ihre Pläne nun auch vor dem Gesamtgremium zu präsentieren. Es sollte das letzte Mal sein, dass Walter Rüegg so etwas wie Regie zu führen versucht – und er tut dies auf seine Weise. Der Volksbank-Präsident bestellt die beiden CS-Chefs zur Präsentation, und er betreibt einigen Aufwand, um seinen erklärten Favoriten, Bankgesellschafts-Chef Robert Studer, dadurch nicht zu kompromittieren. Die CS-Bankiers müssen ihre standesgemässe Limousine am Berner Bahnhof zurücklassen und sich in den Kleinwagen von Rüeggs Sekretärin zwängen. Die Dame chauffiert Gut und Ackermann in die Tiefgarage des Volksbank-Hauptsitzes an der Weltpoststrasse 8. Über den Lieferanteneingang gelangen die Besucher aus Zürich schliesslich in das Verwaltungsratszimmer – ein verschämtes Verhalten, fast so, als wollte Rüegg um jeden Preis verhindern, dass die Bankgesellen von dem Besuch der Konkurrenz erführen.

Gut und Ackermann lassen sich nichts anmerken, geben sich zuvorkommend und freundlich. Was sie zu berichten haben, muss in den Ohren vieler Verwaltungsräte wie Musik klingen. Rund 1,6 Milliarden Franken bieten die Zürcher für die Volksbank vorbehältlich einer Due Diligence, wie die Prüfung der finanziellen Gesundheit eines Unternehmens in der Fachsprache genannt wird. Die Marke Volksbank soll unter dem Dach der CS Holding erhalten bleiben, ähnlich wie das bei der drei Jahre zuvor übernommenen Bank Leu bereits der Fall ist. Doch es sind auch andere, kleine Gesten, die nun eminente Bedeutung erlangen. Was folgt, ist eine Lehrstunde von Ackermanns Verhandlungsgeschick: Er zieht sämtliche Register und lässt seinen Charme spielen. Dem Initianten des Ostschweizer Ausbildungszentrums Lilienberg etwa, Walter Reist, der wissen will, was denn die inneren Werte der Firmenkultur ausmachten, von denen die CS-Banker sprächen, erwidert Ackermann: Im philosophischen Sinne bedeute dies «Fühlen – Denken – Handeln». Was der CS-Chef nicht sagt: Dies sind exakt jene Werte, die das Lilienberg-Zentrum in seinen Publikationen zu vertreten pflegt, und natürlich hat sich Ackermann vor dem entscheidenden Meeting in allen Details über den beruflichen und personellen Hintergrund der Volksbank-Verwaltungsräte ins Bild setzen lassen. Dieses Wissen setzt Josef Ackermann nun geschickt ein. Und auch dass Rainer E. Gut und Ackermann am Ende des Meetings jedem einzelnen der Räte die Hand drücken und sich mit ein paar persönlichen Worten verabschieden, verfehlt die Wirkung nicht.

Dieser Charmeoffensive hat Robert Studer nicht viel entgegenzusetzen. Der Mann mit dem gepflegten grauen Haar offeriert zwar ungefähr den gleichen Preis wie Gut und Ackermann, doch spricht er von einer «Rock Bottom»-Offerte, was bedeutet, dass die Volksbänkler auf einen Aufpreis hoffen dürfen – aber freilich nur dann, wenn sie nachweisen können, dass ihre Bank tatsächlich mehr wert ist. Vor allem aber legt die Bankgesellschaft Wert darauf, die SVB vollständig in die SBG zu integrieren, was das Ende der Marke Volksbank bedeuten würde – und damit trifft der forsche Bankgesellen-Chef aus Zürich die Berner Empfindlichkeiten an einem wunden Punkt.

Als der Aufsichtsrat später an diesem Tag zur Abstimmung schreitet, warten beide Seiten gespannt auf das Resultat. Zusammen mit Gut und weiteren SKA-Honorablen hat sich Ackermann ins Eckbüro des Präsidenten am Zürcher Paradeplatz begeben. Als das Telefon klingelt, ist es der CS-Präsident persönlich, der zum Hörer eilt und die News entgegennimmt: Der Verwaltungsrat der Schweizerischen Volksbank hat sich mit 17 zu 4 Stimmen entschieden – für die CS Holding. Der Einsatz der CS-Topmanager in den

Tagen zuvor hat sich also gelohnt. Es ist ihnen gelungen, sämtliche Verwaltungsräte für sich zu gewinnen, mit Ausnahme jener Ausschussmitglieder, die zusammen mit ihrem Präsidenten Walter Rüegg bereits in der ersten Abstimmung für die Bankgesellschaft votiert haben.

Gut ist zufrieden, und sehr zufrieden ist er besonders mit einem im Raum: mit seinem neuen CEO Josef Ackermann, dessen Charmeoffensive wesentlich dazu beigetragen hat, das Eis bei der Volksbank zum Schmelzen zu bringen. Der von Gut gewünschte Quantensprung im Inland ist damit geschafft, und es folgt eine Zeit, in der Gut und Ackermann eng zusammenarbeiten. Das Duo an der Spitze der Bank harmoniert ausgezeichnet. Gemeinsam kaufen die beiden weitere Banken im Inland auf, wie etwa die Neue Aargauer Bank im Herbst 1994. Erfolge, die beruflich zusammenschweissen. In dieser Zeit treffen sich der Präsident und der Konzernchef aber auch privat, zum Dinner etwa mit den Gattinnen im Domizil von Rainer E. Gut im zürcherischen Bassersdorf oder zum Golf auf dem Green des Clubs Breitenloo nahe Zürich.

Nur in einer Hinsicht hat sich Gut auch mit neuem CEO nicht geändert: In den Sitzungen der Generaldirektion, die Ackermann als Vorsitzender nun zu leiten hat, redet er immer noch gerne mit. Wie schon sein Vorgänger Robert A. Jeker bekundet auch Ackermann damit bisweilen seine liebe Mühe. 1994 ist ein schwieriges Jahr für die Branche. Experten schätzen, dass die CS im Nachgang der Bankenkrise insgesamt 15 Milliarden Franken im inländischen Kredit- und Hypothekargeschäft verloren hat – rund 5 Milliarden mehr als die Konkurrenz von Bankverein und Bankgesellschaft. Hinzu kommt, dass die CS nach der Übernahme der Volksbank im inländischen Kreditgeschäft besonders stark präsent ist. Es sind schwer zu verdauende Zahlen, die Ackermann im Verwaltungsrat der Bank präsentieren muss, und der Auftritt des jungen CEO ist für einige im Gremium nicht ohne Fehl und Tadel. Einzelne, so etwa Helmut Maucher, Vizepräsident der CS Holding und Präsident des Nahrungsmittelkonzerns Nestlé, stellen kritische Fragen. Ein Interview, das Ackermann der Zürcher «SonntagsZeitung» ohne vorherige Absprache mit Rainer E. Gut gewährt, weckt zudem den Missmut des Präsidenten. Verfolgt hier einer seine eigene Agenda in der Öffentlichkeit? So fragen sich nicht nur Gut und Maucher.

Es ist dies die Zeit, in der die Bank eine neue Identität sucht. Durch die Zukäufe ist die Zahl der Unternehmen unter dem Dach der CS Holding stetig gewachsen. Die Zentrifugalkräfte innerhalb der Bank nehmen zu, dem ganzen Gebilde fehlt der ordnende Zusammenhalt. Josef Ackermann ist sich dieses Mankos durchaus bewusst – er entwirft die Vision eines integrierten Bankkonzerns, der aus nur drei Geschäftsbereichen bestehen könnte: Retail Banking, Vermögensverwaltung und Investment Banking.

Im Februar 1996, anlässlich eines Vortrags am World Economic Forum (WEF) in Davos, spricht er erstmals öffentlich über seine Vorstellungen einer fundamental reorganisierten Bank. Zuhörern fällt auf, dass das in den Schweizer Bergen präsentierte Konzept zwar haargenau demjenigen des Basler Konkurrenten Bankverein gleicht, mit der Realität innerhalb der CS aber so gar nichts zu tun haben will. Will Ackermann seinen Auftritt am WEF dazu nutzen, auf anstehende und tief greifende Veränderungen im Hause Credit Suisse aufmerksam zu machen? Oder bestehen gar Differenzen zwischen ihm und Rainer E. Gut, dem Baumeister der bestehenden Holdingstruktur der Bank? Fragen, auf die es am WEF keine Antworten gibt.

Rainer E. Gut hat ganz andere Pläne mit seiner Bank, die er in enger Zusammenarbeit mit einem Vertrauten der Unternehmensberatungsfirma McKinsey, dem Bankspezialisten Thomas Wellauer, hat ausarbeiten lassen. Die von Wellauer gezeichneten Blaupausen einer neuen Credit Suisse haben zwar nicht mehr viel gemein mit Rainer E. Guts bestehender Holdingstruktur, noch mehr unterscheiden sie sich aber von den Vorstellungen, die Joe Ackermann am WEF geäussert hat. Was Ackermann noch nicht ahnt in jenen Tagen in Davos im Februar 1996: Seine Vision einer integrierten Bank wird er bei der Credit Suisse niemals umsetzen können – das verhindert sein Chef, Rainer E. Gut. Auf derartige Visionen wird er erst zurückkommen können, als er ausserhalb der Schweiz eine neue Chance sieht: bei der Deutschen Bank.

Kopper calling

Nach einem bitteren Machtkampf quittiert Josef Ackermann seinen Job bei der Schweizerischen Kreditanstalt und steigt bei der Deutschen Bank ein.

Es ist Anfang Juli 1996. Hilmar Kopper, Vorstandssprecher der Deutschen Bank, überfliegt die Wirtschaftsberichterstattung in den Medien. Bei einer Meldung bleibt er hängen: Die Grossbank Schweizerische Kreditanstalt gibt am 2. Juli bekannt, dass sie sich von ihrem CEO Josef Ackermann trennt. Neuer Chef der Bank soll Lukas Mühlemann werden, bisher CEO des Rückversicherungskonzerns Swiss Re.

Kopper wundert sich. Diesen Josef Ackermann kennt er gut. Rund ein Jahr ist es her, seit der gesamte Vorstand der Deutschen Bank von der CS-Führung zum informellen Meinungsaustausch eingeladen worden ist – eine Zusammenkunft, wie sie zwischen den Spitzen der deutschen und der schweizerischen Bank des Öfteren schon stattgefunden hat. Das Treffen im Ausbildungszentrum Bocken in Horgen ausserhalb von Zürich ist Hilmar Kopper in guter Erinnerung. Josef Ackermann, der junge CEO, hat ihm in der Art, wie er mit Offenheit und Lockerheit das Meeting leitete, und mit seiner Kompetenz in Bankfragen Eindruck gemacht. Ähnliches ist Kopper bereits im Aufsichtsrat des Chemieunternehmens Bayer aufgefallen, wo der Deutsche seit einiger Zeit zusammen mit dem Schweizer im obersten Kontrollgremium sitzt.

Hilmar Kopper ist sich sofort bewusst, dass die Demission Ackermanns für die Deutsche Bank die Chance darstellt, einen kompetenten Topmanager an das eigene Haus zu binden. Es kommt eher selten vor, dass Banker vom Kaliber des Schweizers plötzlich auf Jobsuche sind. Das trifft sich gut: Kopper, seit sieben Jahren Chef des Bankvorstandes, macht sich seit einiger Zeit Gedanken darüber, wie er dereinst seine eigene Nachfolge lösen soll. Im Vorstand sitzt mit Rolf-E. Breuer zwar ein Mann, der durchaus in seine Fussstapfen treten könnte, doch nachteilig ist, dass Breuer bereits 58 Jahre zählt. Mehr als eine Übergangslösung könnte dieser also nicht sein. Kopper indes denkt bereits weiter in die Zukunft: Die Bank braucht eine Blutauffrischung von aussen. Und dieser Josef Ackermann könnte hervorragend zur Deutschen Bank passen. Hilmar Kopper beschliesst, den Schweizer in dieser Sache zu kontaktieren.

Dies jedoch gestaltet sich gar nicht so einfach, denn Josef Ackermann hat sein Büro nach der Demission umgehend räumen müssen, und das Sekretariat am Hauptsitz der Kreditanstalt in Zürich ist nicht gewillt, die private Telefonnummer des Ex-CEO Aussenstehenden mitzuteilen. In dieser Zeit trifft sich Kopper mit Rolf-E. Breuer. Auch Breuer hat die Meldung über den Abgang Ackermanns in der Zeitung gelesen, und er spricht seinen Chef darauf an. Es gäbe eine Möglichkeit, wie Ackermann diskret kontaktiert werden könnte, meint Breuer. Er sei mit einem ehemaligen Generaldirektor der Schweizerischen Kreditanstalt befreundet, mit William Wirth. Die beiden sitzen zusammen im Verwaltungsrat der Deutschen Bank (Schweiz) AG, dem Schweizer Ableger der Deutschen Bank. Breuer ist dort Präsident des Verwaltungsrats (Vorsitzender des Aufsichtsrats). Und Wirth besorgt für Breuer denn auch die gewünschte Telefonnummer.

Der erste Kontaktversuch scheitert: Josef Ackermann weilt nicht zu Hause. Er hat sich nämlich, kaum hatte er sein Büro am Paradeplatz geräumt, aus Zürich abgesetzt und sich für eine Abmagerungskur nach der Heilfasten-Methode in die Buchinger-Klinik an den Bodensee begeben. Buchinger-Heilfasten stellt eine ärztlich betreute multidisziplinäre Kur dar, bei der dem Wohlbefinden von Körper und Geist besonderes Augenmerk geschenkt wird. Mit einer Nulldiät am Bodensee will Ackermann Abstand gewinnen von den Ereignissen der letzten Tage und seinem Körper Gutes tun. In der Klinik erreicht ihn der Telefonanruf von Rolf-E. Breuer. Er fragt, ob Ackermann sich vorstellen könne, für ein Gespräch nach Frankfurt zu kommen. Er solle sich doch bitte mit Hilmar Kopper in Verbindung setzen, um die Sache zu besprechen.

Das tut Josef Ackermann, und der Vorstandschef der Deutschen Bank freut sich über den Rückruf. Nach einigen Begrüssungsfloskeln kommt Hilmar Kopper zur Sache: «Joe, it's time to move over», und wenn er Langeweile habe, könne er jederzeit bei der Deutschen Bank einsteigen. Er, Kopper, könne ihm zwar nicht den Posten des Vorstandschefs versprechen, denn den wolle er selber noch eine Weile ausfüllen, aber er sei an kompetenten Managern für das Vorstandsgremium der Bank immer interessiert. Das Gespräch zwischen den beiden Bankern ist unverkrampft, man witzelt, und doch wissen beide, dass hier der Anfang einer wichtigen beruflichen Beziehung gelegt werden könnte. Falls er, Josef Ackermann, sich eine Tätigkeit bei der Deutschen Bank vorstellen könne, würde er ihn jedenfalls gerne nach Frankfurt für ein weiterführendes Gespräch einladen, meint Hilmar Kopper abschliessend. Ackermann entgegnet, er brauche etwas Bedenkzeit.

Es ist eher eine taktisch motivierte Antwort, denn das Angebot Koppers passt durchaus in Ackermanns Zukunftspläne. Am Tag seines Abgangs bei der CS hat er sich mit Peter Küpfer, einem ehemaligen Generaldirektor der Schweizer Bank und Freund, zum Mittagessen im Restaurant Triangel in Zumikon bei Zürich getroffen. Küpfer hat die Credit Suisse nur wenige Wochen vor Ackermann verlassen, und dies ebenfalls keineswegs in Minne. Bei gehobener italienischer Küche tauschen sich die beiden ehemaligen CS-Bankmanager über ihre weiteren beruflichen Pläne aus. Küpfer hat sich nach seinem Abgang bei der Bank selbständig gemacht und beabsichtigt nun, in einigen Verwaltungsräten von bedeutenden Schweizer Unternehmen Einsitz zu nehmen. Er schlägt Ackermann vor, sich doch ebenfalls selbständig zu machen. Ackermann winkt ab, meint, das wäre nichts für ihn. Er wolle wieder bei einem grossen Unternehmen anheuern, da fühle er sich wohl.

So reist Josef Ackermann nur wenige Tage nach seinem Telefonat mit Hilmar Kopper nach Frankfurt, um den Vorstandschef der Deutschen Bank zu treffen. Auf einer Urlaubsreise mit seiner Familie nach Finnland legt er einen Zwischenstopp in der Main-Metropole ein.

Beim gemeinsamen Essen in der Frankfurter Bankzentrale ist nebst Hilmar Kopper auch Rolf-E. Breuer anwesend. Der Vorstand der Bank hat auf die Möglichkeit, den Schweizer anzuheuern, positiv reagiert. Beim Essen werden potenzielle Verantwortungsbereiche für Ackermann im Vorstand der Deutschen Bank skizziert. Der Schweizer könnte beispielsweise den Bereich Kreditrisiken übernehmen. Ackermann verspricht, es sich durch den Kopf gehen zu lassen – und fährt wie geplant in den Urlaub.

Auf dem Rückweg aus Finnland in die Schweiz kommt es zu einem zweiten Zwischenhalt in Frankfurt. Ackermann und seine Gattin Pirkko sind im Privatdomizil der Koppers zum Abendessen geladen. Dort, im privaten Rahmen, soll Ackermanns Übertritt zur Deutschen Bank besiegelt werden. Kopper lässt es sich nicht nehmen, die Familie Ackermann persönlich am Flughafen Frankfurt abzuholen, und trägt die Koffer eigenhändig zum Wagen. Der Chef der Deutschen Bank ist ein Mann ohne Allüren, bodenständig und unprätentiös – das gefällt den Ackermanns. Der Schweizer

könnte sich durchaus vorstellen, mit diesem Mann zusammenzuarbeiten.

Beim Dinner mit den Koppers sind natürlich die beruflichen
Perspektiven Ackermanns bei der Deutschen Bank ein Thema.
Versprechungen, die über den Job eines gewöhnlichen Vorstandsmitglieds hinausgehen oder gar auf den Job des Vorstandschefs
zielen, will und kann Kopper dem Schweizer freilich nicht geben.
Und das mit gutem Grund: Bei den Deutschen ist es Usus, dass der
Vorstand der Bank seinen Sprecher aus dem eigenen Kreis zu wählen hat, so will es das Reglement der Bank. Kopper schildert dem
Schweizer detailliert die personelle Situation im Vorstand, und aus
diesen Worten kann Josef Ackermann bei einiger Fantasie für seine
berufliche Zukunft im deutschen Finanzkonzern durchaus lukrative
Perspektiven ableiten. Nach den Worten des Deutsche-Bank-Chefs
sind einzelne Persönlichkeiten im Gremium noch zu unerfahren,
andere zu einseitig ausgerichtet, um in absehbarer Zeit eine weiter-
führende tragende Rolle spielen zu können, und bei wiederum anderen stünden dem Alters- oder gesundheitliche Gründe entgegen.

Kopper selber wälzt Pläne, in absehbarer Zeit vom Vorstand ins
das Aufsichtsratspräsidium der Deutschen Bank zu wechseln, und
in dieser Personalkonstellation wäre Rolf-E. Breuer wohl der natürliche Nachfolger als Sprecher. Aber bereits im Jahre 2002 stelle sich
mit grosser Wahrscheinlichkeit die Frage des Vorstandssprechers
erneut, dann nämlich, wenn Breuer 65 Jahre alt werde. Ackermann
ist sich bewusst, dass sich angesichts dieser Personalkonstellation
für ihn selber lukrative Perspektiven auftun, sofern er sich in seinem
ersten Job bei der Deutschen Bank bewähren sollte. Kopper schwebt
vor, dass Ackermann die Brücke schlagen soll zwischen dem stets
wichtiger werdenden Investment Banking und dem traditionellen
Kommerzbanking. Leute mit einem ähnlich breiten Background,
die diese Brücke bilden könnten, gibt es im Vorstand nicht.

Am 30. Oktober 1996 findet in Frankfurt eine Sitzung des Aufsichtsrats der Deutschen Bank statt. Es geht vor allem um personelle Fragen. Vorstandschef Hilmar Kopper sowie die Vorstandsmitglieder Ulrich Cartellieri und Ellen-Ruth Schneider-Lenné verlassen die operative Führung der Bank. Kopper und Cartellieri treten per Mai 1997 in den Aufsichtsrat der Bank über, und Kopper wird Präsident des Gremiums. Als Koppers Nachfolger ist Rolf-E. Breuer gesetzt, und als Ersatz für die Abgänge im operativen Management wird ein neues Mitglied für den Vorstand vorgeschlagen: Josef Ackermann. Dieser soll zunächst den Stabsbereich Kreditrisiken von Ellen-Ruth Schneider-Lenné übernehmen und später, im Mai 1997, von Ulrich Cartellieri die Bereiche Marktrisiken, Treasury und Volkswirtschaft. Nun ist die Sache offiziell: Am Freitag, 1. November 1996, tritt Ackermann seinen neuen Job bei der Deutschen Bank an.

Kopper ist zufrieden – die personellen Rochaden an der Spitze der Deutschen Bank sind ganz in seinem Sinn vollzogen worden. Mit Josef Ackermann versteht er sich von Beginn an ausgezeichnet, und auch bei den Vorstandskollegen kommt der bedächtige Schweizer gut an. Doch es gibt auch negative Voten zum Wechsel des Schweizer Spitzenbankers nach Deutschland, und diese werden von aussen in die Deutsche Bank hineingetragen. Als Hilmar Kopper einmal Helmut Maucher, dem Chef des Schweizer Nahrungsmittelgiganten Nestlé und Vize im CS-Verwaltungsrat, über den Weg läuft, spricht dieser Kopper auf Josef Ackermann an: Ob er eigentlich wisse, wen er sich da ins Haus geholt habe, fragt Maucher den Bankchef. Ob er sich gut überlegt habe, welches Risiko er da eingehe. Kopper reagiert leicht pikiert. Dass ihm hier eine Meinung zur Person Ackermanns angetragen wird, und dies erst noch ungefragt, goutiert er nicht. Kopper ist von der Kompetenz des Bankiers Josef Ackermann überzeugt und zeigt keine Absicht, dieses Gespräch mit Maucher zu vertiefen.

Wie aber kommt Helmut Maucher, dieser weit über die Landes-grenzen geachtete Manager und ein Mann, dessen Meinung Gewicht hat, dazu, sich kritisch über die jüngste Personalakquisition der Deutschen Bank zu äussern? Derartiges tut einer wie Maucher gewiss nicht unüberlegt. Als Vizepräsident des Verwaltungsrates der CS ist er eng mit dem Wirken des ehemaligen Kreditanstalt-Chefs Josef Ackermann vertraut – etwas muss vorgefallen sein in den Wochen und Monaten der zunehmenden Entfremdung zwischen Ackermann und CS. Etwas, das schliesslich fast zwangs-läufig zur Demission des SKA-Chefs führte. Und dieser Prozess einer Scheidung in Raten begann um Ostern des Jahres 1996.

Es ist frühmorgens am Dienstag nach dem Osterwochenende, als Josef Ackermann zum Telefon greift und die Nummer seines CS-Kollegen Peter Küpfer wählt. Seit sechs Uhr in der Früh berich-ten die Radiosender über eine Sensation in der Schweizer Bank-branche: Es seien Fusionsgespräche zwischen den beiden grössten Banken des Landes im Gange, lauten die Breaking News an diesem Morgen, CS und Schweizerische Bankgesellschaft könnten mögli-cherweise zu einem internationalen Schwergewicht verschmelzen. Quelle der heissen Neuigkeiten ist ein Bericht der Zürcher Zeitung «Tages-Anzeiger». Unter dem Titel «CS will die Macht über die SBG» berichtet das Blatt an diesem 9. April 1996, Rainer E. Gut, der Präsident der CS Holding, habe eine Offerte für eine unfreund-liche Übernahme lanciert. Als Josef Ackermann im Radio davon er-fährt, ist er bass erstaunt: Er weiss nichts von solchen Plänen – und als Konzernchef ist er immerhin die Nummer zwei in der Bank.

Ackermann erkundigt sich nun telefonisch bei Peter Küpfer, ob dieser etwas über die Sache wisse. Der verneint. Nun stellt sich die Frage, was die beiden Topbankiers ihren Mitarbeitern in der Bank sagen sollen, wenn sie auf die Fusionsgerüchte angesprochen werden. Das Ganze, meint Küpfer, könne doch nur eine Zeitungs-

73

ente sein. Dafür spreche die Tatsache, dass er, Ackermann, keine Ahnung habe von derartigen Plänen von Rainer E. Gut. Angesichts der ungeheuerlichen Vorstellung, über Fusionspläne im eigenen Haus nicht im Bild zu sein, sprechen sich die beiden Bankmanager Mut zu: Hier hat ein Journalist offensichtlich seiner blühenden Fantasie freien Lauf gelassen.

Doch der öffentliche Wirbel ist nicht mehr zu stoppen an diesem Morgen nach Ostern. Journalisten der über 150 Tages- und Wochenzeitungen, der Nachrichten- und Wirtschaftmagazine, der lokalen und nationalen Radio- und TV-Sender der Schweiz sowie die Korrespondenten der Auslandspresse wollen wissen, was dran ist an dieser Story. In den Presseabteilungen von CS und SBG läuten die Telefone Sturm, und die Journalisten drängen auf eine eindeutige Bestätigung oder ein klares Dementi. Es ist dies der GAU für jeden Pressesprecher, der nur über eine klare Informationsstrategie in den Griff zu bekommen ist – und genau eine solche existiert bei der CS an diesem Morgen nicht. Wie die Bankchefs tappen auch die Presseverantwortlichen der CS total im Dunkeln. Langsam dämmert es allen in der Bank: Es gibt nur einen, der Klarheit schaffen kann – Rainer E. Gut. Doch der CS-Präsident ist vorübergehend abgetaucht und nicht einmal für seine eigenen Presseleute zu sprechen.

Gut hat an diesem Morgen einen Termin ausser Haus. Einen Termin, den er bereits vor langem fixiert hat: Er trifft sich mit Josef Ackermann zum Frühstück im Hotel Savoy an der Zürcher Bahnhofstrasse, nur ein paar Schritte von der Bankzentrale entfernt. Kaum haben der Präsident und sein Konzernchef am Tisch Platz genommen, poltert Gut los. Ob er mitbekommen habe, wie die SBG auf seinen Vorschlag einer Fusion reagiert habe, fragt Gut – bemerkenswert, angesichts der Tatsache, dass der Präsident seinen CEO nie informiert hat über diese geheimen Pläne. Es ist fast so, als wollte er mit einem emotionalen Ausbruch die Peinlichkeit der

Situation überspielen. Immerhin hat Josef Ackermann nun die Antwort auf die Fragen, die ihn nur wenige Stunden zuvor am Telefon mit Peter Küpfer umgetrieben haben.

Es ist bereits Abend, als die CS Holding endlich eine Pressemitteilung über den Ticker laufen lässt. Darin bestätigt die Bank: Rainer E. Gut habe dem SBG-Verwaltungsratspräsidenten Nikolaus Senn in der Tat einen Fusionsvorschlag unterbreitet. Die CS Holding äussert in dieser ersten offiziellen Verlautbarung aber auch ihr Erstaunen darüber, dass Informationen an die Presse gelangt seien, die auf einem «vertraulichen, lediglich sondierenden Gespräch zwischen zwei Bankpräsidenten» beruht hätten.

Die Angelegenheit ist also keine Zeitungsente. Am 1. April 1996 hat Gut Nikolaus Senn in dessen Feriendomizil in Florida angerufen. «Sollten wir nicht zusammensitzen und einmal darüber reden, ob eine Fusion unserer beiden Banken Sinn machen würde?», fragt er. Und dann platziert er noch einen Nachsatz: «Im Lichte dessen, was jetzt läuft, würde ich meinen, noch vor der Generalversammlung.» Darüber, meint der überraschte Senn leicht gedehnt, müsse er schon etwas nachdenken. «Selbstverständlich», entgegnet ihm Gut, er erwarte keine Antwort jetzt am Telefon. Er gibt dem SBG-Präsidenten ein halbes Dutzend Telefonnummern, damit er über Ostern praktisch rund um die Uhr zu erreichen ist. Eine letzte Frage hat Senn: «Das ist kein Aprilscherz, oder?» – «Nein», sagt Gut und legt auf.

Nikolaus Senn ist irritiert. Der Vorstoss von Rainer E. Gut kommt in einem für die Schweizerische Bankgesellschaft heiklen Moment. Seit Monaten wird die grösste Schweizer Bank belagert von ihrem Grossaktionär Martin Ebner, einem Financier. Für die anstehende Generalversammlung vom 16. April hat dieser den Showdown angekündigt. Er will die Wahl von SBG-Konzernchef Robert Studer zum Nachfolger von Senn als Präsident der Bank verhindern und möglicherweise sogar versuchen, die Kontrolle über das Geldinstitut an sich zu reissen. Vor diesem Hintergrund sind die Nerven der SBG-Chefs bereits arg angespannt – und nun sorgt ein Anruf von Rainer E. Gut aus heiterem Himmel für zusätzliche Hektik. Was der CS-Präsident im Schilde führe, fragt sich Senn zu Recht.

Klar ist, dass dieser nicht im Affekt den Kontakt zu Nikolaus Senn gesucht hat. Rainer E. Gut hat sich in den vergangenen Tagen intensiv mit seinem Fusionsplan beschäftigt, ein detailliertes Organigramm entworfen und dieses auch bereits mit Namen möglicher Topmanager einer zukünftigen Superbank gefüllt. Dass er dabei das Bankgesellschafts-Management stärker berücksichtigt hat als die Führungsriege seines eigenen Hauses, zeigt: Der CS-Präsident meint es ernst. In diesen geheimsten seiner Pläne hat Rainer E. Gut auch nur seine engsten Vertrauten eingeweiht. Drei Männer sind es, die er um ihre Meinung gefragt hat. Es sind dies zunächst Nestlé-Chef Helmut Maucher und der Bankier Robert L. Genillard. Maucher und Genillard bilden zusammen mit Rainer E. Gut den einflussreichen CS-Verwaltungsratsausschuss. Der Dritte, der eingeweiht wurde, ist Fritz Gerber, Präsident des Pharmaunternehmens Roche und der Zürich-Versicherungs-Gesellschaft – ein enger beruflicher Weggefährte von Rainer E. Gut, der zudem über Jahre im CS-Aufsichtsrat gesessen hat.

Keiner der drei äussert grundsätzliche Bedenken. Im Gegenteil. Alle drei können der gutschen Vision einiges an Logik und Plausibilität abgewinnen und befürworten es, dem SBG-Präsidenten Nikolaus Senn dieses Anliegen einmal vorzutragen. Kein Wunder, denn Maucher und Gerber sind wie Gut begnadete Dealmaker, erfahren im globalen Monopoly um Unternehmen und Märkte. Bankier Robert Genillard seinerseits lockt die Aussicht, dass die CS nach einer Fusion mit der SBG zur weltweit zweitgrössten Bank hinter der japanischen Bank of Tokyo-Mitsubishi aufsteigen könnte – und Grösse ist auf dem Parkett der globalen Finanzindustrie ein entscheidender Wettbewerbsvorteil.

Nach dem Telefonat wartet Gut auf eine Antwort von Senn. Als dann am 9. April der Fusionsplan via «Tages-Anzeiger» publik wird, ist Rainer E. Gut sofort klar: Dies ist die Antwort von Nikolaus Senn. Nie und nimmer hat er damit gerechnet, dass der Konkurrent die vertraulichen Gespräche öffentlich ausbreiten könnte. Der «Tages-Anzeiger» stellt neben den heissen Bericht noch einen giftigen Kommentar, in dem es heisst: «In geradezu ‹erpresserischer Form›, so berichten Insider, habe Gut den SBG-Verwaltungsrat vor die Wahl gestellt: Entweder stimme er einer Fusion mit der Kreditanstalt unter der Leitung von Rainer E. Gut zu, oder die CS-Gruppe schlage sich auf die Seite von Martin Ebner.» Der CS-Präsident steht wie ein skrupelloser Erpresser da. Unvermittelt findet sich der stets souveräne Rainer E. Gut in der schlimmsten Krise seiner Karriere wieder.

Die Presse prügelt auf den Bankpräsidenten ein. Kaum ein Medium, das die Story nicht aufgriffe, und für die meisten Kommentatoren ist klar: Der CS-Präsident hat versucht, die Schwäche der Bankgesellschaft auszunutzen, um die SBG mit der CS zu verheiraten, und auch das Motiv liegt für viele Journalisten auf der Hand. Die CS schiebe seit dem Milliardenverlust von Chiasso ein Eigenkapitalproblem vor sich her, ganz im Gegensatz zur kapitalstarken SBG, die auf milliardenschweren Reserven sitze. Fast logisch also, dass Gut diese Schatulle ins Visier genommen habe. Nikolaus Senn argumentiert ähnlich; genüsslich spricht er vor Journalisten davon, dass die CS ihre hausgemachten Probleme durch die Übernahme der «kerngesunden SBG» lösen wolle.

Rainer E. Gut steht plötzlich mitten in einer nun öffentlich ausgetragenen Kontroverse, und er selber ist klar als «Bad Guy» identifiziert. Mehr noch: SBG-Präsident Senn hat ihn in seiner eigenen Domäne, dem Dealmaking, öffentlich vorgeführt wie ein Greenhorn. Auch innerhalb der Bank sind kritische Voten nicht zu überhören, viele Kader sind verärgert, dass sie nun täglich hämischen Sprüchen der Konkurrenz ausgesetzt sind. In der Teppichetage ist die Verunsicherung gross darüber, dass kein einziger Topmanager von Rainer E. Gut ins Vertrauen gezogen worden ist. Besonders Konzernchef Josef Ackermann kann diesen Tatbestand kaum als Vertrauensbeweis seines Präsidenten werten.

Fast wehrlos ist Rainer E. Gut nun einem öffentlichen Kesseltreiben ausgesetzt, während Nikolaus Senn geradezu virtuos auf der Klaviatur der Emotionen spielt. Der bauernschlaue SBG-Präsident erkennt sofort, dass der Vorstoss des CS-Präsidenten ihm eine einmalige Chance eröffnet, vor der richtungweisenden Generalversammlung eine Welle von Solidarität für seine Bank auszulösen. Sind die öffentlichen Gefühlswallungen erst einmal auf dem Höhepunkt, so sein Kalkül, können es sich auch gewichtige SBG-Aktionäre wie institutionelle Investoren, Pensionskassen oder auch grosse Versicherungsgesellschaften an der Generalversammlung kaum noch leisten, gegen eine von Martin Ebner und Rainer E. Gut unfair attackierte Grossbank zu stimmen.

Spannungen herrschen derweil auch zwischen den operativen Bankchefs von Kreditanstalt und Bankgesellschaft. Dies erfährt Josef Ackermann, als er in diesen hektischen Tagen auf der Zürcher Bahnhofstrasse zufällig Mathis Cabiallavetta, dem designierten Konzernchef der SBG, über den Weg läuft. Ackermann grüsst den Bankierkollegen: «Hallo, Mathis.» Der Angesprochene läuft zunächst grusslos weiter. Erst nach ein paar Schritten dreht sich Cabiallavetta doch noch um und meint wenig freundlich: «Ihr seid ganz üble Kerle.» Der zukünftige SBG-Chef ist natürlich nicht darüber im Bilde, dass Ackermann in Guts Pläne gar nicht eingeweiht worden ist. Die Reaktion des Bankiers zeigt immerhin, dass die SBG-Führung den telefonischen Fusionsvorschlag von Rainer E. Gut so kurz vor der entscheidenden Generalversammlung nicht einfach als Chance sieht, Gut eins auszuwischen, sondern dessen Vorstoss in der Tat als Ultimatum, ja als Erpressung empfindet.

In diesem vor Nervosität vibrierenden Klima stellen sich die SBG-Oberen ihren Aktionären, und die Generalversammlung wird zu einem Medienereignis der Sonderklasse. 5000 Aktionäre, Hunderte von Journalisten und zahlreiche weitere Zaungäste pilgern am 16. April 1996, einem Dienstag, ins Hallenstadion im Zürcher Stadtteil Oerlikon, um das zu erwartende Spektakel als direkte Augenzeugen zu verfolgen.

Das kantige Gesicht von Bankgesellschafts-Präsident Nikolaus Senn flimmert durch alle Kanäle: Das Schweizer Fernsehen ist ebenso live vor Ort wie der Lokalsender TeleZüri. Die Einschaltquoten sind hoch wie selten – allein auf dem lokalen TV-Kanal schaltet sich jeder dritte Einwohner der Stadt zu –, und Senn nutzt die Gunst der totalen medialen Aufmerksamkeit. «Höchst befremdet, wenn nicht sogar schockiert», donnert der SBG-Präsident los, sei er gewesen von Rainer E. Guts Anruf. Senn punktet. Spricht Emotionen an. Nutzt seinen Heimvorteil. Derweil bleibt der angreifende Grossaktionär Martin Ebner blass. Als das Konterfei Ebners auf der Grossleinwand erscheint und er seine Rede an die Aktionäre abspult, will im Hallenstadion keine richtige Stimmung aufkommen – und Robert Studer wird schliesslich mit einer komfortablen Mehrheit zum Präsidenten der Schweizerischen Bankgesellschaft gewählt.

Nikolaus Senn darf bei seinem Abgang als SBG-Präsident zufrieden sein. Ganz anders Rainer E. Gut. Erstmals in seiner Karriere erscheint seine Reputation ernsthaft beschädigt. Und die Presse giert nach einer Fortsetzung des Spektakels: Die «Sonntags-

Zeitung», das Schwesterblatt des «Tages-Anzeigers», spekuliert unter dem Titel «Für Gut sieht es schlecht aus» bereits über einen möglichen Rücktritt des CS-Präsidenten und fragt sich, «ob Gut diesmal nicht in eine Grube fiel, aus der er nicht mehr herauskommt». Und die in Sachen CS meist milde gestimmte «Neue Zürcher Zeitung» meint, hier sei «offensichtlich ein Husarenritt in die Binsen gegangen». Selbst angelsächsische Blätter, deren Urteilsvermögen der CS-Präsident schätzt, bringen nun Kritisches zu Papier. «Gambler runs out of luck» («Den Spieler verlässt das Glück») titelt etwa die «Financial Times», und deren Schweizer Korrespondent setzt noch einen drauf, indem er schreibt: «Gut hat einst gesagt, er habe lieber Glück als Verstand, diese Woche sieht es aus, als verfüge er weder über das eine noch über das andere.» Glücklos ist der CS-Präsident zweifellos in diesen Tagen, und für das britische Magazin «Euromoney» ist er gar ein gefallener Ritter – so zeichnet ihn der Karikaturist des Bankenblatts unter der Überschrift «Gut takes a tumble»; Gut als Ritter, der auf den Knien kauert und sich den schmerzenden Kopf hält.

In der Bank selber liegen die Nerven blank. Auf den Fluren bis hinauf in die Teppichetage, wo Generaldirektoren und auch Verwaltungsräte verkehren, bilden sich kleine Grüppchen, die ihre Köpfe zusammenstecken. Der Ärger über Rainer E. Guts Attacke gegen die SBG ist spür- und greifbar – ein idealer Nährboden für Verschwörungstheorien, und bereits machen auch geheimnisvolle Putschpläne gegen den Präsidenten die Runde.

Das Gift eines möglichen Verlusts an Autorität gegen innen gilt es rasch zu neutralisieren. Keiner weiss dies besser als Rainer E. Gut selber, und kaum einer verfügt über ein besser entwickeltes Sensorium, wie solches zu bewerkstelligen ist. Der CS-Präsident handelt rasch. Er trommelt seinen Verwaltungsrat zusammen; man trifft sich im Ausbildungszentrum Bocken in Horgen. Dort, im

Landhaus aus dem 19. Jahrhundert, geht der CS-Präsident aufs Ganze und stellt sich seinen Verwaltungsräten. Im Halbrund sitzen diese nun vor ihm – mit Ausnahme der FDP-Nationalrätin Vreni Spoerry, einer liberalen Schweizer Politikerin, allesamt Männer – und sind der Reihe nach aufgefordert, ihre Meinung kundzutun. Schon die Sitzordnung macht deutlich, wer hier das Zentrum ist, und am Ende des Meinungsbildungsprozesses ist klar: Rainer E. Guts Hausmacht ist intakt. Einzelne Verwaltungsräte äussern zwar kritische Voten, doch niemand geht offen in Opposition gegen den Präsidenten.

Der Verwaltungsrat ist also auf Linie und hat nun ein nächstes Problem in Angriff zu nehmen. Dieses heisst Josef Ackermann. Dass der Konzernchef nie in die Pläne bezüglich der SBG eingeweiht worden ist, muss ihm in alarmierender Weise gezeigt haben, dass sein Präsident ihm in letzter Konsequenz nicht über den Weg traut und dass Rainer E. Gut noch immer die unangefochtene oberste Instanz im Hause CS ist. Dieses Gefühl täuscht Ackermann nicht: In der Tat existieren seit geraumer Zeit Zweifel im Verwaltungsrat, ob Ackermann der Mann ist, der Rainer E. Gut dereinst an der Spitze der Bank beerben soll. Es gibt wichtige Vertreter im Gremium, die sich dessen plötzlich nicht mehr so sicher sind – Helmut Maucher etwa, CS-Vizepräsident und engster Geschäftspartner von Rainer E. Gut, oder auch Robert Genillard. Aber auch den CS-Präsidenten selber beschleicht ein ungutes Gefühl, wenn er daran denkt, Josef Ackermann dereinst sein Lebenswerk zu übergeben.

Lange hat es so ausgesehen, als ob dies längst feststünde. Nach einer steilen Karriere, die ihn bis in den CEO-Posten der Kreditanstalt geführt hat, und spätestens seit den glorreichen Tagen der Volksbank-Übernahme schien vorgespurt, dass Ackermann von Gut als Ziehsohn immer weiter gefördert würde. Bis 1993 kennt die Karriere des Josef Ackermann nur eine Richtung: steil aufwärts.

Die Probleme fangen an, als der ungeduldige Ackermann seine Rolle bei der Bank anders auszulegen beginnt als sein Präsident Rainer E. Gut. Ackermann will im Konzern mehr Bedeutung erlangen. Jene Bedeutung, von der er glaubt, dass sie dem operativen Chef der Bank zustehe, nicht zuletzt im Sinne einer funktionierenden Corporate Governance. Gut verpasst kaum je eine Sitzung der Generaldirektion. Er mischt sich gerne und kritisch in die Diskussionen ein und widerspricht dabei immer wieder dem Sprecher der Generaldirektion, Josef Ackermann. Gut bekundet offensichtlich Mühe damit, operativ loszulassen, und zeigt sich nicht willens, die Zügel wirklich aus der Hand zu geben. Schon bald spüren die Generaldirektoren Spannungen an den Geschäftsleitungssitzungen. Gut ist misstrauisch und scheut auch nicht davor zurück, Ackermann und seinem Team gezielt Freiräume zu verknappen. So lässt der Präsident per Dekret das von Generaldirektoren initiierte Frühstück im Hotel Savoy verbieten, ein in regelmässigen Abständen stattfindendes Zusammentreffen in lockerem Rahmen, ohne Traktandenliste und – vor allem – ohne Rainer E. Gut. Es sind dies kleinliche Machtdemonstrationen und Misstrauensbekundungen von Gut, die einem nüchternen Manager wie Ackermann eher befremdlich vorkommen müssen.

1994 bricht die Konjunktur ein, es ist ein schwieriges Jahr für die Bankbranche. Die Gewinne der Credit Suisse schrumpfen, der Aktienkurs sinkt und sinkt. Dies ist bei der Konkurrenz nicht anders, aber dennoch: Der Verwaltungsrat stellt seinem CEO Josef Ackermann kritische Fragen, und die Auftritte des jugendlichen Chefs vor dem Aufsichtsgremium der Bank überzeugen längst nicht alle. Ackermann zeige Unzulänglichkeiten, monieren einige Verwaltungsräte, etwa mangelnde Kritikfähigkeit. Würden Entscheidungen der operativen Führung hinterfragt, scheine das den Chef zu ärgern, er weiche aus oder wische unliebsame Einwände forsch vom Tisch. Und da ist noch etwas: Ackermann pflegt zwar brillant zu argumentieren, erweist sich jedoch als weniger talentiert, wenn es um das Zuhören geht; so empfinden das zumindest die meinungsbildenden Persönlichkeiten im Verwaltungsrat. Josef Ackermann tauscht sich zwar durchaus regelmässig mit Verwaltungsrat und Geschäftsleitung aus, weniger aber mit Mitarbeitern subalterner Chargen, was diese auf ihre Weise interpretieren – der Blick des Chefs sei eben nach oben gerichtet.

Ein zusätzliches Spannungsfeld tut sich auf, weil Ackermann und Gut die jeweilige Rolle der CS Holding und der SKA im Konzern unterschiedlich beurteilen. Die CS Holding, 1982 als Tochtergesellschaft der Schweizerischen Kreditanstalt gegründet, um bankfremde Beteiligungen nicht mit den für eine Bank gesetzlich vorgeschriebenen hohen Eigenmitteln unterlegen zu müssen, ist von Gut 1989 zur Dachgesellschaft aller Bank- und Industriebeteiligungen der SKA umfunktioniert worden. So hat er die Tochter gleichsam zur Mutter gemacht. Eine stete Befürchtung von Josef Ackermann ist es, dass die von ihm geleitete SKA zu stark unter die Fuchtel der CS Holding geraten könnte. Für ihn ist die SKA das Herzstück des Finanzkonzerns, und diesen Stellenwert will er erhalten. So besteht Josef Ackermann etwa darauf, dass die SKA auch zukünftig ihren eigenen Geschäftsbericht publizieren sollte.

In diesem Bestreben um Autonomie stört Josef Ackermann zunehmend die Kreise seines Präsidenten, und öffentliche Statements des jungen Bankers verstärken dieses Gefühl. Rainer E. Gut goutiert es gar nicht, wenn er in einem Ackermann-Interview in der «SonntagsZeitung» über den Wertzuwachs der Aktien seiner CS Holding lesen muss: «Die Performance unserer Titel war sicher nicht befriedigend.» Der CS-Präsident weiss auch, dass Ackermann die Performance der von ihm geleiteten Kreditanstalt in den höchsten Tönen zu loben pflegt, während er die CS Holding, Rainer E.

Guts strategisches Konstrukt, offen kritisiert. Solche Auftritte kommen beim CS-Präsidenten nicht gut an – für ihn sind das Zeichen ungezügelter Ambitionen des Josef Ackermann.

Dies wird für einige Generaldirektoren mit der Zeit zu einem Problem. Der Ehrgeiz des Neuen beschädigt ganz allmählich auch die tradierte Kultur in der operativen Führung der Bank. Unter seinem Vorgänger Robert A. Jeker hatte ein uniformes, ja fast familiäres Ambiente geherrscht; die Generaldirektion entschied in wichtigen Fragen als Gesamtorgan mit Jeker als Primus inter Pares an der Spitze. Ganz anders Ackermann: Der agiert als alleiniger Chef.

Und so entsteht ein Graben, der die Generaldirektion der CS in zwei Lager trennt. Auf der einen Seite die Jüngeren wie Ackermann und der praktisch gleichaltrige Peter Küpfer, aber auch CS-First-Boston-Chef Allen Wheat und der Topmann der Industriebeteiligungen der CS Holding, Elektrowatt-Lenker Oskar Ronner. Auf der anderen Seite altgediente CS-Kämpen wie Hans-Ulrich Doerig, Klaus Jenny oder Rudolf Hug, eher stille Schaffer und Bankiers, die stärker nach innen denn nach aussen gerichtet sind. Alle drei sind wie Präsident Rainer E. Gut seit langem bei der CS, haben deren diskreten Stil längst verinnerlicht und bekunden nun zunehmend Mühe mit dem eher auf die eigene Person bezogenen Führungsstil ihres CEO.

Josef Ackermann polarisiert zunehmend auch im Verwaltungsrat. Einer wie der langjährige Nationalrat Ulrich Bremi, als Parlamentarier und Politiker selber eher extrovertiert, schätzt den Stil des Neuen, der hilft, der ehrwürdigen Bank ein moderneres und vor allem jüngeres Image zu verpassen. Doch vor allem Helmut Maucher, neben Rainer E. Gut der bedeutendste Meinungsführer im Aufsichtsrat und stets bedingungslos auf dessen Seite, beurteilt Ackermann kritischer und stellt immer wieder harte Fragen. Gegenüber dem autoritären Nestlé-Chef hat Ackermann bei diesen

Gelegenheiten einen schweren Stand. Dabei war das Verhältnis zum CS-Vizepräsidenten nicht immer derart belastet: Nach der erfolgreichen Übernahme der Volksbank war es Maucher, der sich für einen Sonderbonus für Ackermann einsetzte. Doch nun gilt die Loyalität Mauchers ungeteilt seinem Vertrauten Rainer E. Gut.

Josef Ackermann sitzt zwischen den Stühlen, und in diesem heiklen Klima kommt es 1996 zu einer Auseinandersetzung zwischen Präsident und CEO um die zukünftige Organisation des Konzerns. Sieben Jahre ist es her, seit Rainer E. Gut der Bank diese Holding übergestülpt und damit eine für ein globales Finanzinstitut einmalige Struktur geschaffen hat – und nie wird der Präsident müde, dies als geradezu visionären Wurf zu preisen. «Ein Meilenstein auf dem Weg ins nächste Jahrtausend», urteilt Rainer E. Gut 1995 in seiner Präsidialansprache an seine Aktionäre. Seine Argumente sind stets dieselben: Die Unternehmenskultur des aggressiven Investment Banking amerikanischen Stils müsste hermetisch abgeriegelt bleiben von der traditionellen schweizerischen Bankenwelt der alten Kreditanstalt. Und in einem Konzern ist dies nach gutscher Überzeugung nur in einem Holdingkonstrukt möglich, in dem eine Investment Bank wie die CSFB als getrennte unternehmerische und kulturelle Einheit geführt werden kann.

Doch als der Bankverein im Jahre 1995 die in London ansässige führende europäische Investment Bank SG Warburg & Co. übernimmt und innert Rekordzeit mit der gewachsenen Struktur des Bankvereins verwebt, kann niemand mehr von der Hand weisen, dass eine Integration des Investment Banking auch erfolgreich zu sein vermag.

Auch für Rainer E. Gut scheint das Vorgehen der Konkurrenz Signalwirkung zu haben. Könnte es etwa sinnvollere Strukturen für eine Grossbank geben als eine Holding? Im Spätherbst des Jahres 1995 beauftragt er den McKinsey-Berater Thomas Wellauer, darauf eine Antwort zu finden und für die CS eine neue Organisations-struktur auszuarbeiten. Ackermann indes ist überzeugt davon, eine integrierte Bank sei die richtige Vision für die Zukunft, ähnlich wie dies der Bankverein vorexerziert hat. Und er steht mit dieser Ansicht nicht allein da. Hilmar Kopper etwa, der Topmann der Deutschen Bank, hat sich in jener Zeit zitieren lassen mit der Aussage, eine Holding sei schlicht «das Dümmste, was man machen kann». Und selbst das «Wall Street Journal», so etwas wie die Bibel der Börsianer, äussert Zwei-fel am Sinn der strikten Trennung zwischen einzelnen Banktoch-tergesellschaften und spricht sich für eine stärkere Integration von Kreditanstalt und CSFB aus. Es scheint sich hier ein fundamentaler Paradigmenwechsel anzubahnen: weg von der Diversifikations-euphorie, wie sie in den siebziger und achtziger Jahre en vogue war, hin zur Konzentration auf das Kerngeschäft. Für einen integrierten Finanzkonzern jedoch ist eine Holdingstruktur schlicht unnötig.

Am 5. März 1996 findet eine Pressekonferenz der CS Holding in Zürich statt, die von den Journalisten mit Spannung erwartet worden ist. Der Grund: Wenige Wochen zuvor hat Josef Ackermann bei einem Vortrag am Weltwirtschaftsforum (WEF) in Davos über die Zukunft im Bankenwesen referiert – und das Bild eines inte-grierten Finanzkonzerns skizziert. Kein Wunder, werden Rainer E. Gut und Josef Ackermann nun von den Medienleuten mit Fragen zur zukünftigen Strategie geradezu bombardiert. Bahnt sich hier ein fundamentales Zerwürfnis zwischen Präsident und CEO über die zukünftige Struktur der Bank an? Verschafft sich bei der ehr-würdigen Kreditanstalt eine Garde jüngerer Bankmanager Gehör, die eine strikte organisatorische Trennung in Investment Banking und klassisches Bankgeschäft für überholt hält? Berechtigte Fragen, doch der Präsident und sein CEO vermeiden an der Pressekonfe-renz jeden Anflug von Disharmonie. Nein, meint Gut vor dem Journalistentross, eine Änderung der Bankstrategie stehe nicht an, und sein operativer Chef Ackermann betont, dass es keinerlei Differenzen gebe zwischen ihm und seinem Präsidenten. Doch dies entspricht in doppelten Sinne nicht der Wahrheit. Erstens steht in der Tat eine Strategieänderung vor der Tür. Und zweitens sind sich Ackermann und Gut uneins, wie diese Änderung auszusehen hat.

Rainer E. Gut stützt sich auf die vom McKinsey-Mann Thomas Wellauer ausformulierten Pläne, nach denen die Bank rechtlich völlig umgekrempelt werden soll. Zwei juristisch getrennte Einheiten sollen gebildet werden. In das bestehende Rechtskleid der Schweizerischen Volksbank soll die Credit Suisse schlüpfen, in das Rechtskleid der Schweizerischen Kreditanstalt die Credit Suisse First Boston. Das Retail Banking sowie das Private Banking sollen bei der Credit Suisse angegliedert werden, das Investment Banking und das Asset Management bei der CSFB.

Eine Aufteilung in diese vier Divisionen befürwortet auch Josef Ackermann, doch favorisiert er eine Lösung unter einem Dach. Er will nicht einsehen, weshalb zwei separate Banken entstehen sollen und die altehrwürdige SKA, die Bank notabene, die er selber erfolgreich führt, dafür sterben muss. Ackermann stört sich auch daran, dass der CS-Präsident für jede der vier Sparten eine eigene Geschäftsleitung vorgesehen hat. Das, meint er, erschwere die Zusammenarbeit. Josef Ackermann will wie bisher eine einzige Konzernleitung beibehalten, mit ihm selber an der operativen Spitze – eine Aufteilung der Geschäftsleitung würde die operative Verantwortung auf mehrere Köpfe verteilen. Er ahnt möglicherweise schon, dass sich dies für ihn ungünstig auswirken könnte.

Als der Verwaltungsrat der CS Holding am 27. März 1996 zusammentritt, schweigt sich der Präsident gegenüber seinen Aufsichtsräten darüber aus, dass er Pläne wälzt, der Bankgesellschaft ein Fusionsangebot zu unterbreiten – Pläne, die er fünf Tage später in die Tat umsetzen wird. Stattdessen wendet sich Rainer E. Gut dem traktandierten Thema zu: «organisatorische Fragen». Im Laufe der Sitzung registrieren die Verwaltungsräte irritierende Schwingungen im Raum. Gewöhnlich werden Geschäfte erst dann im Verwaltungsrat traktandiert, wenn sich die operative Führung der Bank auf eine Position festgelegt hat. Diesmal läuft es anders, und je länger die Sitzung voranschreitet, desto deutlicher wird für die Anwesenden, dass Präsident und CEO offensichtlich nicht dieselben Standpunkte vertreten. Ackermann macht kritische Äusserungen gegenüber seinem Präsidenten, und die Verwaltungsräte stellen irritiert fest, dass es um die persönliche Chemie zwischen den beiden Alphatieren nicht mehr so gut bestellt zu sein scheint wie auch schon.

Die beiden ranghöchsten Verantwortlichen der Bank sind offen uneins, und insbesondere Rainer E. Gut goutiert die unverhüllte Kritik seines CEO in keiner Weise. Für Ackermann ist die zukünftige Organisation des Credit-Suisse-Konzerns jedoch längst zur Grundsatzfrage geworden – und zum Seismografen dafür, wie es um seinen Einfluss innerhalb der Bank steht.

Als das vertrauliche Telefonat zwischen Gut und dem Bankgesellschafts-Präsidenten Nikolaus Senn publik wird, erkennt Josef Ackermann die Antwort, nach der er gesucht hat. Dass er als operativer Konzernchef über den Fusionsplan des Präsidenten nicht ins Bild gesetzt worden ist, hat wohl einen simplen Grund: Bei einem Merger unter Gleichen pflegt jede Seite entweder den Präsidenten oder den CEO zu stellen. Hiesse also der Präsident eines SBG/CS-Fusionsgebildes Rainer E. Gut – und davon ist auszugehen –, ginge Ackermann leer aus. Eine Perspektive, die einem ehrgeizigen Bankier kaum schmecken kann.

In den Wochen nach dem geplatzten Fusionsversuch forciert Rainer E. Gut in der Frage der Organisation seiner Bank plötzlich das Tempo. Dass eine Holding jetzt definitiv keinen Sinn mehr ergibt, sieht Gut ein. Wäre es zum Merger mit der SBG gekommen, hätte die Holdingstruktur der CS zumindest in der ersten Phase nach dem Zusammenschluss noch gute Dienste leisten können. CS und SBG hätten unter einem gemeinsamen Holdingdach weiterhin als eigenständige Einheiten geführt werden können, während im Backoffice und in den zentralen Diensten bereits Synergien hätten genutzt werden können – ähnlich wie dies Rainer E. Gut vor Jahren bei der Volksbank bereits einmal durchexerzierte. Eine totale Verschmelzung beider Grossbanken hätte bei diesem Szenario Schritt für Schritt und innerhalb eines angemessenen Zeitraums erfolgen können, ohne die Managementkapazitäten auf beiden Seiten über das Limit hinaus zu strapazieren. Solche Gedanken sind mit dem schnöden Nein der Bankgesellen jedoch obsolet. Am 3. Mai 1996 beschliesst Gut definitiv die Neuorganisation der Bank. Aus der CS Holding soll die CS Group (CSG) werden.

Die an diesem Tag präsentierte Organisation ist für Ackermann eine doppelte Enttäuschung. Erstens ist er mit seinem Vorschlag, die Universalbank auch rechtlich zu erhalten, nicht durchgedrungen. Zweitens – noch schlimmer: Josef Ackermann ist nicht, wie von ihm erhofft, der operative Chef. Rainer E. Gut, der Königsmacher im Reiche CS, hat für den Spitzenjob einen anderen im Auge: sich selbst. Der Präsident will in Personalunion auch den Posten des CEO der neuen CSG übernehmen und Ackermann derweil an die Spitze der Division Investment Banking setzen, immerhin desjenigen Bereichs, dem Rainer E. Gut für die Zukunft die grösste Bedeutung beimisst.

Das Signal an den ungeduldig ambitiösen Ackermann ist deutlich. Statt wie bisher unangefochtene Nummer zwei der Bank ist er im neuen Organigramm nur noch einer von vier gleichgestellten Spartenchefs – fast so, als wollte Rainer E. Gut die Performance seines Topmanagers noch einmal auf die Probe stellen, bevor er gewillt sein würde, diesen in naher oder ferner Zukunft möglicherweise doch noch auf den Sessel des Konzernchefs zu hieven. Ackermann sieht den Job im Investment Banking allerdings eher als eine Art Bestrafung: Den Job an der Spitze der traditionsreichen SKA gegen den riskanten Chefposten im US-Tollhaus CS First Boston zu tauschen, erscheint ihm als eine Art Himmelfahrtskommando.

Ackermann sieht sich degradiert, was das bereits beschädigte persönliche Verhältnis zwischen Präsident und CEO neuen Belastungen aussetzt. Dass zwischen den beiden Spitzenexponenten der Bank ein tiefes Zerwürfnis aufgebrochen ist, lässt sich nun nicht mehr unter den Teppich kehren. Am 23. Mai 1996, als die Swissair in der Werft 3 am Flughafen Kloten ihre Generalversammlung abhält, stürzen sich Swissair-Verwaltungsrat und Holderbank-Zementunternehmer Thomas Schmidheiny sowie der scheidende Swissair-Konzernchef Otto Loepfe – beide sitzen auch im Verwaltungsrat der CS – auf Josef Ackermann. Beide stellen ihm dieselbe Frage: Habt ihr Krach? Josef Ackermann wiegelt ab, meint, alles sei halb so schlimm.

Der Bankier beschönigt die klimatische Grosswetterlage in der CS-Teppichetage – in Tat und Wahrheit kämpft Josef Ackermann um seine Position innerhalb der Bank. In vertraulichen Gesprächen mit Verwaltungsräten versucht er in diesen Wochen zu ergründen, wie es in diesem Gremium um seinen Einfluss bestellt ist. Mit derartigen Vorstössen begibt sich Josef Ackermann jedoch auf gefährliches Parkett. Plötzlich machen Gerüchte die Runde, Ackermann plane einen Putsch gegen seinen Präsidenten, und auch Rainer E. Gut kommt solches zu Ohren. Sollten etwa auch die Gespräche mit Loepfe und Schmidheiny an der Swissair-Generalversammlung derartigen Zwecken dienen? Das Misstrauen bei Rainer E. Gut wächst.

90

Zusätzlichen Auftrieb bekommen die Gerüchte, als einzelne Aktionäre der Credit Suisse in einem an Vizepräsident Helmut Maucher adressierten Brief die Absetzung von Rainer E. Gut fordern und Josef Ackermann als neuen Präsidenten der Bank vorschlagen. Maucher lässt die Absender wissen, eine Auswechslung von Gut stehe nicht zur Diskussion. Auch Ackermann schreibt zurück. Er teilt den Aktionären mit, er stehe nicht zur Verfügung. CS-Präsident Rainer E. Gut aber ist alarmiert. Und er erinnert sich an eine Begebenheit, die sich an jenem hektischen Dienstag nach Ostern zutrug. An diesem Tag legt der langjährige CS-Topmanager Peter Küpfer, während Jahren einer der engsten Wegbegleiter von Gut, die Kündigung auf den Tisch. Als Rainer E. Gut die Gründe zu erfahren wünscht, bekommt er Erstaunliches zu hören. Er, Küpfer, könne sich mit dem Kurs der Bank nicht mehr identifizieren – und als wären diese Worte nicht schon ungeheuerlich genug, schiebt Küpfer nach: Josef Ackermann sehe das übrigens genauso.

Umgehend stellt Gut seinen CEO Josef Ackermann zur Rede. Der ist zwar überrascht und nicht eben glücklich, dass Küpfer seine Haltung dem Präsidenten so unverblümt vermittelt hat, doch er bestätigt: Ja, er beurteile den strategischen Weg, den Rainer E. Gut eingeschlagen habe, äusserst kritisch.

Das ist der Augenblick, in dem das persönliche Verhältnis zwischen Rainer E. Gut und Josef Ackermann zerbricht. Niemals diskutieren die beiden ihre Differenzen aus, nie kommt es zu lautstarken Konfrontationen. Im Gegenteil: An der Spitze der Bank herrscht mit einem Mal kalte Sprachlosigkeit. Rainer E. Gut gibt sich Josef Ackermann gegenüber nur noch kurz angebunden und distanziert. Das Klima ist derart frostig, dass Ackermann beschliesst, die Bank nur dann zu betreten, wenn Rainer E. Gut nicht im Hause weilt. Dies kann kein Zustand von Dauer sein, das weiss Ackermann, und schon bald ringt er mit der Frage, ob er angesichts der ausweglos erscheinenden Situation den Job quittieren soll. Er sucht den Rat von Michael Hilti, einem nicht direkt involvierten Vertrauten, Präsident des gleichnamigen Konzerns im Liechtensteinischen, der zudem im Verwaltungsrat der SKA sitzt. Mit Hilti verbindet Ackermann eine persönliche Freundschaft, seit beide in den siebziger Jahren an der Hochschule St. Gallen Ökonomie studierten.

Auf einer gemeinsamen Autofahrt an eine Verwaltungsratssitzung spricht der Bankier das heikle Thema an, schildert dem Ex-Kommilitonen die Situation. Hilti hört aufmerksam zu. Schliesslich, nach intensiver Diskussion unter vier Augen, rät er seinem Freund, sich bald zu entscheiden und, sofern er nicht an eine Verbesserung der Situation glaube, zu kündigen.

Rainer E. Gut scheint zu ahnen, dass es mit Ackermann zum Bruch kommen könnte. Es ist Sonntag, der 16. Juni 1996, als der CS-Präsident zum Hörer greift und die Telefonnummer eines Mannes wählt, den er seit Jahren kennt: Lukas Mühlemann, seit 1994 Konzernchef der Schweizer Rück, wo Rainer E. Gut als Vizepräsident im Verwaltungsrat waltete. Mühlemann, vormals Chef der Schweizer Niederlassung der US-Consultants McKinsey, hat seit über zehn Jahren auch die CS beraten und dabei immer wieder mit Rainer E. Gut beruflich zu tun gehabt. Man kennt sich, und Mühlemann ist nicht erstaunt, dass ihn der CS-Bankier in einer wichtigen Angelegenheit zu sprechen wünscht. Rainer E. Gut präsentiert dem Rück-Chef ein attraktives Angebot: CEO des neu formierten Finanzkonzerns CS Group zu werden. Die Trennung von Ackermann «in gegenseitigem Einverständnis» werde in den nächsten Tagen in die Wege geleitet. Zwei Tage später sagt Mühlemann zu, und am letzten Juni-Wochenende des Jahres 1996 setzt Ackermann sein Demissionsschreiben auf.

Der CS-Präsident löst mit diesem Schachzug seine wichtigste Personalfrage zwar elegant, hat aber trotzdem ein Problem: Lukas Mühlemann kann seinen neuen Topjob erst auf den 1. Januar 1997 beginnen. Auf just diesen Termin soll auch die neue Konzernstruktur in Kraft treten – und so steht die CS plötzlich ohne CEO da. Es gibt jedoch einen in der Teppichetage der Bank, der stets zur Stelle ist, wenn Notstand herrscht: Hans-Ulrich Doerig. Er hat bereits zahlreiche Topjobs in der Führungsspitze des Konzerns bekleidet, und Rainer E. Gut fragt ihn auch diesmal an – er gibt ihm ein Wochenende lang Zeit, sich zu entscheiden. Nach kurzem Überlegen sagt Doerig zu, ad interim Chef der Credit Suisse zu werden.

Am 1. Juli 1996, einem Montag, morgens kurz vor acht Uhr ruft Josef Ackermann seine Kollegen der Generaldirektion an, um sie über seine Kündigung ins Bild zu setzen. Eine Stunde später hat er sein Chefbüro bereits geräumt, und es rollt eine PR-Offensive an, die das Ziel verfolgt, Ackermann unversehrt aus dieser für den Bankier unvorteilhaften Situation herauszuhauen. Orchestriert wird diese Aktion von Jörg Neef, dem Pressechef der Schweizerischen Kreditanstalt. Und der PR-Profi leistet ganze Arbeit – für Josef Ackermann, der die Bank verlassen will. «Er wollte glaubwürdig bleiben», titelt der Zürcher «Tages-Anzeiger» kurze Zeit später und taucht den tatsächlichen Machtkampf hinter der steinernen Fassade am Zürcher Paradeplatz in ein rosa Licht. Die Zeitung schreibt über Ackermann: Den «brutalen Abbau von 5000 Stellen in kurzer Zeit konnte und wollte er nicht vertreten». Der scheidende Bankier steht in der Öffentlichkeit als Manager da, der verantwortungsbewusst handelt und Entlassungen im Zuge des Konzernumbaus von der CS Holding zur CS Group ablehnt – eine Interpretation, die weit neben dem tatsächlichen Geschehen liegt.

Am 2. Juli 1996 gibt die CS die personellen Änderungen an der Bankspitze bekannt. Den Rücktritt Ackermanns erklärt Gut mit «unterschiedlichen Auffassungen». Vereinbarungsgemäss enthalte er sich eines weiteren Kommentars. In der Presse wird der Abschied von Josef Ackermann zwar bedauert, die Ernennung von Lukas Mühlemann jedoch gleichzeitig begrüsst. Der designierte CS-Chef bekommt sogar Vorschusslorbeeren en masse: «Mühlemann hat das Zeug, zum Manager der neunziger Jahre zu werden», schwärmt der «Tages-Anzeiger», die Berner Tageszeitung «Der Bund» spricht gar von einem «Superstar unter den Schweizer Managern», und die Börse reagiert mit einem Kurssprung, einem Mühlemann-Bonus sozusagen. Später sollte sich die Gunst der Presse von Mühlemann abwenden, ja der neue Mann an der Spitze der Bank wird seinen Job gar vorzeitig verlassen müssen. Doch in diesen Juli-Tagen des Jahres 1996 gibt es Good News aus dem Hause CS wie schon lange nicht mehr. Es sind positive Signale, geeignet, das Imageproblem, das Rainer E. Gut seit dem telefonischen Tête-à-Tête mit Nikolaus Senn vor sich herträgt, etwas in den Hintergrund zu drängen.

Dennoch hat der CS-Präsident die Aura des unfehlbaren Strategen verloren und steht in der Optik der medialen Öffentlichkeit noch immer wie ein machthungriger Verlierer da, während die Lichtgestalt Ackermann das Weite gesucht hat. Und an der operativen Spitze steht für jeden sichtbar ein Interims-CEO namens Hans-Ulrich Doerig, der ganz offensichtlich nur den Platz für den Nachfolger warmhalten muss. In dieses Machtvakuum prescht mit Lukas Mühlemann ein Manager, der gewillt ist, die ihm auf dem Silbertablett servierte Chance am Schopf zu packen. Er stellt aber eine wichtige Bedingung: Die finanzielle Situation der Bank muss bis zu seinem Amtsantritt zum Jahreswechsel 1996/97 bereinigt sein, sämtliche Altlasten sind abzuschreiben. Für das Geschäftsjahr 1996 weist die CS einen Verlust von 2,6 Milliarden Franken aus. So viel wie noch nie in der 140-jährigen Geschichte der Bank.

Es waren zwei, die konnten nicht zusammenkommen

Wie Josef Ackermann beim geplanten Zusammenschluss von Deutscher Bank und Dresdner Bank agiert.

Im Herbst 1999 kündigt der deutsche Versicherungskonzern Allianz in München die Berufung eines neuen Vorstandsmitglieds an: Paul Achleitner, bislang Deutschland-Chef der US-Investment-Bank Goldman Sachs, soll als Finanzchef in die operative Leitung des Assekuranzkonzerns einziehen. Achleitner ist ein bekannter Name in der Finanzbranche. Unter seiner Führung konnte Goldman Sachs in den neunziger Jahren ihren Marktanteil massiv ausweiten und damit im Geschäft der Fusionen und Akquisitionen den heimischen Banken arg zusetzen. Keiner nutzte den Boom der Firmenzusammenschlüsse jener Jahre geschäftlich geschickter als Achleitner.

Als der Wechsel bekannt wird, meldet sich ein wichtiges Aufsichtsratsmitglied der Deutschen Bank bei Achleitner. Es ist Ulrich Cartellieri. Er kennt Achleitner gut. Schliesslich hat Goldman Sachs die Deutsche Bank im Herbst 1998 bei der Übernahme des US-Finanzhauses Bankers Trust beraten. Cartellieri und Achleitner exerzierten damals in Gedanken auch einen anderen interessanten Deal durch, und zwar den Schulterschluss der Deutschen Bank mit einem heimischen Player: der Dresdner Bank. Das Strategieberatungsunternehmen McKinsey eruierte im Auftrag der Deutschen Bank, dass dies der sinnvollste Zusammenschluss in der sich anbahnenden Konsolidierungswelle im deutschen Bankensektor darstellen könnte. Diese Einsicht war allerdings keine Überraschung: Jeder, der die Branche etwas eingehender analysierte, kam zu ähnlichen Schlüssen. Auch Paul Achleitner war, schon lange bevor er zur Allianz kam, der Meinung, eine Fusion zwischen den beiden grossen deutschen Banken ergebe viel Sinn. Und er sagte dies Cartellieri auch.

Fast ein Jahr ist seit der Übernahme von Bankers Trust vergangen, doch Cartellieri und Achleitner haben den persönlichen Kontakt nie abreissen lassen. Cartellieri regt an, Achleitner solle doch mit Rolf-E. Breuer Kontakt aufnehmen: Vielleicht liesse sich die alte Idee ja wieder aufwärmen. Achleitner weiss, worauf Cartellieri hinauswill. In der Tat haben die Spitzen der deutschen Grossbanken bereits einmal Gespräche über einen Zusammenschluss geführt – erfolglos.

1998 war es, als Bernhard Walter, Vorstandssprecher der Dresdner Bank, und Rolf-E. Breuer, Vorstandssprecher der Deutschen Bank, über eine Fusion der beiden Finanzkonzerne zu diskutieren begannen. Schliesslich hatten nur kurz zuvor, im Dezember 1997, die beiden Schweizer Grossbanken Bankgesellschaft und Bankverein mit ihrer Fusion zur UBS veranschaulicht, dass die Konsolidierung in der Branche voranschreitet und der Zwang zur Grösse nicht nur einer akademischen Diskussion entspringt.

Das deutsche Pendant zur Fusion der schweizerischen Grossbanken kam dann nicht zu Stande. Der grösste Aktionär der Dresdner Bank, die Allianz, bremste – die Versicherungsmanager sahen den Vorteil eines Zusammenschlusses von Deutscher und Dresdner Bank nicht. Die Allianz besass damals 22 Prozent an der Dresdner Bank, und ohne grünes Licht aus München war eine Fusion nicht zu bewerkstelligen. So wurden diese Pläne wieder auf Eis gelegt.

Nicht für lange allerdings. Den Wechsel von Achleitner zur Allianz nimmt Deutsche-Bank-Aufsichtsrat Ulrich Cartellieri nämlich zum Anlass, in dieser Angelegenheit erneut zu sondieren. Und er stösst beim Österreicher auf offene Ohren, denn auch die Allianz hat sich inzwischen weitere Gedanken zu dieser Thematik gemacht. Paul Achleitner würde die Gewichte im Vorstand der Allianz zu Gunsten einer möglichen Bankenfusion wohl verschieben. Klar ist, dass der Schlüssel für den ganz grossen Wurf in jedem Fall bei der Allianz liegt. Über die Idee, Deutsche und Dresdner zusammenzuführen, hat Paul Achleitner auch bereits mit Henning Schulte-Noelle, dem einflussreichen Vorstandsvorsitzenden der Allianz, gesprochen. Erste Grundsatzüberlegungen sind dabei gemacht, mögliche Lösungen skizziert worden, und so nimmt Achleitner wenig später auch Kontakt mit Rolf-E. Breuer von der Deutschen Bank auf.

Im Januar 2000 kommt es zu einem vertraulichen Treffen zwischen Breuer und Allianz-Chef Schulte-Noelle. Anwesend ist auch Paul Achleitner. Der Österreicher steht inzwischen offiziell in Diensten der Allianz: Anfang Jahr hat er seinen Job als Vorstand bei dem Versicherungskonzern angetreten.

Auf die Frage, wie die Allianz Gewinn bringend in einen solchen Deal eingebracht werden könnte, haben Achleitner und Schulte-Noelle eine Antwort gefunden: Die Allianz bekundet Interesse am Retail Banking der Deutschen Bank. Auf dieser Plattform könnte der Münchner Konzern zukünftig Versicherungspolicen vertreiben. Im Rahmen einer Fusion könnte die Allianz zudem einen grossen Teil der Bank 24 aus dem Besitz der Deutschen Bank übernehmen. In die Bank 24 hat der Frankfurter Finanzkonzern die Filialen des Retailgeschäfts eingebracht.

Interessiert sind Schulte-Noelle und Achleitner auch an der Fondsgesellschaft Deutsche Gesellschaft für Wertpapiersparen (DWS). Für Privatanleger verwaltet die DWS Fondsgelder in Höhe von insgesamt rund 100 Milliarden Euro. Für einen Finanzkonzern

wie die Allianz, die Hunderte von Milliarden Euro profitabel anzu-
legen hat, sind Asset Management und ausgefeilte Distributions-
kanäle massgebliche Erfolgsfaktoren. In diesem Bereich könnte
eine Deutsche Bank der Allianz durchaus Hilfestellung bieten.

Im Besitz der Deutschen Bank befindet sich zudem eine
Versicherungsgesellschaft: der Deutsche Herold. Diese könnte die
Allianz ebenfalls übernehmen und so ihren Marktanteil in
Deutschland weiter ausbauen.

Bernhard Walter, Chef der Dresdner Bank, ergreift die Möglichkeit, die ihm sein Grossaktionär Allianz kurz nach dem Treffen mit
Rolf-E. Breuer signalisiert. Walter ist schon 1998 bei den Verhandlungen rund um einen Zusammenschluss mit der Deutschen Bank
federführend gewesen. Der Vorstandschef der Dresdner Bank, ein
erfahrener Bankier, pflegt in grossen Zusammenhängen zu denken.
Zusammen mit der Deutschen Bank, weiss Walter, könnte die
Dresdner zu einem Powerhaus in europäischen Dimensionen
heranwachsen – und in ein solches könnten weitere europäische
und amerikanische Partner eingebunden werden. Dass sich in
Deutschland kein stärkerer Nukleus für ein derartiges Konstrukt
bilden lassen würde als durch eine Verschmelzung der beiden
Grossbanken Deutsche und Dresdner, weiss Walter, seit er 1998
zusammen mit zwei Mitarbeitern bei der Dresdner Bank genau
dieses Szenario analysiert und durchgerechnet hat.

Am 8. Februar 2000, einem Dienstag, meldet sich Bernhard
Walter bei Rolf-E. Breuer. Dieser will eine Fusion der beiden Bank-
häuser thematisieren – unter strengster Vertraulichkeit. Die beiden
Bankchefs beschliessen, sich in den nächsten Tagen zu einem
Gespräch unter vier Augen zu treffen.

Rolf-E. Breuer hält sich strikte an das Stillschweigegebot – niemanden im Vorstand oder im Aufsichtsrat weiht er ein, und auch
Walter behält die Angelegenheit für sich. Am Freitag, nur drei Tage

nach der ersten telefonischen Kontaktnahme, treffen sich Breuer und Walter, um Einzelheiten eines möglichen Deals zu diskutieren. Weitere Gespräche folgen, meist in einer Suite des Hotels Hilton in Frankfurt. Zugezogen werden nur je zwei ebenfalls zur totalen Verschwiegenheit verpflichtete Berater. Mehr eingeweihtes Personal braucht es zunächst nicht, schliesslich ist eine Fusion in ihren Grundzügen bereits seit den Tagen der McKinsey-Studie durchdacht und zur Zeit der Gespräche von 1998 in Vorstand und Aufsichtsrat auf durchaus positive Resonanz gestossen.

So führen Breuer und Walter die Gespräche weiter im kleinen Kreis. Sie diskutieren bereits wichtige Weichenstellungen: Die neue Superbank soll Deutsche Bank heissen, und im Gegenzug für den Verlust des Namens soll das Grün der Dresdner Bank statt der Farbe Blau der Deutschen Bank in einem neuen Logo übernommen werden. Die Fondsgesellschaft DWS würde an die Allianz weitergereicht, willigt Breuer ein.

Und dann kommt es auch zu jenem Zugeständnis, das sich zum Knackpunkt in dieser Angelegenheit auswachsen sollte: Breuer verspricht einen «Merger of Equals» – eine Fusion unter Gleichen. Auch wenn die Deutsche Bank in das dannzumal fusionierte Gebilde rund 60 Prozent, die Dresdner 40 Prozent einbringen soll, so ist doch im Prinzip von einer gleichberechtigten Partnerschaft die Rede. Dabei übergeht Rolf-E. Breuer, dass selbst 60 Prozent kaum den wirklichen Wert der Deutschen Bank verkörpern. Branchenkenner gehen von einem adäquaten Fusionsverhältnis von 70 zu 30 zu Gunsten der Blauen aus, wenn nicht sogar von einem noch grösseren Ungleichgewicht. All das räumt Breuer in eigener Kompetenz ein – Vorstand und Aufsichtsrat wissen nichts davon.

Am 27. Februar 2000 versammelt Rolf-E. Breuer seine Vorstandskollegen zu einer Sitzung. Es ist Sonntag, und die Herren haben Zeit, ohne Termindruck zu diskutieren. Nun lässt der Vorstandssprecher die Katze aus dem Sack, und seine Kollegen reagieren durchaus positiv auf das Stichwort Dresdner Bank. Einige kritische Fragen gibt es, doch im Grundsatz ist sich das Gremium einig: Der Deal mit der Dresdner ist sinnvoll. Auch Vorstandsmitglied Josef Ackermann teilt diese Meinung.

Weniger reibungslos verläuft das Gespräch zwischen Breuer und seinem Aufsichtsratschef Hilmar Kopper. Als dieser eingeweiht wird, reagiert er verärgert, weil er in dieser Angelegenheit von den Informationen abgeschnitten worden ist. Als Aufsichtsratsvorsitzender der Bank, meint Kopper, hätte er in einer ganz frühen Phase in die Gespräche einbezogen werden müssen. Kopper fühlt sich vor praktisch vollendete Tatsachen gestellt. Nicht, dass er im Grundsatz gegen den Deal wäre, schliesslich würde ein Zusammenschluss von Dresdner und Deutscher Bank seinem Haus zu einem Quantensprung verhelfen. Sein Ärger wird jedoch angestachelt, als er Einzelheiten über Breuers Angebot erfährt. Die Preisgabe von praktisch dem gesamten Retailgeschäft der Bank, inklusive der Fondsgesellschaft DWS, mit der die Bank die Marktführerschaft in Deutschland erreicht hat, an die Allianz stösst Kopper vor den Kopf.

Als er zudem vernimmt, wie konkret all diese Abmachungen schon fixiert sind und in welchem Detaillierungsgrad Breuer den Handel bereits eingefädelt hat, schrillen bei ihm alle Alarmglocken. Man könne schon fusionieren, lässt er Breuer wissen, aber es müsse klar sein: Die Deutsche Bank ist der unbestrittene Leading Partner. Nach den bisherigen Gesprächen sei die Rolle der Dresdner Bank viel zu stark, und dies gelte es nun anhand weiterer Verhandlungen zu korrigieren.

Derweil fährt der Fusionszug mit maximaler Geschwindigkeit auf dem vorgespurten Gleis weiter. Am Montag, 6. März, infor-

mieren Breuer, Walter und Schulte-Noelle gemeinsam Bundeskanzler Gerhard Schröder über ihre Fusionspläne. Der Regierungschef äussert keinerlei Einwände gegen das Vorhaben.

Bernhard Walter seinerseits hat inzwischen den Vorstand der
Dresdner Bank informiert. Er erreicht im operativen Leitungsgre-
mium ein einstimmiges Resultat, zudem erwirkt er die Zustimmung des Aufsichtsrats. Und doch gibt es innerhalb der Bank auch
Zweifler. Vor allem die Altvorderen um die graue Eminenz des
Geldinstituts, Walters Vorvorgänger Wolfgang Röller, die immer
noch als gewichtige Stimmen im Hause gelten, hätten keine unein-
geschränkte Freude daran, dass die grüne Bank faktisch in den
blauen Konkurrenten eingegliedert werden solle, munkelt man
zumindest hinter den dicken Mauern an der Frankfurter Gallusanlage, wo die Zentrale der Dresdner Bank domiziliert ist. Offiziell
jedoch sind jetzt sämtliche Gremien der beiden Banken auf
Fusionskurs.

Als nach dem Besuch bei Gerhard Schröder auch etwaige politische Bedenken ausgeräumt sind, beschliessen beide Partner, an
die Öffentlichkeit zu gehen. Am Donnerstag, 9. März, soll kurz-
fristig eine Medienkonferenz einberufen werden. Doch es gelingt
nicht, die heissen News bis zu diesem Termin unter dem Deckel zu
halten. Zu viele Leute sind bereits im Bild – bei den Banken ebenso
wie unter den Exponenten in der Politik.

Am 7. März, zwei Tage vor der geplanten Pressekonferenz also,
sickert das erste Gerücht über die Megafusion durch. «Manager
Magazin Online» und «Bild» berichten über die sich anbahnende
Fusion. Den involvierten Banken bleibt nichts anderes übrig, als
die Gerüchte zu bestätigen.

Am Tag der geplanten Pressekonferenz wird Dresdner-Chef
Bernhard Walter um sechs Uhr morgens aus dem Bett geklingelt.
Am Draht ist seine Pressechefin, Gabriele Eick. Sie habe da etwas,

was sie ihm unbedingt zeigen müsse, meint sie, nämlich einen Artikel aus der britischen «Financial Times». Gabriele Eick faxt den Text zu Walter nach Hause. Was der Dresdner-Chef da noch vor dem Frühstück lesen muss, ist dazu angetan, ihm den Appetit zu verderben. Die Deutsche Bank wolle, falls es zum Zusammenschluss käme, die Investment-Banking-Tochter der Dresdner, Dresdner Kleinwort Benson, dichtmachen, steht da geschrieben. Von derartigen Plänen ist freilich bei den Gesprächen zwischen Breuer und Walter nie die Rede gewesen. Es wäre dies eine ungeheuerliche Vorstellung für den Chef der Dresdner – schliesslich sprudelt aus dem Investment Banking rund die Hälfte des Gewinns der Bank.

Bernhard Walter bittet seine Presseleute umgehend, bei der «Financial Times» abzuklären, woher diese Informationen stammten. Die Journalisten halten ihre Quellen verdeckt, deuten aber an, der Artikel basiere auf Informationen aus London. Dort residieren die Investment Bankers der Deutschen Bank, Leute wie Edson Mitchell oder Michael Cohrs und andere schneidige Banker. Sollte der Dolchstoss aus dieser Ecke gekommen sein?

Bernhard Walter ist empört und bittet Rolf-E. Breuer noch vor Beginn der Pressekonferenz um Klärung der Angelegenheit. Dies sei sicher nicht die Haltung der Bank, lässt Breuer den Kollegen wissen. Dann solle er dies gegenüber der Öffentlichkeit doch ausdrücklich klarstellen, fordert Walter. Breuer verspricht, dies zu tun.

Wenig später an diesem Vormittag beginnt die Medienkonferenz. Mit einer eingängigen Multimediashow werden die Journalisten auf den geplanten Zusammenschluss, ausdrücklich ein «Merger of Equals», eingestimmt. Effektvoll vermischt sich auf dem grossen Bildschirm vorne im Atrium der Dresdner Bank das Grün der Dresdner mit dem Blau der Deutschen Bank. Breuer und Walter präsentieren eindrückliche Zahlen. Und sie schlagen euphorische Töne an: «Die führende Bank Europas», «einen echten europäischen Champion», wolle man bauen, ein «Powerhaus» mit einer Marktkapitalisierung von über 80 Milliarden Euro solle entstehen – die grösste und stärkste Bank auf dem Kontinent. Einziger Wermutstropfen: 800 Filialen sowie 16 000 der insgesamt 90 000 Mitarbeiter fielen fusionsbedingt dem Rotstift zum Opfer.

Deutsche-Bank-Chef Breuer hat auch für jene, die sich fragen, was es mit dem Artikel in der «Financial Times» über den beabsichtigten Verkauf des Investment Banking der Dresdner auf sich habe, eine klare Antwort: Dresdner Kleinwort Benson sei «ein Juwel», und alles, was an diesem Morgen dazu gesagt oder geschrieben worden sei, sei «blanker Unsinn». Es werde «weder geschlossen noch verkauft».

Walter ist zufrieden. Breuer hat Wort gehalten und ist den Spekulationen mit klaren Worten entgegengetreten. Das gibt dem Dresdner-Chef ein gutes Gefühl – die Deutsche Bank scheint weiterhin verlässlich auf Kurs zu sein.

Weniger zufrieden kann ihn die Reaktion der Börsen an diesem Tag stimmen. Nach Bekanntgabe der Details des geplanten Deals verlieren die Aktien beider Banken über zehn Prozent. Im Gegensatz dazu steigt der Kurs der Allianz erheblich an und erreicht schliesslich ein Allzeithöchst. Die Börsenprofis haben schnell erkannt, wer der eigentliche Gewinner des Deals sein würde: der Dritte im Boot, der Münchner Versicherungskonzern Allianz, der sich eine eindrückliche Distributionsplattform einverleiben würde und zudem als Grossaktionär der Dresdner Bank mit dem Deal von einem Klumpenrisiko befreit wäre.

Innerhalb der Deutschen Bank gibt es einige, die sich angesichts der sich anbahnenden Fusion weniger wohl fühlen. Hilmar Kopper müssen die Kursreaktionen gezeigt haben, dass er mit seiner Vermutung, Breuer habe sich über den Tisch ziehen lassen, richtig liegen könnte. Und die Investment Bankers um Edson

Mitchell und Anshu Jain, deren Salär zum grossen Teil aus Aktien und Optionen der Deutschen Bank besteht, sehen ihr Einkommen und ihre Aktienpakete schlagartig an Wert verlieren. Und als wäre all dies nicht schon genug, gibt es auch aus dem Retail Banking Kritik: Die Retailer verstehen nicht, warum die erfolgreiche DWS der Allianz in die Arme geworfen werden soll.

Erstmals haben aber auch die Kritiker im Innern der Dresdner Bank wirksame Argumente. Konnten die Traditionalisten im Konzern bisher ihre Zweifel an keinen realen Vorkommnissen festmachen, so erhalten sie nun mit dem Verdacht, einzelne Teil innerhalb der Deutschen Bank hätten es auf einen Angriff auf Dresdner Kleinwort Benson abgesehen, Munition in den Gürtel: Sollte die Deutsche Bank das Investment Banking der Dresdner zertrümmern, würde das den relativen Wert der Dresdner Bank substanziell reduzieren. Können deren Aktionäre unter diesen Vorzeichen einer Fusion zustimmen? Die Signale scheinen eindeutig: Eine Fusion um jeden Preis darf es nicht geben.

In dieser klimatischen Konstellation macht sich auch Josef Ackermann Gedanken, wie er sich persönlich positionieren soll. Seine erste Reaktion auf den Fusionsvorschlag ist positiv – auch der Schweizer sieht Handlungsbedarf bei der sich anbahnenden Konsolidierung in der Bankbranche, und ein Zusammenschluss der beiden stärksten Player Deutschlands ergibt einigen Sinn. Doch je mehr Detailinformationen er erhält, desto skeptischer wird er.

Da sind zunächst Signale aus den Regionalfilialen. In der Zentrale gehen Informationen über die Kreditexposures des Konkurrenten ein. Ob sie denn nicht wüssten, bei welchen risikoreichen Engagements die von der Dresdner dabei seien, fragen die Leute an der Front ihre Chefs. Wirklich nachzuprüfen sind diese Hinweise allerdings erst bei einer Due Diligence, einer Prüfung der Bücher auf Herz und Nieren, die erst noch ausgearbeitet werden muss. Erst dann kann abschliessend beurteilt werden, welche finanzielle Potenz jeder Partner in die Fusion einbringen würde.

Selbstverständlich weiss Josef Ackermann um die Skepsis seines Ziehvaters Hilmar Kopper, der die Position der Deutschen Bank für zu wenig stark gewichtet hält, und teilt als ehemaliger Universalbanker auch das Urteil des Aufsichtsratschefs über das Retail Banking, das allzu schnell aufgegeben würde, nur damit die Allianz für den Deal Hand böte. Doch wie alle anderen Vorstandsmitglieder stellt sich Josef Ackermann nach aussen loyal hinter seinen Chef Rolf-E. Breuer, der die Fusion unbedingt realisieren will.

Ackermann mag dies leichter fallen als anderen Kollegen im Gremium, denn seine eigene berufliche Zukunft wäre auch bei einer Superbank Deutsche/Dresdner nicht gefährdet – was nicht für alle Vorstandsmitglieder gilt. Nach der Fusion müssten auf beiden Seiten ein halbes Dutzend Vorstände über die Klinge springen. Ackermann gehört nicht dazu. Acht Vorstände der Deutschen Bank sollen im Boot bleiben, neben Breuer und Ackermann Carl-Ludwig von Boehm-Bezing, Clemens Börsig, Michael Dobson, Thomas Fischer, Tessen von Heydebreck sowie Hermann-Josef Lamberti. Zusammen mit sechs Vorständen von der Dresdner Bank sollen sie das 14-köpfige Führungsteam bilden. Ackermann soll weiterhin das Investment Banking leiten, allerdings zusammen mit dem Kollegen von der Dresdner Bank, Bernd Fahrholz.

Dennoch könnten sich bei einem Schulterschluss von Deutscher und Dresdner Bank Nachteile für Ackermanns Karriere ergeben. Vorgesehen ist, dass die beiden Chefs Breuer und Walter die Bank zunächst gemeinsam führen, und zwar bis 2002, wenn Breuer 65 Jahre alt wird, danach soll Walter die Leitung bis ins Jahr 2005 alleine übernehmen. Die wichtige Rolle, die Walter damit zugestanden wird, steht im Zusammenhang mit der paritätischen Verteilung der Rollen. Da Deutschbanker Hilmar Kopper Aufsichtsratsvorsitzender der neuen Superbank werden soll, will man auf operativer Ebene die Dresdner stärker berücksichtigen – wie dies bei Fusionen üblich ist. So käme es aber zu einer Lösung, die für fünf Jahre die Führung festlegen würde. Für Josef Ackermann zerschlüge sich damit die erhoffte Möglichkeit, bereits 2002, wenn Breuer das Pensionsalter erreicht, Vorstandssprecher der Deutschen Bank zu werden.

Auch wenn langfristig seine Karrierechancen durchaus intakt sind, tun sich durch eine Fusion mit der Dresdner Bank doch allerlei Unwägbarkeiten auf. Droht ihm nochmals, wie bei der Credit Suisse, das Schicksal, vor dem Ziel abgefangen zu werden und das oberste Podest doch nicht erklimmen zu können?

Dass er sich mit solch ungemütlichen Fragen zuletzt dann doch nicht aufzuhalten hat, dafür sorgen jene Leute, die schon bisher dem Glück von Josef Ackermann stets ein wenig nachgeholfen haben: die Investment Bankers.

Am Freitag, 10. März, nur einen Tag nachdem die Fusion in Frankfurt offiziell verkündet worden ist, treffen sich drei Männer zu einem vertraulichen Gespräch im Londoner Stadtteil Chelsea. Dort wohnt Edson Mitchell, Chef Global Markets der Deutschen Bank. Er hat zwei seiner Mitarbeiter eingeladen, Mike Philipp und Michael Cohrs, die mit ihm zusammen die Führungsgilde des Investment Banking Department der Deutschen Bank bilden. Mitchell, Philipp und Cohrs wollen den verkündeten Merger en détail analysieren.

Auch sie kommen zum Schluss, dass eine Fusion im Grunde genommen sinnvoll wäre. Doch sie sehen ein Problem, das ganz direkt sie selbst betrifft: In ihrem Geschäftsbereich, dem Investment Banking, gäbe es bei einem Zusammenschluss mit der Dresdner enorme personelle Überlappungen. Von Synergien oder wertvollen Ergänzungen ist wenig zu sehen. Im Gegenteil,

106

die Deutsche und die Dresdner Bank sind in etlichen Bereichen in ähnlichen Geschäftsfeldern tätig. Klar ist, dass solche Parallelen bei einer Fusion aufgehoben werden müssten. Wenn zwei das Gleiche tun, muss einer weichen – und für die Deutschbanker gibt es keine Frage, wer dies im Regelfall sein müsste: der jeweilige Mann oder die Frau auf der Seite der Dresdner Bank. Einerseits fürchten Mitchell, Philipp und Cohrs, dass der erfolgreiche Aufbau des Business der letzten Jahre gestört und der Teamgeist zerstört werden könnte, andererseits beurteilen die Deutschbanker ihre eigenen Leute aber auch fachlich gegenüber den Kollegen der Dresdner Bank fast überall als überlegen.

Das Trio weiss, was diese Einschätzung in letzter Konsequenz bedeutet: Der Abbau sollte vor allem bei der Dresdner stattfinden. Und das dürfte Probleme geben. So einfach werden die das nicht schlucken, urteilen sie unisono. Nachdenklich trennen sich die drei Banker und vereinbaren, das Gespräch weiter zu vertiefen.

Zwei Tage später treffen sich die drei erneut, diesmal im Haus von Michael Cohrs. Ihre Einschätzung hat sich nicht verändert. Und sie beschliessen, die Weichen in ihrem Interesse zu stellen. An diesem Abend ist Josef Ackermann auf der Reise nach Frankfurt. Wie üblich hat er das Wochenende mit der Familie in Zürich verbracht und ist nun auf der Fahrt mit der Limousine nach Frankfurt. Er schaut im Fond des Wagens ein paar Unterlagen durch, als sein Mobiltelefon klingelt. Der Anruf kommt aus England, von seinen Investment Bankers, und da diese an einem Sonntag anrufen, weiss Ackermann auch, dass sie ihm etwas Wichtiges mitzuteilen haben. Er solle den Deal mit der Dresdner Bank nicht unterschätzen, warnen ihn Mitchell, Philipp und Cohrs. Sie befürchten, Josef Ackermann sei durch die reibungslose Integration der 1998 gekauften Bankers Trust der Meinung, der Merger mit der Dresdner sei ähnlich problemlos zu bewältigen, und daher sei er besonders fusionswillig eingestellt. «Joe, bitte bedenke, wie schwierig das sein wird», reden sie ihrem Chef ins Gewissen, «dies wird nicht so leicht wie Bankers Trust.»

Nun realisiert Josef Ackermann, wie skeptisch seine wichtigsten Mitarbeiter dem Deal gegenüberstehen und dass sie nicht willens sind, diesen ohne Widerstand hinzunehmen. Das muss dem Schweizer zu denken geben. Dass sich neben seinem Ziehvater Hilmar Kopper im Aufsichtsrat nun auch noch seine engsten Vertrauten im Investment Banking grundsätzlich kritisch äussern, macht ihm bewusst, dass dem Merger wohl die nötige interne Akzeptanz fehlt. Offenbar hat Rolf-E. Breuer die Sache auf wenig stabile Beine gestellt. Wird das Fusionsvorhaben nun an zwei Fronten unter Druck geraten?

Dazu kommt es zunächst nicht. Im Aufsichtsrat bleibt es relativ ruhig. Das Gremium ist am 8. März von Breuer informiert worden und hat einige Tage Zeit, in Ruhe über den Deal nachzudenken. Am 14. März stimmt der Aufsichtsrat der Deutschen Bank dem Fusionsvorhaben zu. Damit hat sich auch Präsident Hilmar Kopper verpflichtet, diesen Weg zu Ende zu gehen. Es wäre für den einflussreichen Aufsichtsratsvorsitzenden ein Leichtes gewesen, den Widerstand im Rat gegen den Deal zu organisieren. Er tut dies nicht. Sein Plan sieht anders aus: Über Rolf-E. Breuer hat er versucht, Einfluss auf den Deal zu nehmen und die Position der Deutschen Bank zu stärken. Mit einigem Erfolg. So hat er die Aufteilung der Vorstandssitze in der geplanten Superbank zu Gunsten seines Hauses verschieben können. Die von Bernhard Walter mit Breuer ursprünglich vorgesehene Sieben-zu-sieben-Lösung ist auf Drängen Koppers in eine Acht-zu-sechs-Lösung umgewandelt worden. Der Dresdner-Chef hat das zähneknirschend akzeptiert.

Auch andere bringen sich nun in Position. Edson Mitchell etwa ist überzeugt, die personellen Überlappungen liessen sich bei dieser Fusion nicht wie von Breuer und Walter geplant durch die Zusammenlegung von Teams auf beiden Seiten lösen. Der Trader hat, ganz seiner Art entsprechend, eine andere, schnellere Lösung im Auge: Die Dresdner soll ihre Investment Bank Dresdner Kleinwort Benson verkaufen. Damit könnte das erfolgreiche Team von Mitchell das Investment Banking der fusionierten Superbank managen. Und das will Mitchell seinem obersten Chef Breuer auch nahe legen.

Am Donnerstag, 16. März, reist Rolf-E. Breuer für einen seit längerem geplanten Vortrag vor der Londoner Chamber of Commerce an die Themse. Er will den Trip in die Stadt auch dazu nutzen, bei den Investment Bankers vorbeizuschauen. Seit dem Artikel in der «Financial Times» am Tag der Fusionsverkündung ist ihm klar, dass hier in London noch einiges an Überzeugungsarbeit zu leisten sein wird.

Der charmante und redselige Rheinländer kann sich nicht lange bei Small Talk aufhalten. Die Investment Bankers geben ihrem Chef unmissverständlich zu verstehen, dass sie eigene Vorstellungen einer sinnvollen Fusion zwischen Deutscher und Dresdner Bank hegen. Diese Botschaft zu überbringen, überlässt Mitchell an diesem Tag seinem eloquenten Mitstreiter Mike Philipp – und der nimmt kein Blatt vor den Mund. Die Vorstellungen Breuers seien, soweit sie das Investment Banking beträfen, unrealistisch und zu wenig durchdacht. Eine Integration laufe auf jeden Fall auf ein Fiasko hinaus. Daher sei für ihn klar: «Wir müssen das Investment Banking der Dresdner verkaufen.»

Breuer muss sich nach diesem Meeting verunsichert fühlen. Ein derart vehementer Widerstand war nicht vorauszusehen. Er ist offensichtlich beeindruckt von den klaren Worten seiner Investment Bankers. Das zeigt sich, als ihm im Anschluss an sein Referat vor der Handelskammer von den Journalisten auch einige Fragen zum Deal mit der Dresdner Bank gestellt werden. In der angelsächsischen Presse ist der Deal kontrovers diskutiert worden, und die kritischen Voten der Investment Bankers sind nicht ungehört verhallt. Als ihn einer der Reporter auf Dresdner Kleinwort Benson anspricht, antwortet Breuer, es seien «alle Optionen offen», man wolle also auch einen Verkauf des Investment Banking der Dresdner Bank prüfen.

Diese Aussage aus London wird sofort an den Chef der Dresdner Bank übermittelt. «Die haben nichts zu prüfen», macht Bernhard Walter seinem Ärger Luft, «Dresdner Kleinwort Benson gehört uns und nicht der Deutschen Bank!» Nun wird dem Vorstandschef der Dresdner Bank erstmals vollständig bewusst, dass innerhalb der Deutschen Bank über die ursprünglichen Abmachungen nachgedacht wird.

Walter spricht sich selber Mut zu. Noch vor der Medienkonferenz vom 9. März hat er um schriftliche Bestätigung der von ihm und Breuer vorgespurten Abmachungen gebeten, und schliesslich tragen diese Papiere die Unterschrift sowohl von Rolf-E. Breuer wie auch von Hilmar Kopper. Nein, er mache sich bestimmt zu viele Gedanken. Dieser Edson Mitchell und seine Mitstreiter in London mögen zwar eine kritische Einstellung haben, doch ihr Einfluss auf das Geschehen dürfte begrenzt sein – schliesslich sitzen die Investment Bankers nicht im Vorstand der Bank. Der Dresdner-Chef geht davon aus, dass die oberen Hierarchien der Deutschen Bank auch den wirklichen hausinternen Einfluss widerspiegeln. «Warum hätte ich mit Leuten aus dem Investment Banking der Deutschen Bank reden sollen?», wird er später Freunde fragen. «Meine Ansprechpartner waren die Vorstände der Bank.»

Doch auch Bernhard Walters eigene Leute schüren in jenen Tagen die Emotionen. Sein Vorstandsmitglied Joachim von Harbou, bei der grünen Bank zuständig für das Privatkundengeschäft, plaudert gegenüber der Presse aus, dass bei der geplanten Positionierung des Retail Banking die Kundeneinteilung neu vorgenommen würde. Kunden mit unter 200 000 Mark im Depot erhielten neu keine individuelle Beratung mehr, sondern würden ins Massengeschäft relegiert. Die Presse greift die Sache auf, «Bild» titelt: «Immer auf die Kleinen!», und «Der Spiegel» spricht von «Abschiebung». Die Bank distanziert sich später von diesen Aussagen.

Inzwischen formiert sich weit weg von der Frankfurter Zentrale der Deutschen Bank neuer Widerstand. Ende März ziehen sich die Investment Bankers der Deutschen Bank ins sonnige Boca Raton in Florida zu ihrem jährlichen Strategieseminar zurück. Auch Josef Ackermann ist zu einem Referat angereist. Im Schatten der Palmen diskutieren die Banker über ein heisses Thema: den Verkauf von Dresdner Kleinwort Benson. Die Mergers-and-Acquisitions-Profis unter den Bankern haben auch schon ausgerechnet, wie viel der Partner Dresdner Bank dafür etwa lösen könnte: drei bis fünf Milliarden Dollar.

Gemeinsam analysieren die Banker die Ausgangslage. Die Deutsche Bank sei fast überall personell besser dotiert als die Dresdner Bank, so die übereinstimmende Meinung der Gesprächspartner in Florida. Nur gerade das Corporate-Finance-Team der Dresdner in Grossbitannien – wenige hundert Leute – sei es wert, bei der Stange gehalten zu werden. Ansonsten existierten Überlappungen, wo auch immer man hinschaue.

Für Josef Ackermann steht ein weiteres Argument speziell im Vordergrund: Etwa ein Jahr zuvor hat er den Handel unter eigene Verantwortung genommen, und gerade in den letzten Monaten vor dem Deal holte die Deutsche Bank die in diesem Segment lange führende Dresdner Bank ein. In dieser Zeit schleuste Ackermann viele exzellente Profis in die Deutsche Bank, und die wären kaum bereit, sich jetzt unter die Führung einer Dresdner zu begeben.

Doch wenn die Dresdner Bank nicht einmal im Aktiengeschäft eine führende Position einnehmen kann, wo dann?

Die Deutschbanker sind der Meinung, die Dresdner sonnten sich im Glanz der vergangenen Zeiten, während sie selber gerade in jüngster Zeit einen enormen Ausbau des Marktanteils bewerkstelligen konnten. Auch Josef Ackermann bewertet die Kompromisse, welche die Dresdner von ihm verlangten, nicht als vorteilhaft für die Deutsche Bank. Mehr noch: Durch die Verschmelzung würde die Bank die sich aufbauende Dynamik, das «Momentum», verlieren und vielleicht um Monate zurückgeworfen werden – viel Zeit im hochkompetitiven Rennen um die Marktanteile im Investment Banking.

Die Investment Bankers einigen sich darauf, dass es das Beste wäre, die Dresdner würde ihr Investment Banking verkaufen – wie es Mitchell Wochen zuvor schon Breuer nahe gelegt hat. Die Geschäfte der beiden Banken überschneiden sich einfach zu stark.

Wieder zurück in Frankfurt, vertritt Josef Ackermann diese Meinung in den nun fast täglich stattfindenden Meetings mit den Dresdner-Bank-Managern unmissverständlich. Bernhard Walter glaubt seinen Ohren nicht zu trauen. Was Josef Ackermann da von sich gibt, steht allen bisherigen Aussagen und Versprechungen von Rolf-E. Breuer diametral entgegen. Mehr noch: Ein Verkauf der Einheit wäre auch technisch kaum zu bewerkstelligen, besteht das Investment Banking der Dresdner Bank doch aus drei getrennten rechtlichen Einheiten – je ein Teil in Frankfurt, London und New York. Diese Teile in eine einzige verkaufbare Einheit überzuführen, würde mindestens 18 Monate dauern. In diesen eineinhalb Jahren der Unsicherheit würden Mitarbeiter wie Kunden grösstenteils das Weite suchen, und am Schluss hätten die Dresdner nichts Substanzielles mehr zu verkaufen. Kommt nicht in Frage, lautet denn auch die Antwort Walters an Josef Ackermann.

Dass die Investment Bankers der Deutschen Bank eigene Zukunftsvorstellungen hegen, tut Mitchell der Dresdner Bank auf seine Weise kund: Am Mittwoch, 29. März, stellt er ein ganzes Team von Dresdner Kleinwort Benson ein. Die Dresdner vermuten eine gezielte Abwerbeaktion. Von einer «Politik der kleinen Nadelstiche» spricht das Nachrichtenmagazin «Der Spiegel». «Die sind von sich aus auf uns zugekommen. Die wollten Dresdner Kleinwort Benson sowieso verlassen», rechtfertigt sich Mitchell. Klar ist: In einer Phase, in der über eine Zusammenlegung der Bereiche diskutiert wird, Mitarbeiter des Partners einzustellen, ist deutliches Signal, dass man nicht von einer Zukunft unter einem gemeinsamen Dach ausgeht.

Die Dresdner Bank fühlt sich vor den Kopf gestossen. Die Haltung von Mitchell muss den Dresdner-Bank-Chefs auch deshalb befremdlich vorkommen, weil just er es ist, der von der Bank abgesondert wurde, um mit seinem Gegenpart auf Seite der Dresdner Bank eine Integrationslösung auszuarbeiten. Mitchells Pendant bei der Dresdner Bank ist der Asiate T.J. Lim, Chef Global Markets. Die beiden kennen sich gut, seit Mitchell Lim 1988 zu Merrill Lynch holte. Nach 1995 gingen die beiden dann getrennte Wege: Mitchell heuerte bei der Deutschen Bank an, Lim bei der Schweizer UBS. Einige Jahre später wechselte Lim zur Dresdner Bank und machte auch dort schnell Karriere. Er weiss, dass Mitchell dem ganzen Merger skeptisch gegenübersteht. Er weiss auch, dass sein ehemaliger Kollege erst kurz vor der offiziellen Verkündung von den Plänen der beiden Banken erfahren hat und «pissed off» gewesen sei, wie es heisst. Am Telefon mit Lim verschafft der Deutschbanker seinem Ärger auch sogleich Luft, und Lim weiss: Mitchell würde nur schwer für diesen Deal zu gewinnen sein.

Bernhard Walter, der Chef der Dresdner, drängt seinen Angestellten Lim, nochmals mit Edson Mitchell zu reden und zu versuchen, dessen Widerstand aufzuweichen. Lim warnt seinen Vorgesetzten jedoch vor allzu viel Hoffnung, dass dies gelingen könne. Mitchell sei der Fusion gegenüber nun einmal skeptisch eingestellt, und Walter täte gut daran, dies nicht zu unterschätzen. Auch wenn er nicht im Vorstand sitze, meint Lim, wisse Mitchell «seinen Weg zu forcieren». Ihr Ansprechpartner, entgegnet ihm Walter, sei Josef Ackermann, nicht Mitchell. Ein unauflösliches Dilemma, wie es scheint.

Die Gespräche zwischen Mitchell und Lim sind in jenen Tagen direkt und ohne falsche Diplomatie. Er, sagt Lim, habe tausend Leute, die er in der gemeinsamen Investment Bank unterzubringen habe. Er solle fünfzig behalten und den Rest feuern, entgegnet ihm Mitchell emotionslos. Lim realisiert, dass Mitchell in Fragen der Integration wenig Spielraum lässt und dass Mitchells eigentliches Ziel der Verkauf von Dresdner Kleinwort Benson ist.

Lim sucht verzweifelt nach einer Lösung. Und er kommt auf eine Idee: Wie wäre es mit einem Teilverkauf? Die grössten Überlappungen mit dem Investment Banking der Deutschen Bank existieren im Bereich Global Markets. Bei der Deutschen Bank leitet Edson Mitchell dieses Geschäft, bei Dresdner Kleinwort Benson ist es Lim. Um eine Kannibalisierung zu verhindern, liesse sich prüfen, lediglich das Business der Global Markets zu veräussern, das Aktiengeschäft und das Corporate Banking der beiden Banken jedoch zu integrieren.

Diesen Vorschlag hält Mitchell immerhin für prüfenswert – sein eigener Bereich, Global Markets, wäre von einer derartigen Lösung ja auch nicht tangiert. Weniger begeistert von einer Teilintegration, wie sie Lim vorschwebt, ist Dresdner-Chef Bernhard Walter. Eine Zerschlagung des von Rolf-E. Breuer einst als «Juwel» bezeichneten Geschäftsbereichs ist für ihn keine Option. Zudem würde ein Teilverkauf unter Zeitdruck Wert zerstören. Ganz abgesehen von den rechtlichen Komplikationen. Nein, die Investment Bankers sollen eine integrierte Lösung hinbringen. Wieder warnt Lim seinen Chef, dass sich Mitchell wohl querlegen würde, wo immer er könne. Er, Walter, solle den Einfluss des Amerikaners auf die Entscheide des Vorstands der Deutschen Bank nicht unterschätzen.

Einiges Gespür für derartige machtpolitische Konstellationen hat Dresdner-Vorstand Leonhard Fischer. Fischer ist ein überaus intelligenter Banker und nicht zufällig einer jener Leute im Kreise der Dresdner, denen auch nach einer Fusion in der neuen Super-bank ein Vorstandsposten zugeschanzt werden soll. Fischer geht den Dingen schnell auf den Grund. Für ihn hat die Ursache für den zunehmend verkorksten Integrationsprozess einen Namen: Edson Mitchell. Und wie es seine Art ist, kommuniziert Fischer unver-blümt den Vorständen beider Banken seinen Lösungsvorschlag. Danach sollte Edson Mitchell gekündigt werden – und damit wäre ein gewichtiger Hinderungsgrund für die Fusion aus dem Weg geräumt. An Stelle von Mitchell müsste eine unbelastete, von aussen kommende Person die Integration der beiden Investment-Häuser bewerkstelligen, und dies müsste sinnvollerweise ein Big Shot der Branche sein. Um die Situation zu entspannen, müsste im Gegenzug die Dresdner der Deutschen Bank die Führung im Investment Banking überlassen: Dies wäre, meint Leonhard Fischer, der Job für Josef Ackermann.

Sogar mögliche Namen des Retters von aussen werden disku-tiert. Einer, der für die Zusammenführung des Investment Ban-king das nötige Format hätte, wäre etwa Herb Allison – dieser war seinerzeit bereits bei Merrill Lynch Widersacher von Edson Mitchell. Diese Planspiele Fischers finden bei Josef Ackermann jedoch kein Gehör. Der Schweizer reagiert freundlich lächelnd, aber auswei-chend und schliesslich ablehnend. Ackermann ist nicht gewillt,

Mitchell zu feuern. Zu sehr sind die beiden in ihrem Pakt der gegenseitigen Unterstützung miteinander verbandelt. Und auch Rolf-E. Breuer vermag dieser Idee nicht viel abzugewinnen. Sein Argument: Würde ein Profi wie Mitchell von der Deutschen Bank gefeuert, wäre den Deutschen das Gespött der Branche sicher.

Am Sonntag, 2. April 2000, abends treffen sich Rolf-E. Breuer und Bernhard Walter im Privatdomizil des Deutschbankers in Frankfurt-Sachsenhausen für ein Gespräch unter vier Augen. Walter macht seinem Gegenüber klar, dass er damit rechnen müsse, dass die Dresdner Bank die Fusionsgespräche auf Eis legen würde, sofern die offenen Fragen im Investment Banking nicht in einer für die Dresdner Bank akzeptablen Form gelöst werden könnten. Das sei machbar, beschwichtigt der Chef der Deutschen Bank, er, Breuer, sei überzeugt davon, dass dies hinzukriegen sei. Diese Worte vermögen den Besucher jedoch nicht wirklich zu beruhigen, und das mit gutem Grund: Die Zeit für ein beide Fusionspartner zufrieden stellendes Agreement wird langsam knapp.

Am 6. April, vier Tage nach dem sonntäglichen Tête-à-Tête mit Breuer, muss Bernhard Walter an einer Medienkonferenz die Geschäftszahlen der Dresdner Bank für das Geschäftsjahr 1999 publizieren, und es ist abzusehen, dass er bei diesem Auftritt von den Journalisten mit Fragen zur geplanten Fusion bestürmt werden wird. Der Chef der Dresdner Bank weiss, dass bis dann eindeutige Antworten auf dem Tisch sein müssen. Auf der nächtlichen Heimfahrt im Auto fragt sich Bernhard Walter, was wäre, wenn die Fusion scheitern würde. Und er fasst einen einsamen Entschluss: Dann würde ich zurücktreten. Bernhard Walter weiht seine Gattin als Einzige in diese Eventualität ein.

Auf Seiten der Deutschen Bank hat auch Josef Ackermann inzwischen Klarheit für sich geschaffen und beschlossen, «hard ball» zu spielen – also bei den Endverhandlungen mit den

Dresdnern in der Sache hart zu bleiben und niemanden zu schonen. Nur wenn es gelingt, die Integration des Investment Banking im Sinne der Deutschen Bank durchzuziehen, so die Überzeugung Ackermanns, ist ein Wert schaffender Deal überhaupt möglich, und nur dann könnte der grosse Traum Rolf-E. Breuers von der Superbank Realität werden. In der Konsequenz hiesse dies, dass mehrere tausend Investment Bankers in einer fusionierten Bank keine Zukunft mehr haben könnten, und diese sind mehrheitlich im Solde der Dresdner.

Damit ist der Weg, den die Blauen gehen wollen, vorgezeichnet. Für Dresdner-Chef Bernhard Walter sind dies unakzeptable Bedingungen. Im schriftlichen, von Breuer und Kopper Anfang März unterzeichneten Agreement ist davon die Rede, dass aus dem kombinierten Investment Banking von den insgesamt 19 500 Arbeitsplätzen nach der Fusion 1600 entfallen würden – ein Bruchteil der nun diskutierten Zahlen. Die Deutsche Bank hält offensichtlich nicht Wort, und Bernhard Walter äussert seinen Unmut gegenüber Rolf-E. Breuer deutlich.

Die Situation ist in diesen Tagen Anfang April derart verfahren, dass ein aussenstehender Schlichter eingeschaltet werden muss. Diesen Part übernimmt Allianz-Chef Henning Schulte-Noelle, und er tut es auch deshalb, weil für den Münchner Versicherungskonzern einiges von dieser Fusion abhängt. Am Dienstag, 4. April, treffen sich Bernhard Walter, Rolf-E. Breuer und Henning Schulte-Noelle zu einem Lunch in der Zentrale der Dresdner Bank. Der Allianz-Chef wirft seine ganze Autorität in die Waagschale und erläutert noch einmal die für alle Beteiligten positiven Eckpfeiler des angepeilten Deals. Die Worte der grauen Eminenz der deutschen Wirtschaft scheinen zu wirken: Breuer und Walter einigen sich auf eine «angemessene» Integration des Investment Banking beider Banken – was auch immer das heissen mag. Doch die zuletzt so harten Fronten scheinen aufgeweicht, man ist recht freundlich miteinander, und zufrieden verlässt Schulte-Noelle das Meeting. Das bekommen wir hin, ist der Eindruck, der nach diesem Lunch bei der Allianz herrscht.

Noch am selben Nachmittag steht das nächste Meeting zwischen den Spitzen der beiden Banken an. Die für das Investment Banking zuständigen Vorstände sollen nun den konkreten Fahrplan für die Integration definieren. Bei dieser Zusammenkunft werden die von Breuer und Walter nur Stunden zuvor abgesteckten Positionen schonungslos auf ihre Tragfähigkeit geprüft werden müssen.

Bei der Deutschen Bank sind Josef Ackermann und Ronaldo Schmitz, bei der Dresdner Bank Bernd Fahrholz und Leonhard Fischer an das Treffen delegiert. Doch so weit sollte es gar nicht kommen. Als die Bankmanager der Dresdner das auf diesen Nachmittag um 16 Uhr terminierte Meeting antreten wollen, wird ihnen mitgeteilt, dass die Herren Ackermann und Schmitz das Haus bereits verlassen hätten und auch nicht auf dem Mobiltelefon zu erreichen seien. Fischer und Fahrholz beschleicht angesichts dieser abrupten Absage ein ungutes Gefühl.

Am Tag darauf, am Mittwoch, 5. April, ist für morgens um sieben Uhr das nächste Meeting angesetzt. Es findet in grösserem Kreis statt. Anwesend sind von der Dresdner Bank Bernhard Walter, Bernd Fahrholz, Leonhard Fischer und Horst Müller, von der Deutschen Bank Rolf-E. Breuer, Josef Ackermann und Ronaldo Schmitz.

Es ist Josef Ackermann und nicht etwa sein Chef Rolf-E. Breuer, der nun das Wort ergreift, und die Dresdner-Leute wundern sich schon: Offenbar ist der Schweizer der Verhandlungsführer der Deutschen Bank. Mit durchgedrücktem Rücken sitzt Ackermann am Tisch, während Breuer leicht in sich zusammengesunken neben ihm sitzt. Ein Bild mit Symbolkraft. Alle Fragen, auch jene, die an Rolf-E. Breuer gerichtet sind, beantwortet der Schweizer; er ist der Mann, mit dem jetzt verhandelt wird. Allerdings will es ihm nicht recht gelingen, seine gewohnte Souplesse zu verströmen. Die Gegenpartei empfindet ihn als reichlich arrogant, und vor allem mit dem ebenfalls nicht auf den Mund gefallenen Leonhard Fischer liefert sich Josef Ackermann einige hitzige Wortgefechte.

Die Botschaft des Schweizers ist ja auch wenig erfreulich. Eine strikte Integration des Investment Banking sei der einzige Weg, macht Ackermann klar und rechnet vor, was das bedeutet. Von den 6500 Investment Bankers der Dresdner Bank könne man vielleicht 1000 behalten. 5500 seien überzählig. Dies ist nicht der Deal, über den Walter einst mit Breuer gesprochen hat, und dies alles hat auch wenig mit dem «ausgewogenen Integrationsprozess» gemein, von dem noch am Tag zuvor die Rede gewesen ist. Es liefe auf eine Zerschlagung des Investment Banking bei der Dresdner Bank hinaus.

Nachdenklich verlässt Dresdner-Chef Bernhard Walter das Meeting und beschliesst, den Weg zurück in die Zentrale der Dresdner Bank zu Fuss zu nehmen. Die paar hundert Meter durch den Park zwischen dem Hauptsitz der Blauen an der Taunusanlage und dem Hauptsitz der Grünen an der Gallusanlage genügen, um einen Entschluss zu fällen: Er wird seinen Vorstandskollegen vorschlagen, die Gespräche mit der Deutschen Bank sofort abzubrechen.

Im sechsten Obergeschoss der Dresdner-Zentrale angekommen, macht er die bereits wartenden Vorstandskollegen mit seinen Gedanken vertraut. Die Vorstände teilen die Einschätzung des Chefs und beschliessen einstimmig, die Fusionsgespräche sofort abzubrechen. In seinem Büro ruft Bernhard Walter den Kollegen von der Deutschen Bank, Rolf-E. Breuer, an und setzt auch diesen ins Bild. Es ist ein kurzes Gespräch. Kurz bevor Breuer auflegen will, meint Walter, er selber werde nach dieser Entwicklung übrigens als Vorstandschef der Dresdner Bank zurücktreten.

Es ist 15 Uhr, als die Dresdner Bank den Abbruch der Gespräche durch eine Pressemitteilung öffentlich macht. Darin heisst es: «Die Absprache zwischen der Deutschen Bank und der Dresdner Bank sah vor, beide Institute nach dem Leitbild einer Fusion unter gleichen Partnern zusammenzuführen und den Integrationsprozess ausgewogen zu gestalten. Die Zusammenführung der Geschäftsaktivitäten im Bereich des Investment Banking war dabei eine wesentliche Geschäftsgrundlage, um dem strategischen Anspruch, eine führende Investment Bank zu schaffen, gerecht zu werden. Stattdessen hat die Deutsche Bank nach Ankündigung der Fusion gefordert, Dresdner Kleinwort Benson ganz oder in Teilen zu verkaufen. Sie war auch nicht bereit, konstruktive Vorschläge aufzunehmen, um den Integrationsprozess im Investment Banking nach objektiven und rationalen Kriterien zu gestalten. Sie hat eine ausgewogene Integration von Dresdner Kleinwort Benson nach Wortlaut und Geist der getroffenen Absprachen abgelehnt. Die Deutsche Bank hat durch ihr Verhalten der geplanten Fusion die Vertrauensbasis entzogen. Ein Zusammenschluss zu Lasten der Dresdner Bank kann nicht im Interesse ihrer Aktionäre, Kunden und Mitarbeiter liegen.»

Auch die Deutsche Bank muss nun gegen aussen ihre Position vertreten, und sie tut dies unter anderem mit einem Schreiben an die Aktionäre. Der Jahresbericht der Bank, in welchem der Deal noch in rosigen Farben gezeichnet ist, ist bereits gedruckt, und so legt Rolf-E. Breuer diesem einen eiligst nachgedruckten Brief bei, in dem es heisst: «Meine Kollegen und ich bedauern, dass dieser Zusammenschluss nicht zu Stande gekommen ist, da wir von der Werthaltigkeit des Fusionskonzepts überzeugt waren und sind. Im Interesse der Aktionäre sowohl der Dresdner Bank wie auch der zukünftigen Deutschen Bank hätten wir einem Verkauf des Investment-Banking-Bereichs der Dresdner Bank den Vorzug gegeben.

Ein Verkauf in Gänze hätte den Wert von Dresdner Kleinwort Benson erhalten. Dies wurde aus einer Fülle von auch technischen Gründen nicht akzeptiert. Als zweitbeste Lösung haben wir eine Teilintegration vorgeschlagen; auch mit dieser vorgeschlagenen Lösung konnte die Dresdner Bank sich nicht einverstanden erklären. Ein Integrationsmanagement, wie es sich bei Bankers Trust bewährt hat, konnte deshalb nicht umgesetzt werden. Ein wesentlicher Teil des Wertschaffungskonzepts der Fusion wurde damit in Frage gestellt.»

Nun gilt es noch, die in die Verhandlungen involvierten Schlüsselpersonen ins Bild zu setzen. Dresdner-Chef Bernhard Walter informiert unmittelbar nach dem Abbruch der Gespräche den Grossaktionär Allianz. Er erreicht Versicherungsboss Schulte-Noelle kurz nach halb zwei Uhr mittags auf dem Mobiltelefon im Auto. Der fällt aus allen Wolken. Noch am Tag zuvor schien es, als ob alles in bester Ordnung wäre – und nun dies. Dass eine von Vorständen und Aufsichtsräten beider Banken geschlossene bindende Vereinbarung plötzlich aufgekündigt wird, ist in den Augen der Allianz-Leute derart ausserhalb jeder Vorstellung, dass sie diese Eventualität nie richtig in Erwägung gezogen haben.

Nach der ersten Enttäuschung reagieren die Münchner dennoch professionell: Breuer wird kontaktiert, und die Allianz lässt anfragen, ob es von ihrer Seite noch etwas zu tun, etwas zu heilen gebe. Der Versicherungskonzern will seine Beziehungen zur grössten deutschen Bank keiner irreparablen Belastung aussetzen.

Auch Rolf-E. Breuer muss nun seinen Aufsichtsrat informieren. Er tut dies sofort, platzt hinein in eine Aufsichtsratssitzung, die an diesem 5. April 2000 stattfindet. Die Damen und Herren Aufsichtsräte gönnen sich gerade eine kurze Pause mit einem leichten Lunch. Als Breuer die Botschaft verkündet, ruhen Messer und Gabel schlagartig. Es herrscht Konsternation. Manch einem im

Rat geht wohl durch den Kopf, dass der Abbruch der Gespräche für beide Banken nun ein Imageproblem darstellt. Dass zwei deutsche Grossbanken vor 300 Journalisten aus aller Welt vor nicht mal vier Wochen grossmundig eine Fusion verkünden und nun kleinlaut das Scheitern bekannt geben – das hat es in Deutschland noch nie gegeben. Von einem «grün-blauen Desaster» schreibt später «Der Spiegel», von einer der «grössten Blamagen der deutschen Wirtschaftsgeschichte» der «Stern».

Einen Tag später gibt Bernhard Walter seinen Rücktritt bekannt. Nachfolger wird Bernd Fahrholz, dem bisher die Bereiche Global Finance und das Firmenkundengeschäft unterstanden. Walter nutzt seine Demission für eine letzte Spitze gegen die Deutsche Bank: «Ich trage im Ergebnis nicht die Verantwortung dafür, dass diese Fusion nicht zu Stande gekommen ist. Wer mich kennt, weiss aber, dass es für mich nur folgerichtig ist, die politische Verantwortung innerhalb meines Hauses dafür zu übernehmen.» Es sei, so Walter, «eine historische Chance vertan».

In London, bei den Investment Bankers, knallen derweil die Sektkorken, und der Börsenkurs der Deutschen Bank schnellt am Tag des Abbruchs um fünf Prozent nach oben. Immerhin beflügelt dies den Wert der Aktienpakete, welche die Investment Bankers als Lohnbestandteile halten. Edson Mitchell, der beim Abbruch der Fusionsverhandlungen eine tragende Rolle gespielt hat, wird später in einem Interview mit dem «Spiegel» sagen, er habe an diesem Tag «Verwunderung und Erleichterung» gespürt. Der Amerikaner lässt Josef Ackermann wissen, er denke, nun werde ein Ruck durch die Bank gehen und seine Leute würden nun erst recht alles geben, um das Investment Banking der Deutschen Bank zum Erfolg zu führen.

Für Mitchell und Mike Philipp, die beiden Wortführer der Revolte, sollte es noch besser kommen: Im Juni 2000 ziehen sie in den Vorstand der Bank ein. Die Position von Ackermann wird durch den Zuzug zweier seiner wichtigsten Mitarbeiter in die operative Führung weiter gestärkt. Und im September 2000, als beim Abendessen im Kreis der Vorstände der zukünftige Sprecher gewählt werden soll, ist es Edson Mitchell, der Josef Ackermann als Vorstandschef portiert.

Einer freilich trägt bleibende Blessuren davon aus dem auf der Zielgeraden abgebrochenen Merger: Rolf-E. Breuer, Vorstandssprecher der Deutschen Bank, muss sich in Interviews immer wieder gegen Rücktrittsforderungen wehren, und auch wenn er auf seinem Posten verharren kann, wird er sich von dieser Blamage nie mehr vollständig erholen. Ein eventueller Rücktritt von Breuer ist auch in der Teppichetage der Deutschen Bank Gegenstand eines Gesprächs zwischen Hilmar Kopper, dem Aufsichtsratsvorsitzenden, und Josef Ackermann. Beide sind sich einig: Ein Rücktritt kommt nicht in Frage. Andernfalls würde es nach aussen so aussehen, als hätte Josef Ackermann die Fusion hintertrieben, und als Königsmörder will der Schweizer keinesfalls dastehen. Den auf der Hand liegenden Vorwurf, er habe die Fusion nur deshalb kritisch begleitet, weil er die Nachfolge von Rolf-E. Breuer habe antreten wollen, gilt es im Keim zu ersticken – und deshalb muss Breuer im Amt bleiben.

Als Rolf-E. Breuer 2002 wie geplant für Josef Ackermann Platz macht und seinen Posten als Sprecher des Vorstands mit dem des Aufsichtsratschefs eintauscht, sollte auch dieses Amt dem Rheinländer wenig Glück bringen. Ungeschickte Äusserungen über den Medienunternehmer Leo Kirch, die dessen Kreditwürdigkeit zu beeinträchtigen im Stande sind, machen Rolf-E. Breuer an der Spitze der Deutschen Bank untragbar.

Anfang April 2006 gibt Breuer seinen vorzeitigen Rücktritt als Aufsichtsratsvorsitzender der Deutschen Bank bekannt. Sein Nachfolger wird der langjährige Finanzchef Clemens Börsig.

Verkaufen oder nicht? Citigroup ante portas

**Wie Josef Ackermann die Deutsche Bank umbaut.
Die Planspiele um den Verkauf ins Ausland. Und wie die Zukunft
der Bank aussieht.**

In den Wochen vor seiner Berufung zum Vorstandssprecher ist
Josef Ackermann zeitlich unter Druck, und das hat seinen Grund:
Schon Anfang Mai 2002 will der neue Chef das Topmanagement
der Bank zu einem Meeting im irischen Dublin zusammentrom-
meln, um dem leitenden Personal die zukünftige Strategie der
Deutschen Bank in ihren Grundzügen nahe zu bringen. Bis dahin
muss die Ära Ackermann im Wesentlichen vorbereitet sein, wozu
sich der Schweizer mit dem Münchner Strategieberater Roland
Berger zusammengetan hat. Bereits seit den siebziger Jahren berät
Roland Berger persönlich die Bankspitze, mit Josef Ackermann
verbindet ihn ein enges Vertrauensverhältnis.

Die Lageanalyse des Bankers und seines Beraters zeitigt ein
nüchternes Resultat. Die wirtschaftlichen Rahmenbedingungen, in
denen die Deutsche Bank sich zu bewegen hat, geben wenig Anlass
zu Optimismus, und die Finanzmärkte befinden sich seit dem Plat-
zen der Internetblase in der Krise. Über Deutschland schwappt
eine Konkurswelle. Als Marktführerin im Kreditgewerbe ist die
Deutsche Bank davon besonders stark betroffen.

Josef Ackermann und Roland Berger sind sich der Konsequenz
dieser Auslegeordnung durchaus bewusst. Der neue Chef muss die
Bank für schwere Zeiten fit trimmen. Dies erfordert eine starke Führung, wofür die Voraussetzung gegeben scheint: Mit der Neuorgani-

sation der Bankleitung hält der Schweizer im neu geschaffenen Exekutivkomitee die Zügel in der Hand wie noch kein Vorstandssprecher vor ihm. Die Mitglieder des Group Executive Committee (GEC) sind gegenüber Josef Ackermann direkt verantwortlich, sie rapportieren an den Chef, und so hat dieser jederzeit den Überblick über die operative Entwicklung der verschiedenen Geschäftsfelder. Darauf hat auch Berater Roland Berger stark hingewirkt.

Ertragsverbesserungen sind das eine Ziel der Strategie, das andere betrifft die Kosten, und diese sind in den vergangenen Jahren geradezu explodiert. Die Folge ist ein auch im Vergleich mit der Konkurrenz äusserst ungünstiges Verhältnis zwischen Ertrag und Kosten. Beispielsweise im Privatkundengeschäft. Die Bank verfügt über acht Millionen Kleinkunden und betreut rund 70 000 kleine und mittlere Unternehmen in Deutschland, doch sie tut dies äusserst ineffizient: 1000 Euro an Erlösen stehen Kosten von 910 Euro für Personal und Verwaltung gegenüber. Die Banken im Heimatland des Schweizers arbeiten da einiges effektiver: Bei seinem ehemaligen Arbeitgeber Credit Suisse fallen pro 1000 Euro Einnahmen 690 Euro Kosten an, bei der UBS sind es gar nur 620 – bei beiden Schweizer Grossbanken bleibt einiges mehr in der Kasse.

Auch im Investment Banking, das Josef Ackermann besonders am Herzen liegt, türmen sich die Probleme: Die Gewinne der Bank sind eingebrochen. Das Gleiche gilt für das Firmenkundengeschäft. Hauptgrund sind steigende Aufwendungen für die Risikoabsicherung dieser Geschäfte, eine Folge der Erschütterungen durch Firmenpleiten wie jene von Enron in den USA, die auch in Europa spürbare Auswirkungen haben. Die Deutsche Bank muss, wie andere Banken auch, zur Absicherung zukünftiger Risiken bedeutende Abschreiber tätigen, sodass sich die Kosten auf fast zwei Milliarden Euro verdreifachen. Dies drückt den Gewinn schmerzlich nach unten: Die Deutsche Bank schafft 2001 nicht einmal mehr eine Eigenkapitalrendite, die acht Prozent zu übersteigen vermag. Die Eigenkapitalrendite stellt eine wichtige Kennziffer dar, mit der vor allem internationale Investoren die Rentabilität eines Investments beurteilen. Josef Ackermann weiss das. Und ausländische Anleger gewinnen auch bei der Deutschen Bank immer stärker an Bedeutung. Deshalb gibt es für den neuen Chef im Grunde genommen nur eine denkbare Marschrichtung: Die Eigenkapitalrendite muss hochkatapultiert und die Kosten sollten massiv gedrückt werden, wenn der Bankkonzern den Anschluss an die Weltspitze nicht verlieren will.

Doch der Weg dahin wird schmerzhaft sein, so viel ist Ackermann klar, denn ohne massiven Stellenabbau ist das Ziel nicht erreichbar. Bis 2003 müssen 14 500 Jobs gestrichen werden, soll es gelingen, den Konzern vom ärgsten Kostendruck zu befreien – eine Ochsentour für die Mitarbeiter. Die Kosten will Josef Ackermann bis 2003 um mindestens zwei Milliarden Euro senken. Und diese Schrumpfkur soll mit einer Fokussierung auf die Kerngeschäfte einhergehen. Strategisch nicht entscheidende Segmente, wie etwa die internationalen Wertpapierdienste des Bereichs Global Custody oder die Industriebeteiligungen der Bank, sollen zügig veräussert werden. Weiter soll das Haus nach Geschäften durchforstet werden, deren Margen in keinem vernünftigen Verhältnis zum Aufwand stehen. Diese Aktivitäten müssen nach dem Willen des neuen Chefs entweder profitabler oder sonst dichtgemacht werden.

Doch Josef Ackermann will mehr, viel mehr: Das Privatkundengeschäft soll neuen Schub erhalten und grundlegend restrukturiert werden; das Retail Banking, das Massengeschäft mit den Kleinkunden also, muss profitabler werden und zukünftig mehr als eine Milliarde Euro Gewinn abwerfen. Auch für die Rendite des Eigenkapitals der Deutschen Bank gibt der Schweizer ein Ziel bekannt: Mit 15 Prozent gibt er sich zunächst zufrieden – später fordert er

25 Prozent. Das Programm, das Ackermann in Dublin dem Management präsentiert, ist nicht eines, mit dem ein Politiker auf Stimmenfang gehen würde. Eher steht es unter dem Motto «Blut, Schweiss und Tränen». Dennoch findet Ackermann in Dublin viel Support. Die Ära Rolf-E. Breuer soll endgültig der Vergangenheit angehören, erst recht nach der gescheiterten Fusion mit der Dresdner Bank, die den ehemaligen Konzernchef viel von seiner Autorität im Hause gekostet hat.

Nun, in Irland, wollen die Manager der Deutschen Bank nach vorne blicken, sind bereit, dem Neuen an der Spitze eine Chance zu geben. Viele der Topleute erhoffen sich auch persönlich Vorteile davon, wenn die Deutsche Bank in naher Zukunft wieder eine bessere Rendite abwirft. Josef Ackermann hat angekündigt, dem dümpelnden Aktienkurs der Bank neues Leben einzuhauchen und ein umfassendes Aktienrückkaufprogramm zu starten. Dies, davon ist auszugehen, wird den Kurs der Aktie der Deutschen Bank verbessern. Für die Banker eine attraktive Perspektive – zahlreiche leitende Angestellte der Deutschen Bank besitzen als Teil des Salärs auch Optionen.

Es folgt nun Schlag auf Schlag bei der Deutschen Bank. Am 22. Mai 2002 ersetzt Josef Ackermann Rolf-E. Breuer als Sprecher des Vorstands. Am 26. Juni gibt die Bank den Start des Aktienrück-kaufprogramms bekannt. Am Tag darauf werden «weitere Mass-nahmen zur Kostensenkung» angekündigt. Die Arbeitnehmer-vertreter sind angesichts dieser plötzlichen Dynamik alarmiert und befürchten das Schlimmste. Sie fordern ein Gespräch mit dem neuen Chef, und Josef Ackermann ist auch bereit, sich mit seinen Betriebsräten an einen Tisch zu setzen. Ende Juli 2002 kommt es in Frankfurt zu einem Meeting mit 70 deutschen und europäischen Betriebsräten. Ackermann konstatiert bei dieser Gelegenheit, dass sich hier gewerkschaftlicher Widerstand gegen ihn aufbaut, und

lässt sich das Zugeständnis abringen, über die bis Ende 2003 angekündigten Arbeitsplatzreduktionen nicht hinauszugehen. Nach
14 500 abgebauten Jobs soll Schluss sein. Ziel ist es, Ruhe in die
Bank zu bringen und die immer noch 84 500 Mitarbeiter nicht
durch weitere Abbauprogramme zu verunsichern.

Durch den Deal mit den Gewerkschaftern hat Josef Ackermann
seinen Handlungsspielraum selber eingeschränkt, was nicht ohne
Folgen bleibt. Er habe sein Image als knallharter Sanierer einge-
büsst, urteilt etwa die «Welt am Sonntag». In der Tat hat Ackermann nun ein Problem: Verschärft sich die Finanzkrise weiter, ist
er an sein Wort gebunden, während die Konkurrenz flexibel reagieren kann und das auch tut. Credit Suisse First Boston etwa kündigt
in jenen Monaten zusätzlich zum kurz zuvor bekannt gegebenen
Abbau von 4500 Jobs weitere Streichungen von knapp 2000 Mitarbeitern an.

Die Einschränkung des Handlungsspielraums von Ackermann
macht sich in den ersten Monaten seiner Amtszeit an der Spitze der
Deutschen Bank bemerkbar. Die Kapitalmärkte erholen sich nicht,
und nur dank dem Verkauf der Bankbeteiligungen an der Allianz
und der Münchener Rück kann Josef Ackermann einen Verlust im
zweiten Quartal 2002 verhindern – es ist dies der erste Quartals-
abschluss, für den er als operativer Chef verantwortlich zeichnet.
Der Aktienkurs fällt dennoch weiter: von fast 80 Euro bei seinem
Antritt im Frühling auf unter 50 Euro Ende des Jahres. Kommt
hinzu, dass im Investment Banking die lukrativen Aufträge fehlen,
und die Millionengehälter der unterbeschäftigten Starbanker belasten die Bücher der Deutschen Bank bleischwer. Trotz eisernen
Sparprogrammen sinken die Erträge schneller als die Kosten.

Immerhin steht Josef Ackermann in dieser Situation nicht
alleine da. Die gesamte deutsche Finanzbranche kämpft sich durch
eine der empfindlichsten Krisen ihrer Geschichte. Die Gross-

Josef Ackermann (links) und seine beiden jüngeren Brüder Karl (Mitte) und Daniel.

Oben: Vater Karl und Mutter Margrith Ackermann mit den drei Söhnen sowie einem Ferienmädchen. Ganz rechts: Josef Ackermann.
Unten: Josef Ackermann und seine Gattin Pirkko in den Ferien in Frankreich.

Lenker der Schweizer Grossbank Credit Suisse: Ackermanns Nachfolger Lukas
Mühlemann (oben) und Widersacher Rainer E. Gut (unten).

Oben: Josef Ackermann (Mitte) und seine beiden Vorgänger bei der Deutschen Bank, Hilmar Kopper (links) und Rolf-E. Breuer.
Unten: Seine Kontrahenten Ulrich Cartellieri (links) und Thomas Fischer.

Hauptsitz der Deutschen Bank in Frankfurt.

Die Investment Bankers: Anshu Jain (oben) und Edson Mitchell (unten).

Fotos: argum / Falk Heller, Keystone / DPA / Oliver Stratmann

Oben: Henning Schulte-Noelle (links) und Paul Achleitner, Topmanager des Versicherungskonzerns Allianz.
Unten: Bernhard Walter, Vorstandssprecher der Dresdner Bank, wurde Opfer einer gescheiterten Fusion.

Oben: Josef Ackermann (rechts) macht das Victory-Zeichen am ersten
Verhandlungstag im Mannesmann-Prozess in Düsseldorf; links Klaus Esser.
Unten links: Joachim Funk (links) und Klaus Zwickel, Mitangeklagte.
Unten rechts: Josef Ackermann im Blickpunkt der Medien während des
Mannesmann-Prozesses in Düsseldorf.

banken des Landes, die Deutsche Bank, die Commerzbank oder die HypoVereinsbank, leiden zum Teil unter Aktienkursverlusten im Bereich zweistelliger Prozentzahlen. Die Verluste – allein bei der Dresdner Bank sind es im zweiten Quartal über eine Milliarde Euro – schrecken Analysten und Branchenkenner gleichermassen auf. In der Börseneuphorie der vergangenen Jahre haben zudem auch die deutschen Versicherer massiv in Aktien investiert. Bis zu knapp einem Drittel des Anlagevermögens einiger Assekuranzgesellschaften ist an der Börse investiert, und nun werden selbst Grosskonzerne wie die Allianz von den angelsächsischen Ratingagenturen mit tieferen Ratings abgestraft.

In dieser Krise sind die Schwächen des deutschen Finanzplatzes nicht mehr zu kaschieren. Insgesamt rund 40 000 Stellen sollen bei den Banken verschwinden, doch selbst dieser massive Kahlschlag reicht nicht aus, um die einbrechenden Erträge zu kompensieren. Die Ursache liegt in der völlig veralteten Struktur der Branche. In keinem anderen Land Europas existieren mehr Bankfilialen, 50 000 sind es insgesamt. Neben den grossen Universalbanken tummeln sich unzählige Sparkassen sowie Landes- und Genossenschaftsbanken im Markt. Und in keinem anderen Land Europas sind die Margen im Bankgeschäft tiefer. Mit Kosten-Ertrags-Relationen von über 80 Prozent steht Deutschland international am Schluss, was die Profitabilität betrifft. Zusätzlich belasten grosse Kreditrisiken die Ertragsrechnungen der Finanzhäuser. Während sich die Grossbanken mit zahlreichen Firmenpleiten konfrontiert sehen, bangen die kleineren Institute um die Kredite aus dem Mittelstand. Prognostiker rechnen bis Ende 2002 mit über 40 000 Pleiten kleiner und mittlerer Unternehmen in Deutschland.

Der Ernst der Lage ist offensichtlich. Dennoch tut sich die Branche schwer damit, das Problem beim Namen zu nennen. Von einer Krise wollen die deutschen Finanzunternehmen von Frankfurt bis

München nichts wissen. Ein öffentliches Bekenntnis dieser Art würde vorab den britischen Konkurrenten Argumente liefern, die seit Jahren den deutschen Finanzplatz attackieren und zu Reformen aufrufen. Es ist Josef Ackermann, der diese Mauer des Schweigens durchbricht. Im September 2002, anlässlich eines Meetings des Internationalen Währungsfonds in Washington, widerspricht der Chef der Deutschen Bank dem Bundesbankpräsidenten Ernst Welteke, der meint, es existiere keine Bankenkrise in Deutschland. Genüsslich greift die britische «Financial Times» diese Kontroverse auf. Die deutsche Konkurrenz gibt sich verärgert über Ackermanns Aussagen in Washington. Solche Worte seien eines Vorstandschefs der Deutschen Bank unwürdig, urteilen Exponenten des deutschen Finanzplatzes, freilich meist nur hinter vorgehaltener Hand. Josef Ackermann ist jedoch kein Mann der sanften Töne. Der Deutsche-Bank-Chef taxiert die Verfassung der Bankbrache des Landes als alarmierend und sieht auch kein Problem darin, dies öffentlich kundzutun. Eine Debatte zum Thema ist ihm ohnehin nicht unwillkommen, denn in einem derartigen Klima ist eine Zustimmung auch zu harten Massnahmen eher zu erreichen.

Die Sanierungsmassnahmen, die Josef Ackermann bei Amtsantritt auf seine Agenda gesetzt hat, sind bereits angelaufen. Ein anvisiertes Kostensparprogramm über zwei Milliarden Euro ist zur Hälfte umgesetzt, und von den angekündigten 14 500 Jobs sind 7800 aus den Lohnlisten der Deutschen Bank gestrichen. Bis Ende Juni 2002 hat der Schweizer auch einen Grossteil der industriellen und finanziellen Beteiligungen der Bank verkauft; die anvisierte Konzentration auf das Kerngeschäft ist somit schon weit fortgeschritten. Sein Ziel, den Finanzkonzern auf margenstarke Geschäftsaktivitäten auszurichten, behält er im Auge, und schwächelnde Bereiche sind bereits veräussert: Das passive Asset-Management-Geschäft ging an eine amerikanische Bank, das vier

Milliarden Euro an Assets aufweisende Global-Custody-Geschäft transferierte Ackermann ebenfalls in die Schatulle eines Käufers aus den USA. Auf diesem Wege schaufelt der neue Chef Gelder frei für ein ambitioniertes Aktienrückkaufprogramm.

Mit jedem gelösten Problem tauchen jedoch zwei neue auf: Zahlreiche faule Kredite belasten die Bank, und die Risikovorsorge, also Rückstellungen für gefährdete Kredite, muss auf über zwei Milliarden Euro hochgedrückt werden; bei vielen Krisenfällen in der deutschen Wirtschaft ist die Deutsche Bank als Kreditgeberin involviert (Holzmann, Herlitz, Kirch), ein unschönes Erbe der Vorgänger Ackermanns auf der Kommandobrücke der Deutschen Bank. Gleichzeitig entpuppt sich die Bankbeteiligung am deutschen Versicherungskonzern Gerling – die Deutsche Bank hält rund ein Drittel des Aktienkapitals – als finanzielles Waterloo. In diese Firma hat die Deutsche Bank bereits über 400 Millionen Euro an frischem Kapital eingeschossen, und seit einem Jahr wird versucht, für die Beteiligung einen Käufer zu finden. Bislang erfolglos. Josef Ackermann kämpft also unter widrigsten Umständen um die Zukunft von Deutschlands grösstem Finanzinstitut, in der Absicht, dieses, wie er sagt, in eine «Universalbank neuen Stils» zu verwandeln. In diesen Monaten nach Amtsantritt arbeitet er oft bis an die Grenze seiner körperlichen Leistungsfähigkeit. Er ist inzwischen erfahren genug, um sich bewusst zu sein, dass ein Neuanfang schon fast als gescheitert betrachtet werden kann, wenn ein Neuer im Amt nicht von Anfang an die Marschrichtung vorzugeben vermag.

Die Bankenkrise in Deutschland ist nicht zuletzt dank Ackermanns öffentlichen Voten auch in politischen Zirkeln zunehmend ein Thema, und selbst Bundeskanzler Gerhard Schröder wird nun aktiv. Ende 2002 reist der Regierungschef nach New York und trifft den wohl prominentesten Repräsentanten der globalen Finanzindustrie. Es ist Sandy Weill, Chef der Citigroup, der grössten Bank der Welt. Schröder sondiert bei dieser Gelegenheit, ob Citigroup bereit wäre, Hilfestellung für notleidende Banken in Deutschland zu leisten. Die Rede ist von Finanzhäusern, die den Anschluss an die Weltspitze verloren haben, wie etwa die Commerzbank. Doch Banken aus der zweiten Liga interessieren jemanden wie Sandy Weill nicht. In Deutschland, meint der Citigroup-Chef, existiere nur eine Adresse, die sein Interesse wecken könnte: die Deutsche Bank, der Branchenprimus im Land.

Schon bald sollte der Amerikaner seinen Andeutungen Taten folgen lassen. Denn ein paar Monate später kommt es erneut zu einem informellen deutsch-amerikanischen Gipfeltreffen. Diesmal sind es Josef Ackermann und Sandy Weill, welche die Köpfe zusammenstecken. Der Citigroup-Chef hat den Kollegen von der Deutschen Bank kontaktiert und zu einem Lunch ins Hotel Adlon in Berlin geladen. Über eine Stunde lang unterhalten sich die Bankenchefs bei einem guten Tropfen Wein über die Bankenszene. Es ist ein freundschaftliches Gespräch, in dessen Verlauf die beiden Männer etliche Gemeinsamkeiten entdecken. Weill fragt schliesslich sein Gegenüber: «Joe, we have exactly the same ideas. Why don't we become partners?» Wie er sich denn so etwas vorstelle, fragt Ackermann zurück. Die beiden Banken seien von ihrer Grösse her ja kaum zu vergleichen: hier der globale Branchenprimus, dort der Branchenleader in Deutschland. Wie also könnte eine solche Partnerschaft aussehen?

Der Citigroup-Chef ist auf diese Frage vorbereitet, ja er hat sich bereits detaillierte Gedanken darüber gemacht: Möglich wäre, eine zweigleisige globale Strategie zu fahren, erläutert Weill. Die Deutsche Bank könnte das fusionierte weltweite Investment Banking beider Partner managen, die Citigroup im Gegenzug das weltweite Private Banking und das Kleinkundengeschäft. Und selbst zu Finanzfragen eines solchen Mergers hat der Amerikaner bereits

Überlegungen angestellt: Der Deal könnte gegenseitig mit Aktien finanziert werden. Er denkt an so etwas wie einen Aktientausch. Die Übernahme des Investment Banking der Citigroup durch die Deutschen würde mit Aktien der Deutschen Bank bezahlt; bei der Akquisition des Private und des Retail Banking der Deutschen wären es die Amerikaner, die Aktienpakete ihrer Bank in die Hand nehmen müssten.

Josef Ackermann erfasst augenblicklich, was ein derartiger Deal bedeuten würde. Das Investment Banking der Citigroup würde um einiges teurer zu stehen kommen als das Private und das Retail Banking der Deutschen. In der Konsequenz hiesse dies, dass weit mehr Aktien der Deutschen Bank in der Schatulle der Amerikaner landen würden als umgekehrt. Mehr noch: Die Citigroup käme auf einfachem Wege in den Besitz von fast drei Vierteln der Deutschen Bank. Faktisch wäre dies eine Übernahme der Deutschen durch die Amerikaner. Das, sagt Ackermann zu Weill, sei undenkbar. Es gelte, eine andere Idee zu entwickeln, wie man allenfalls zusammenkommen könnte, meint der Schweizer. Und die beiden Männer beschliessen, die Angelegenheit diskret in kleinen Gruppen weiterzuverfolgen.

Dem Amerikaner scheint die Sache ernst zu sein. Weill meint nämlich viel sagend, dass ein fusionierter Bankkoloss dieser Grösse selbstverständlich einen kompetenten Manager an der Spitze brauche. Josef Ackermann kann diese Worte nur so interpretieren, dass der CEO des dannzumal grössten Finanzkonzerns der Welt wohl er selber sein könnte. Eine reizvolle berufliche Perspektive für einen ehrgeizigen Banker. Und doch bleibt Josef Ackermann skeptisch.

Immerhin führt dieses Gespräch zwischen den beiden Spitzenbankern dazu, dass Citigroup und die Deutsche Bank im Sommer 2003 je fünf Spezialisten abdelegieren, um einen möglichen

Zusammenschluss beider Banken zu prüfen. Dieses Treffen findet im Privatdomizil von Clemens Börsig, dem Finanzchef der Deutschen Bank, statt. Zu greifbaren Ergebnissen gelangen die Parteien jedoch nicht. Die Abgesandten der Deutschen Bank kommen zu einem ähnlichen Schluss wie Ackermann. Die Deutsche Bank würde faktisch zum Juniorpartner der Citigroup degradiert, und dies könne keine Perspektive für Deutschlands bedeutendstes Finanzinstitut darstellen. Ackermann beschliesst deshalb, die Verhandlungen mit den Amerikanern nicht weiter zu vertiefen.

Dass Grossbanken überall auf dem Globus Megafusionen nicht a priori ausschliessen, hat seinen Grund: Zahlreiche Experten gehen davon aus, dass die ganz grosse Konsolidierungswelle im internationalen Banking unmittelbar bevorsteht und es nur eine Frage der Zeit ist, bis der erste transnationale Merger Realität wird. Dies wäre der Startschuss für das «Endgame» in der Finanzbranche, wie das die Banker zu nennen pflegen. In der Analyse liegen sie wohl richtig, im Zeitgefühl weniger. In Europa kommt es erst im Jahre 2004 zu einem ersten länderübergreifenden Zusammenschluss zwischen der spanischen Bank Santander und der britischen Abbey National. Doch die sich abzeichnende Konsolidierungswelle wirft bereits ihre Schatten voraus

Es ist der 21. November 2003. Bundeskanzler Gerhard Schröder reist erneut nach New York. In der US-Metropole wird der Global Leadership Award an Citibank-Chef Sandy Weill verliehen; der deutsche Regierungschef hält die Laudatio, und nach der Preisverleihung gibt es ein privates Dinner zu Ehren von Preisträger und Laudator. Für Weill und Schröder sind Begegnungen dieser Art keine Pflichttermine mehr. Der Amerikaner und der Deutsche fühlen sich inzwischen persönlich verbunden, vielleicht auch, weil sie einiges gemein haben – so etwa stammen beide aus schwierigen Familienverhältnissen, und beide haben es, jeder in seinem Metier, bis nach ganz oben geschafft. Natürlich wird im Gespräch an diesem Abend auch die Bankenkrise in Deutschland thematisiert, und erneut erwähnt Sandy Weill seine Vision, die Citigroup mit der Deutschen Bank zu verheiraten. Schröder sagt, er habe keine politischen Einwände gegen den Deal. Leider habe die Deutsche Bank dem Ansinnen bereits eine Absage erteilt hat, sagt Weill dem Kanzler erst an diesem Abend.

Kurz darauf lädt Gerhard Schröder Josef Ackermann zu einem Abendessen ins Kanzleramt ein und erkundigt sich bei dieser Gelegenheit, wieso sich dieser gegen einen Zusammenschluss mit der Citigroup entschieden habe. Die grösste deutsche Bank wäre faktisch zu einer Tochtergesellschaft der Citigroup degradiert worden, entgegnet Josef Ackermann und schiebt nach, dass dies auch aus politischer Optik ein heikles Unterfangen wäre. Der Kanzler sieht das anders. Das wäre doch eine interessante Lösung mit der Citigroup, meint Schröder und empfiehlt seinem Gegenüber, die Gespräche nochmals aufzunehmen.

Und so beginnt die Geschichte noch einmal von vorn: Um die Jahreswende 2003/2004 reist Josef Ackermann zusammen mit den Deutsche-Bank-Managern Clemens Börsig und Michael Cohrs nach Armonk im US-Staat New York. Dort, im firmeneigenen Seminarzentrum der Citigroup, treffen die Deutschbanker mit Sandy Weill und dessen Topmanager Chuck Prince zusammen, dem späteren Nachfolger Weills an der Spitze der Citigroup. In Deutschland ist mittlerweile auch der neue Aufsichtsratsvorsitzende der Deutschen Bank, Rolf-E. Breuer, im Bilde – er lässt die Idee weiterverfolgen. Josef Ackermann hält er dazu an, ihn auf dem Laufenden zu halten.

Über Neujahr gönnt sich Breuer in Kitzbühel ein paar Tage Urlaub. Bei dieser Gelegenheit trifft er den Berater Roland Berger zu einem Spaziergang. Bei ihrem Gespräch ist auch die Citigroup ein Thema. Diesbezüglich erfährt Breuer via Handy die neuesten Entwicklungen, denn er konferiert in diesen Tagen um die Jahreswende mehrmals mit Josef Ackermann. Und so erfährt der Chairman unmittelbar, dass Citigroup der zaudernden Spitze der Deutschen Bank anbietet, neben dem Investment Banking auch die operative Verantwortung für die Regionen Afrika, Mittlerer Osten und Osteuropa zu übernehmen. Für Josef Ackermann ändert diese neue Ausgangslage nichts an seiner Einschätzung. Ginge die Deutsche Bank diesen Deal ein, hätten die Amerikaner das Sagen.

Er beschliesst, neben Breuer weitere Aufsichtsräte der Bank einzubinden. Zum Beispiel Ulrich Cartellieri, eine starke Persönlichkeit im Rat. Der ist gar nicht erfreut über die strategischen Planspiele seines Managements. Die Deutsche Bank einfach ins Ausland zu verscherbeln, statt den Bankenplatz Deutschland in Ordnung zu bringen – das kann nicht im Interesse des Landes und schon gar nicht der Deutschen Bank sein. Ackermann bespricht sich auch mit seinem Ziehvater Hilmar Kopper, dem ehemaligen Aufsichtsratsvorsitzenden der Deutschen Bank, und auch bei ihm stösst der Schweizer auf Skepsis. Kopper traut den Amerikanern nicht über den Weg; er glaubt nicht daran, dass diese bereit wären, der Deutschen Bank langfristig eine tragende Rolle im fusionierten Bankkonzern einzuräumen.

Inzwischen sind die Verhandlungen zwischen den Deutschen und den Amerikanern auch in die Medien durchgesickert, und manch ein Kommentator findet skeptische Worte. Deutschland brauche keine globale Bank, sondern eine, welche die Geldversorgung im Inland gewährleiste. So lautet der Tenor.

Aber auch Wirtschaftsexponenten der Deutschland AG reagieren wenig erfreut, als die Pläne der Deutschen Bank publik werden. Die Finanzdrehscheibe der deutschen Industrie – was die Deutsche Bank in der Tat darstellt – in den Fängen einer amerikanischen

Bank zu wissen, ist für viele Manager des Landes eine eher ungemütliche Vorstellung. Wem würde eine fusionierte Bank unter amerikanischer Führung im Falle eines Kreditbegehrens wohl eher die Hand reichen, wenn es hart auf hart ginge: einer deutschen Siemens oder einem amerikanischen Konkurrenten wie Westinghouse oder GE? Mancher Wirtschaftsführer in Deutschland befürchtet, dass mit einem faktischen Verkauf der Deutschen Bank der heimischen Industrie eine schützende Hand verloren ginge, die Geldversorgung würde unsicher und möglicherweise von politischen Entscheidungen beeinflusst werden.

Ein solches Szenario kann nicht vorteilhaft sein für die Industrienation Deutschland, und in zahlreichen Telefongesprächen zwischen Exponenten des Wirtschaftsestablishments verdichtet sich diese Einsicht zu einer gemeinsamen Haltung. Eine hochkarätige Delegation, bestehend aus einem Dutzend Finanzchefs bedeutender Grossunternehmen des Landes, spricht bei Gerhard Schröder vor und überbringt dem Kanzler die Botschaft, dass diese Fusion nicht im nationalen Interesse liege.

Dieser Warnschuss ist umso relevanter für Ackermann, als beim Vorstoss der Finanzchefs jene Unternehmen federführend sind, die auch im Aufsichtsrat der Deutschen Bank eine gewichtige Rolle spielen und daher bedeutende Exponenten in das oberste Kontrollgremium des Finanzkonzerns entsandt haben: Karl-Hermann Baumann etwa, Aufsichtsratsvorsitzender von Siemens, ist eines der aktivsten Mitglieder im Rat der Deutschen Bank, wie auch Lufthansa-Aufsichtsratschef Jürgen Weber. Die Befürchtungen dieser Persönlichkeiten muss einer wie Josef Ackermann ernst nehmen. Hinzu kommen die Arbeitnehmervertreter im Aufsichtsrat der Bank, die einem Zusammenschluss mit den Amerikanern, der voraussichtlich Jobs vernichten würde, ebenfalls nichts Positives abgewinnen. «Die Gespräche mit der Citigroup haben mir nicht gefallen», lässt sich etwa Margret Mönig-Raane, Vizepräsidentin der Dienstleistungsgewerkschaft Verdi und Aufsichtsratsmitglied der Deutschen Bank, später im «Wall Street Journal» zitieren. Wenn die Deutsche Bank wachsen wolle, solle sie dies doch vor allem in Europa tun, meint die Gewerkschafterin. Auch dies ist ein ernst zu nehmendes Signal für den Deutsche-Bank-Chef: Margret Mönig-Raane ist Josef Ackermann durchaus wohl gesinnt und hat diesen in Aufsichtsrat und Öffentlichkeit stets unterstützt. An der Hauptversammlung der Deutschen Bank im Frühjahr 2005 in der Festhalle in Frankfurt etwa stellt sich diese Frau sogar demonstrativ neben Josef Ackermann auf das Podium, während in der Halle die Gewerkschaftskollegen zum Klassenkampf trommeln.

Der Widerstand gegen den Deal mit der Citigroup ist formiert. Hinzu kommt, dass Deutsche und Amerikaner in ihren Preisvorstellungen meilenweit auseinander liegen und ein für beide Partner faires Verhältnis für einen Aktientausch kaum möglich erscheint. Dass dies am Schluss der entscheidende gordische Knoten gewesen ist, legen Aussagen des Citigroup-Topmannes Chuck Prince nahe, die dieser rund ein Jahr nach den ersten Verhandlungen macht. Auf die Frage des deutschen Wirtschaftsblattes «Manager Magazin», weshalb der Merger nicht stattgefunden habe, meint Prince: «Wenn Sie mir eine Kaufgelegenheit verraten können, bei der die Risiken eines Zusammenschlusses im Preis berücksichtigt sind und bei der wir das Retailgeschäft so umstrukturieren dürfen, wie wir uns das vorstellen, dann rufen Sie mich an. Dann bin ich morgen wieder hier. Aber ich kenne keine grosse Bank, die diese Bedingungen erfüllt, und ich wüsste nicht, dass es eine solche Gelegenheit vor einem Jahr gegeben hätte.»

Aus diesen Worten spricht eine gewisse Resignation darüber, dass der grosse Durchbruch in diesem Klima des Misstrauens nicht gelingen kann, und das ist auch den Amerikanern bewusst. Sie sind es, die weitere, bereits geplante Meetings kurzerhand absagen, bevor sie die Verhandlungen schliesslich vollends abbrechen.

Die öffentlichen Debatten um einen Merger mit Citigroup, den Josef Ackermann verfolgt hat, belasten auch zunehmend die Beziehung des Schweizers zu einem wichtigen Meinungsmacher im Aufsichtsrat der Deutschen Bank: Ulrich Cartellieri hat die Strategiespiele Ackermanns mit den Amerikanern überhaupt nicht goutiert. Seiner Meinung nach gibt es mögliche Fusionspartner, gerade auch im Inland, die sich eher aufdrängen würden – es wäre an der Zeit, die Position der Bank in Deutschland wieder auszubauen. Diese Lagebeurteilung kommt von einem Mann, der Josef Ackermann stets genauso bedingungslos unterstützt hat wie dessen Pläne, die Bank auf das Investment Banking auszurichten. Im Jahre 1989 ist es auch Ulrich Cartellieri gewesen, der im Vorstand der Deutschen Bank nach dem Attentat auf Alfred Herrhausen vorschlug, Ackermann-Ziehvater Hilmar Kopper zum neuen Chef zu machen. Aufsichtsrat Cartellieri ist tief verwoben mit der jüngsten Geschichte der Deutschen Bank: Er hat in den frühen neunziger Jahren zusammen mit Kopper die strategische Neuausrichtung auf das Investment Banking ausgearbeitet, den Kauf von Bankers Trust unterstützt und Verständnis dafür gezeigt, den selbstverliebten Investment Bankers vom Schlage eines Edson Mitchell massgeschneiderte Verträge anzubieten. Und schliesslich hat sich Cartellieri auch aktiv für die von Ackermann beschlossene Neuorganisation der Führung der Bank gegen innere Widerstände eingesetzt.

Nun beschleichen den starken Mann im Aufsichtsrat der Bank erstmals Zweifel, ob Josef Ackermann in seinen strategischen Zielen nicht doch zu stark global und zu wenig national ausgerichtet sein könnte. Doch dies ist auch eine Frage von Opportunitäten. Es ist Gerhard Schröder, der für die Deutsche Bank in die Bresche springt.

Am 3. Mai 2004 kontaktiert der Bundeskanzler Josef Ackermann und bietet ihm den Kauf der Postbank an. Die Postbank soll von der Deutschen Post abgetrennt und an die Börse gebracht werden – es sei denn, es finde sich eine andere Lösung wie beispielsweise ein Verkauf an die Deutsche Bank. Ackermann nimmt sofort Gespräche mit Klaus Zumwinkel auf, dem Vorstandsvorsitzenden der Deutschen Post. Rund eine Woche später, am 11. Mai, bespricht der Deutsche-Bank-Chef einen potenziellen Postbank-Kauf auch mit seinem Group Executive Committee. Ackermann ist sich nicht sicher, ob die Akquisition der Postbank für die Deutsche Bank eine gute Sache wäre. Sie würde zwar die Geschäftsbasis im Privatkundengeschäft verbreitern, aber nicht zwingend die Profitabilität verbessern – und Letzteres ist Ackermanns erklärtes Ziel. Eine Chance sieht er höchstens dann, wenn die Postbank zu einem guten Preis gekauft werden könnte. Ein guter Preis wären knapp fünf Milliarden Euro, wie eine interne Studie der Deutschen Bank ergeben hat. Zumwinkel, der oberste Post-Chef, will jedoch mindestens sechs Milliarden Euro lösen.

Inzwischen hat die Presse Wind von diesen Überlegungen bekommen und kritisiert vor allem einen Punkt: Die Deutsche Bank hat zusammen mit der US-Investment-Bank Morgan Stanley von der deutschen Regierung den Auftrag erhalten, den geplanten Börsengang der Postbank zu betreuen und 49 Prozent der Aktien des Unternehmens bei Investoren zu platzieren. Die Deutsche Bank, monieren die Kommentatoren, sei also Insider bei diesem Initial Public Offering und könne deshalb kaum gleichzeitig als potenzieller Käufer auftreten – der Interessenkonflikt wäre zu gross.

Am 12. Mai kontaktiert Josef Ackermann erneut Klaus Zumwinkel und meint, er brauche mehr Zeit für eine Entscheidung, was der Post-Chef zur Kenntnis nimmt. Doch schon einen Tag später versucht Zumwinkel, Ackermann abermals zu sprechen. Er erreicht den Deutsche-Bank-Chef in der Ostschweiz, wo dieser beim jährlich stattfinden Symposium der Universität St. Gallen als Gast weilt. Zumwinkel meint kurz angebunden, er wolle nicht an die Deutsche Bank verkaufen. Die Tatsache, dass die Presse den möglichen Deal öffentlich zerpflückt hat, habe den Druck auf das Management zu gross werden lassen.

Beide Männer kommen zur selben Einschätzung: Ein sofortiger Abbruch der Verhandlungen wäre das Beste. Die Postbank wird nun, wie ursprünglich geplant, an die Börse gebracht. Josef Ackermann macht die Geschwätzigkeit einiger Beteiligter dafür verantwortlich, dass Postbank und Deutsche Bank nicht zusammenkommen. «Es ist bedauerlich, aber wahr: So manche Transaktion in Deutschland ist an frühen Veröffentlichungen gescheitert. Künftig muss Geheimhaltung bei den Verhandlungen gewährleistet sein», meint er gegenüber der «Frankfurter Allgemeinen Zeitung». Bedauerlich ist im Nachhinein auch, dass Josef Ackermann ein Schnäppchen durch die Lappen gegangen ist. Der Wert der Postbank hat sich seit dem Börsengang mehr als verdoppelt.

In den letzten Tagen der Verhandlungen um die Postbank hat die Deutsche Bank ein Pressecommuniqué der besonderen Art versandt: Am 12. Mai dementieren Rolf-E. Breuer und Ulrich Cartellieri in einer offiziellen Mitteilung, dass im Hause ein Konflikt über die zukünftige Strategie der Deutschen Bank schwele. Die Medien nehmen die Verhandlungen mit Citigroup und Postbank zum Anlass, hartnäckig zu sein und die strategische Positionierung des Finanzinstituts in Frage zu stellen. In diesen Presseberichten ist von Grabenkämpfen in der Teppichetage die Rede: Josef Ackermann und seine Entourage verfolgten einen strammen Amerikanisierungskurs, während Aufsichtsrat Ulrich Cartellieri und seine Supporter ihr Herz für Deutschland entdeckt hätten. Der CDU-nahe Cartellieri fühle sich verstärkt dem nationalen Ausbau in

Deutschland verpflichtet. In dieser Optik wäre ein Kauf der Postbank ein perfekter Schachzug.

Es scheint sich hier ein ernst zu nehmender Zwist zwischen Josef Ackermann und Aufsichtsrat Cartellieri anzubahnen. Letzterer stellt mit einigem Befremden fest, dass sich innerhalb der Deutschen Bank die Gewichte immer stärker Richtung Investment Banking verschieben und das Trading eine immer grössere Bedeutung in diesem Geschäft erlangt. Die Deutsche Bank handelt mit Wertpapieren sowohl für ihre Kunden als auch auf eigene Rechnung. Dieses Verhältnis hat sich in jüngster Zeit immer stärker in Richtung Eigenhandel verschoben. Im Jahr 2004 wird bereits jede dritte Aktie, Obligation oder Option auf eigene Rechnung gehandelt. Eine Entwicklung mit Folgen: Das Verlustrisiko ist immer stärker vom Kunden auf die Bank übergegangen. Es ist dies die Zeit, in welcher der britische «Economist» die Deutsche Bank als «gigantischen Hedge Fund» beschreibt – eine überspitzte Formulierung, die Josef Ackermann gar keine Freude bereitet.

Die Recherche des britischen Wirtschaftsblattes zeigt auf, welch gewagten Kurs die Deutsche Bank neuerdings fährt, dass sie Risiken eingeht, die potenziell an einem einzigen Handelstag einen bedeutenden Teil des Eigenkapitals betreffen könnten. Value at Risk nennen Experten diese Kennziffern, und der Fachbegriff zeigt auf, welche Risikobereitschaft ein Management einzugehen bereit ist. Der Umgang mit Risiken ist das Kerngeschäft eines Bankers, und Josef Ackermann fühlt sich durch die «Economist»-Attacke in seiner Berufsehre gekränkt. Zum ersten Mal in seinem Leben schreibt er einen Leserbrief, den der «Economist» kurze Zeit später veröffentlicht. «You give a startling misrepresentation of the transformation of Deutsche Bank (‹A giant hedge fund›, August 28th). In fact, over the past three years Deutsche Bank has deliberately and dramatically reduced its dependence on risk-taking as a source of operating earnings», schreibt Josef Ackermann.

Nicht nur die britischen Journalisten sitzen ihm im Nacken. Ulrich Cartellieri, der wichtige Mann im Aufsichtsrat der Deutschen Bank, teilt deren Einschätzung, dass der Bankenchef einen risikoreichen Kurs eingeschlagen hat, der die Stabilität des Hauses gefährden könnte. Seiner Meinung nach sollte sich die Deutsche Bank statt auf Trading und auf hochriskante Schuldverschreibungen vermehrt auf berechenbarere Geschäfte wie Beratungsaktivitäten oder Asset Management konzentrieren. Diese Kritik trägt er allerdings nicht in den Aufsichtsrat der Bank. Nicht ein einziges Mal thematisiert Cartellieri diese Einschätzung im Plenum des Gremiums. Er wirkt im kleinen Kreis und versucht, bei einzelnen Aufsichtsräten mit seinen Bedenken Verständnis zu wecken, bleibt mit seiner Einschätzung aber auffallend allein. Bei Rolf-E. Breuer oder Josef Ackermann stösst er auf keine Akzeptanz für seine Überlegungen. Und so bleibt Cartellieri in dieser grundsätzlichen Frage ohne jede Wirkung. Mehr noch: Ihm muss klar sein, dass er seinen persönlichen Rückhalt im Vorstand und vor allem bei Chairman Rolf-E. Breuer verloren hat.

Ulrich Cartellieri handelt in der Folge konsequent. An der Sitzung des Aufsichtsrats vom 28. Oktober 2004 gibt er seinen Rücktritt als Aufsichtsrat der Deutschen Bank bekannt. «Unterschiedliche Auffassungen zur Strategie der Bank», heisst es offiziell, hätten zu diesem Rücktritt geführt. Lediglich in seinem persönlichen Umfeld gibt Cartellieri zu verstehen, dass er nicht nur gegenüber der Strategie der Bank, sondern auch gegenüber der Person von Josef Ackermann äusserst kritisch eingestellt sei. In der Tat trifft Cartellieris Skepsis einen heiklen Punkt. Das Investment Banking und vor allem das Trading sind äusserst volatile Geschäfte. Immer wieder haben fundamentale Krisen wie der Zusammenbruch des Hedge Fund Long Term Capital Management (LTCM) im

Jahre 1998 gezeigt, wie schnell solch riskante Investments ins Auge gehen können. Börsencrashes als Folge regionaler Krisen wie 1997 in Asien oder 1998 in Russland haben Tradern internationaler Banken Milliardenverluste beschert. Oft haben Bankmanager besonders erfolgreiche Händler an zu langer Leine agieren lassen, ohne dabei ein striktes Risikomanagement zu implementieren. Die Deutsche Bank ist bislang vom ganz grossen Skandal verschont geblieben. Doch das Risiko ist real.

Dies zeigt der Fall eines Traders von Anfang 2006. Der 26-jährige Derivate-Händler Anshul Rustagi, genannt Rusty, überzieht seine Handelspositionen um über 30 Millionen Pfund. Er handelt mit synthetischen Schuldobligationen, mit jenen neuen und innovativen Finanzprodukten, auf welche die Investment Bankers der Deutschen Bank besonders stolz sind. Ob dieser Vorfall als Signal gewertet werden müsse, dass Trading-Chef Anshu Jain seine Händler nicht unter Kontrolle habe, fragt das Bankenmagazin «Euromoney» mit einigem Recht, und die «Financial Times» urteilt trocken: «Äusserst peinlich für Mr. Jain.»

Von einer sich verschlechternden Risikosituation innerhalb der Deutschen Bank will Josef Ackermann freilich nichts wissen. Das Risiko im Investment Banking mag in der Tat gestiegen sein – unter anderem, weil dieser Bereich stark gewachsen ist –, aber an der Front ist das Risiko nach Meinung des Chefs abgebaut worden. So hat Josef Ackermann Private Equity Exposures um zehn Milliarden reduziert, schlecht rentierende Immobilien, Industrie- und Versicherungsbeteiligungen verkauft und das Kreditrisiko heruntergefahren. Allein im Geschäftsjahr 2004 sind problematische Kredite um 27 Prozent auf unter fünf Milliarden Euro abgebaut worden. Die Ratingagentur Fitch bestätigt in ihren Publikationen zu jener Zeit, dass das Marktrisiko der Deutschen Bank tiefer liegt als dasjenige vergleichbarer US-Banken.

Mit einem gezielten Aufbau des Privatkundengeschäfts wird innerhalb der Deutschen Bank die Dominanz des Investment Banking relativiert. Der Schweizer Pierre de Weck etwa ist angeheuert worden, um das Privatkundengeschäft weiter auszubauen, und dem Bereich werden auch entsprechende finanzielle Ressourcen zur Verfügung gestellt. Rolf-E. Breuer, der Aufsichtsratsvorsitzende, hat das Ziel ausgerufen, den Anteil des Bereichs Privatkunden und Vermögensverwaltung am Gesamtumsatz der Bank von einem Drittel auf 40 Prozent zu erhöhen; eine Vorgabe allerdings, die Josef Ackermann im September 2005 offiziell revidieren wird. Der Ausbau des Privatkundengeschäfts bleibt dennoch auf der Agenda des Chefs, auch wenn er von einem Kauf der Postbank mittlerweile abgesehen hat.

Bei anderen Gelegenheiten, wenn Preis und Profitabilität stimmen, greift Josef Ackermann jedoch durchaus zu, beispielsweise beim Vermögensverwalter Wilhelm von Finck AG. Solche Käufe sind aber zu wenig, um eine ausgeglichene Geschäftsstruktur aufzubauen. Noch heute hängt der Finanzkonzern stark vom Investment Banking ab; nur ein Drittel des Gewinns stammt aus dem Privatkundengeschäft.

Zehn Jahre nach der strategischen Weichenstellung von Hilmar Kopper ist die Deutsche Bank im Grunde genommen eine Investment Bank geworden und im Innern immer noch auf der Suche nach ihrer Identität. Wie wichtig eine für die Mitarbeiter nachvollziehbare Firmenkultur ist, hat das Beispiel der kriselnden und orientierungslosen Bankers Trust 1998 gezeigt. Hinzu kommt, dass die Deutsche Bank heute zu einem ansehnlichen Teil den eigenen Mitarbeitern gehört. Rund sieben bis zehn Prozent der Aktien sind bereits im Besitz der Angestellten, dabei machen die in eigenen Aktien und Optionen bezahlten Investment Bankers den grössten Teil der Inhouse-Aktionäre aus. Von einer «Übernahme von innen» schreibt der «Spiegel» im Jahre 2004, und auch wenn die Stimmkraft der Investment Bankers noch relativ bescheiden ist, bleibt das stete Misstrauen im Hause, Investment Bankers könnten die Deutsche Bank irgendwann an den Meistbietenden verhökern. Josef Ackermann selber besitzt laut eigenen Angaben 150 000 Aktien der Deutschen Bank oder einen Anteil von 0,3 Promille. Bei einem Kurs von rund 90 Euro ist dieses Aktienpaket 13,5 Millionen Euro wert. Dazu kommen Optionen in mindestens gleichem Wert. Die Löhne der obersten Führung der Deutschen Bank werden heute notgedrungen transparenter kommuniziert als noch vor wenigen Jahren. Für das Jahr 2003 hat die Deutsche Bank erstmals die Vergütungen des Exekutivkomitees offen legen müssen, nachdem Ekkehard Wenger, Würzburger Professor und Kämpfer für Aktionärsrechte, dies erfolgreich gerichtlich eingefordert hatte. Demnach verdienten die nicht dem Vorstand angehörigen Mitglieder dieses Gremiums – also Anshu Jain, Michael Cohrs, Jürgen Fitschen, Rainer Neske, Kevin Parker, Pierre de Weck und der inzwischen ausgeschiedene Tom Hughes – insgesamt 90 Millionen Euro (35 Millionen in bar und 55 Millionen in Aktienrechten). Und Josef Ackermann selber verdiente 2002 6,9 Millionen Euro. 2003 stieg sein Gehalt auf 11,1 Millionen, 2004 bekam er 10,1 Millionen, 2005 11,9 Millionen Euro. Das Grundgehalt betrug dabei 1,2 Millionen Euro, der Rest entfiel auf Boni und Aktienoptionen.

Klar ist, dass mit den Optionen der Anteil der Investment Bankers am Aktienkapital weiter steigen wird. Extrapoliert man diese Zahlen in die Zukunft, könnten die Angestellten in einigen Jahren rund ein Fünftel der Bank besitzen. Allerdings sind diese Anleger zu zersplittert, als dass sie mit einer gemeinsamen Agenda dem Management in den Rücken fallen könnten, und viele von ihnen dürften Kurssteigerungen dazu nutzen, Kasse zu machen. Klar ist aber: Gemeinsames Interesse aller Shareholder der Deut-

146

schen Bank ist ein hoher Aktienkurs. Bei Übernahmen wird in der Regel eine Prämie bezahlt, was die Loyalität der Aktienbesitzer zum Unternehmen wirkungsvoll untergräbt und die Verkaufswilligkeit fördert. Dies gilt im Prinzip nicht nur für Aktien besitzende Mitarbeiter, sondern auch für alle anderen Shareholder. Dennoch ist der oberste operative Chef, Josef Ackermann, überzeugt, dass ein hoher Aktienkurs vor feindlichen Übernahmen schützt. 2006 beginnt der lange Zeit seitwärts tendierende Kurs der Bank deutlich anzuziehen. Mit positiven Folgen für Schlüsselfiguren innerhalb der Bank, beispielsweise Anshu Jain, Co-Chef des Investment Banking. Im Februar 2006 realisiert dieser einen persönlichen Profit von mindestens 14 Millionen Euro durch die Ausübung von Optionen und den Verkauf von Aktien der Deutschen Bank im Wert von rund 45 Millionen Euro.

Er ist nicht der einzige der Bankmanager, der sich ein spätes Weihnachtsgeschenk gönnt. Die Deutsche Bank hat im Rahmen eines gruppenweiten Optionsprogramms 11,4 Millionen Optionen herausgegeben und deren Ausübung von einem Kurs von über 90 Euro abhängig gemacht. Diese Messlatte durchbricht die Aktie Anfang Februar 2006 und löst damit die Optionen automatisch aus. So kommen deren Besitzer im Topmanagement zu einem Extrabonus von insgesamt 236 Millionen Euro – zusätzlich zum Salär und zu den gewöhnlichen, in den Arbeitsverträgen definierten Boni, die auch in tieferen Chargen des Investment Banking stattliche Summen ergeben können. Der durchschnittliche Bonus in der Sparte Investment Banking der Deutschen Bank beträgt im Jahr 2005 immerhin 502 000 Dollar.

Die steigenden Aktienkurse zeigen: Der Markt fasst nach Jahren wieder Vertrauen in die Performance der Deutschen Bank. Der Weg dahin war steinig und auch persönlich nicht einfach für Josef Ackermann. Der Schweizer schaffte es, den Gewinn der Bank stetig zu erhöhen, doch diese Performance ging keineswegs mit einer öffentlichen Würdigung der dafür in hohem Masse verantwortlichen Person einher. Und Ackermann tut auch nichts für sein Image. Im Gegenteil: Als ein Abkommen mit den Betriebsräten Ende 2003 ausläuft, greift er zum Rotstift und reduziert die Mitarbeiterzahl der Bank weiter. Als er an der Bilanzpressekonferenz vom 3. Februar 2005 gleichzeitig einen Rekordgewinn von 2,5 Milliarden Euro und den Abbau von 6400 Stellen bekannt gibt, geht ein Aufschrei durch Deutschland. In Umfragen über die Beliebtheit der deutschen Manager landet Ackermann meist abgeschlagen auf den letzten Rängen.

International jedoch wird dem Chef der Deutschen Bank Respekt gezollt. In der Liste der «Most respected business leaders» der Welt, welche die Beratungsfirma PricewaterhouseCoopers erstellt und die «Financial Times» jeweils abdruckt, steht Ackermann weit vorne auf Platz 21 – der bestklassierte Banker auf der Liste überhaupt. Und auch innerhalb des Hauses erhält der Chef zunehmend Anerkennung. Beim Jahrestreffen der Führungskräfte der Deutschen Bank in Miami gibt es Standing Ovations für Josef Ackermann.

Diese zunehmend positive Wahrnehmung mag für ihn persönlich eine Genugtuung sein, für die Bank erschwert sie eine langfristige Nachfolgeplanung. Wer wird Josef Ackermann dereinst ersetzen?, fragt man sich in und ausserhalb der Bank. Die derzeitigen Chefs der Deutschen Bank agieren in dieser Frage überaus defensiv. Hatte Aufsichtsratschef Hilmar Kopper 1996 durch die Anstellung von Josef Ackermann und die Installierung von Rolf-E. Breuer als Sprecher des Vorstands die Personalrochaden an der Spitze der Bank umsichtig und langfristig geplant, so haben sein Nachfolger Breuer und Ackermann keine derartigen Dispositionen getroffen. Hilmar Kopper hat Rolf-E. Breuer und Josef Ackermann immer wieder dazu ermahnt, langfristig zwei oder drei Persönlichkeiten mit internationaler Statur im Vorstand aufzubauen, um langfristig die Führung der Bank absichern zu können. Dies wurde offensichtlich versäumt. Die Unfähigkeit, starke Persönlichkeiten aufzubauen, ist bei zahlreichen Firmenchefs zu beobachten und liegt wohl zum Teil auch im Eigeninteresse begründet: Manch ein Prinz wurde schon zum Königsmörder.

Die im Frühling 2006 neu in den Vorstand berufenen Anthony Di Iorio und Hugo Bänziger mögen zwar wertvolle Ergänzungen des Gremiums sein, doch die Statur eines CEO der Zukunft weist wohl weder der 62- noch der 50-Jährige auf. Ihre Ernennung in den Vorstand ist nötig geworden, weil Finanzchef Clemens Börsig an die Spitze des Aufsichtsrats wechseln musste, nachdem Rolf-E. Breuer im Frühjahr 2006 plötzlich zurückgetreten war. Di Iorio und Bänziger haben bisher als Stellvertreter von Börsig fungiert, Ersterer für den Finanzbereich, Letzterer fürs Risikomanagement.

Wie wichtig eine überzeugende Nachfolgeregelung für die Deutsche Bank sein könnte, dürfte sich möglicherweise schon bald erweisen. Josef Ackermann hat angekündigt, im Falle einer Verurteilung im Mannesmann-Prozess zurückzutreten. Dann würde sich also die Führungsfrage bei der Deutschen Bank neu stellen. Ackermann selber sieht sich in diesem Falle aber nicht unter Zeitdruck. Weil zwischen der Bekanntgabe eines Urteils und der rechtskräftigen Verurteilung einige Zeit vergehen kann, hat der Schweizer etwas Spielraum, dem Aufsichtsrat einen passablen Ersatz vorzuschlagen. Den Kreis möglicher Kandidaten zieht er dabei recht weit: Nicht nur die Mitglieder des Vorstandes und des Exekutivkomitees zählen für ihn offenbar zum Kandidatenkreis, sondern auch auffallende Talente aus der zweiten Führungsebene. Immerhin hat die Bank zuletzt gezeigt, dass sie schnell zu Lösungen kommen kann: Der Ersatz Breuers durch Börsig verlief reibungslos. Dennoch: Bezüglich der Führung der Bank wird die zweite Auflage des Prozesses, die nach der Aufhebung des erstinstanzlichen Urteils durch die Bundesrichter in Karlsruhe stattfinden muss, zu einer Reise ins Ungewisse.

Es ist möglicherweise die Tragik Josef Ackermanns, dass er erkennen muss, nun von Entscheidungen Dritter abhängig zu sein, die er nicht einmal beeinflussen kann. Nach zehn Jahren bei der Bank und einem unaufhaltsamen Aufstieg ist er, wie dies die «Financial Times Deutschland» auf den Punkt bringt, letztlich nicht mehr als ein «Alleinherrscher von Richters Gnaden».

Zweiter Teil

Die Deutschland AG

Das Ende der Deutschland AG

Wie Josef Ackermann mit dem Verkauf der Industriebeteiligungen ein jahrzehntelang gewachsenes Firmengeflecht zerschlägt.

Das Paket enthält 50 Kilo Sprengstoff. Terroristen der linksextremen Rote Armee Fraktion (RAF) haben es auf dem Gepäckträger des Fahrrads festgezurrt, damit es nicht hinunterfällt. Die Bombe ist über einen Klingeldraht mit einer Lichtschranke verbunden, deren Lichtstrahl quer über die Strasse verläuft. Abgestellt ist das Fahrrad am Rande des Seedammwegs in Bad Homburg, nahe dem Freizeitbad Taunustherme.

In Bad Homburg wohnt Alfred Herrhausen, Vorstandsvorsitzender der Deutschen Bank. Von hier aus fährt er jeden Arbeitstag nach Frankfurt in die Konzernzentrale der Bank. Es ist kurz vor halb neun Uhr morgens an diesem 30. November 1989, als Herrhausen auf dem Rücksitz des gepanzerten Mercedes Platz nimmt. Der mehrere Tonnen schwere Wagen setzt sich in Bewegung, fährt die Garageneinfahrt hoch und biegt auf die Strasse ein. Um 8.32 Uhr durchstösst der Mercedes die Lichtschranke.

Durch die Explosion hebt das Auto vom Boden ab, es fängt sofort Feuer, die Wucht der Detonation sprengt die Türen aus ihren Halterungen. Teile der Karosserie werden über 200 Meter weit weggeschleudert – Alfred Herrhausen hat keine Überlebenschance.

Am Tatort findet die Polizei ein Stück Papier mit dem RAF-Emblem. In einem Bekennerbrief, der später auftaucht, schreibt die RAF unter anderem: «Am 30.11.1989 haben wir Alfred Herrhausen hingerichtet. Durch die Geschichte der Deutschen Bank zieht sich eine Blutspur zweier Weltkriege und millionenfacher Ausbeutung, und in dieser Kontinuität regierte Herrhausen an der Spitze dieses Machtzentrums der deutschen Wirtschaft, er war der mächtigste Wirtschaftsführer in Europa. (Die) Deutsche Bank ist quer durch Westeuropa zum Symbol für die Macht und Herrschaft geworden.»

Die Tonalität des Schreibens zeigt: Ziel des Attentats ist nicht nur die Person Alfred Herrhausen – Ziel des Anschlags ist auch die Deutsche Bank, das Machtzentrum der deutschen Wirtschaft. In der Tat hätte sich die RAF kaum ein wirkungsvolleres Symbol für einen Mord aussuchen können als den Chef jenes Unternehmens, das den Kern der Deutschland AG darstellt, dieses Geflechts von Finanzinstituten und Industriekonzernen, das die Wirtschaft der Bundesrepublik Deutschland seit vierzig Jahren dominiert.

1989, im Jahr, als Alfred Herrhausen von den RAF-Terroristen ermordet wird, sitzen Vorstandsmitglieder und weitere Exponenten der Deutschen Bank in über 400 Aufsichtsräten ausserhalb der Bank. In praktisch allen bedeutenden Industriekonzernen des Landes sind Deutschbanker im Aufsichtsrat vertreten, oft im Präsidialausschuss oder sogar als Vorsitzende im Kontrollgremium. «Die Frankfurter Geschäftsmacht steht im Zentrum so gewaltiger Industriekomplexe wie Daimler-Benz, Bayer, BASF, Mannesmann, Bosch, Continental, VW, KHD, Viag und Siemens. Aber auch Kunden wie die Metallgesellschaft, RWE, Salzgitter, Bertelsmann, Reemtsma, Otto Wolff, Zanders Feinpapiere, WMF, Hoesch, Springer Zeiss und Hapag-Lloyd zählen zum Einflussbereich der Bankiers», schreibt die «WirtschaftsWoche» in einer Titelgeschichte über diesen Machtzirkel, die nur wenige Wochen vor dem Tod von Alfred Herrhausen erscheint. Die Macht der Deutschen Bank reicht weit, und oft genügt ihr Fingerzeig, eine knappe Bemerkung nur, um an der Spitze deutscher Unternehmen eine

Personalrochade auszulösen. «Vorstand der Deutschen Bank – das war besser, als Kanzler zu sein», urteilt die «Süddeutsche Zeitung» über damals.

Nicht nur personell sind die Beziehungen zur Industrie intensiv; auch finanziell sind Bank und Industrie engmaschig ineinander verflochten. Bei zahlreichen Unternehmen ist die Deutsche Bank Grossaktionär, und oftmals hatte vor der Übernahme dieser Beteiligungen eine Firmensanierung gestanden, im Zuge deren fällige Kredite der Deutschen Bank vom Schuldner nicht beglichen werden konnten und deshalb in Aktienkapital umgewandelt wurden. So etwa beim Beinahe-Konkurs des Warenhauses Karstadt in den dreissiger Jahren oder später in der Krise der Schwerindustrie bei Krauss oder Maffei.

Einen Grossteil ihrer Industriebeteiligungen erwarb die Deutsche Bank bereits vor dem Zweiten Weltkrieg. Bei verschiedenen Industriegründungen war die Grossbank von Anbeginn involviert, Ende des 19. Jahrhunderts etwa bei Mannesmann und Siemens oder in der Zwischenkriegszeit bei der Lufthansa und Daimler-Benz. Und nach dem Krieg, während des Wirtschaftswunders der fünfziger und sechziger Jahre, finanzierte die Deutsche Bank den Wiederaufbau mit, indem sie den wachsenden Kapitalbedarf für die deutsche Industrie bereitstellte.

Prägende Figur in diesen Jahren des Wiederaufbaus ist bei der Deutschen Bank Hermann Josef Abs, seit 1938 Vorstandsmitglied, von 1957 bis 1967 Vorstandssprecher, bis 1976 Aufsichtsratsvorsitzender. In dieser Zeit baut die Bank ein milliardenschweres Portefeuille an Industriebeteiligungen auf, die eine Art stille Reserve darstellen und einen bedeutenden Teil des inneren Wertes der Deutschen Bank ausmachen.

So wächst über die Jahre eine Deutschland AG zusammen, in der die Deutsche Bank eine bedeutende Rolle einnimmt. Ebenso wie weitere wichtige Unternehmen der deutschen Wirtschaft, meist Versicherer und Rückversicherer. In den Wirtschaftswunderjahren fliessen den Assekuranzkonzernen Hunderte von Millionen Versicherungsgelder zu; Gelder, die für die Kunden sicher und Gewinn bringend angelegt werden müssen. Das deutsche Versicherungsgesetz schreibt vor, dass Versicherungsverpflichtungen, die auf D-Mark lauten, «währungskongruent» – also auch in D-Mark – angelegt und in liquide Werte investiert sein müssen, damit das Geld bei allfälligen Schadensfällen sofort verfügbar gemacht werden kann. Dies bedeutet, dass die deutsche Assekuranz fast gezwungenermassen einen grossen Teil ihrer Anlagen in deutschen Blue-Chip-Aktien tätigen muss, und in dieser Liga ist die Auswahl begrenzt. Als Folge davon halten Versicherungen über die Zeit immer grössere Aktienpakete an den börsenkotierten Gesellschaften in Deutschland.

Anfang 2001, im Zenit dieser Entwicklung, weist der grösste deutsche Versicherer, die Allianz, Anteile an börsennotierten Unternehmen in Höhe von insgesamt über 50 Milliarden Euro aus. Im Portefeuille der Münchner befinden sich zu dieser Zeit unter anderem 38 Prozent am Nivea-Produzenten Beiersdorf, 25 Prozent an der Münchener Rück, 21 Prozent an der Dresdner Bank, 14 Prozent an der HypoVereinsbank, 12 Prozent am Energiekonzern RWE, 12 Prozent an der BASF und 11 Prozent an E.On.

Dieses Geflecht gegenseitiger Beteiligungen ist im Laufe der Jahre eng und enger geworden. Beispielsweise halten Münchener Rück und Allianz schliesslich über Kreuz einen Grossteil ihres Aktienkapitals. Eingebunden sind aber auch die Dresdner Bank und die HypoVereinsbank, an denen sowohl Allianz wie Münchener Rück stattliche Aktienpakete halten. Die Banken ihrerseits sind Grossaktionäre bei Allianz und Münchener Rück. So besitzt die Deutsche Bank im Jahre 2001 9,6 Prozent am Münchner Rückversicherer und 4,1 Prozent an der Allianz. Die Allianz wiederum hält 4,6 Prozent an der Deutschen Bank.

Im Gleichschritt mit den gegenseitigen Kapitalverflechtungen werden auch die personellen Netzwerke der deutschen Wirtschaft engmaschiger geknüpft. Meist delegieren die kapitalmässig miteinander verbundenen Partner Exponenten ihres Topmanagements vice versa in ihre Aufsichtsräte. So steht etwa Siemens traditionell ein Aufsichtsratsitz bei der Deutschen Bank zu und umgekehrt. Das System verströmt den Geruch der Klüngelei, hat aber auch positive Seiten. Gerät ein Unternehmen in eine Krise, stehen die Partner zusammen. Die Finanzkraft der Deutschen Bank hat schon manches deutsche Industrieunternehmen vor dem Absturz bewahrt. Sie sprach zuweilen auch dann Kredite, wenn unsicher war, ob investierte Millionen jemals wieder zurückfliessen würden. Nicht wenige kleine oder mittelgrosse Kunden dürften sich gewünscht haben, bei der Deutschen Bank ähnlich freundschaftliche Kreditbedingungen vorzufinden, wie sie den Unternehmen der Deutschland AG zugestanden wurden.

Das System der Deutschland AG funktioniert jahrzehntelang ohne Sand im Getriebe, abgesehen von einzelnen Misstönen. Etwa als die Deutsche Bank Ende der achtziger Jahre beschliesst, eine Lebensversicherung zu gründen, und damit die Kreise der Allianz zu stören beginnt. Allianz-Chef Wolfgang Schieren zieht daraufhin die Konsequenzen und tritt Ende 1988 aus dem Beirat der Deutschen Bank, dem Beraterkreis des Finanzhauses, aus.

In den neunziger Jahren nimmt der internationale Druck nach mehr Transparenz zu, und die Deutschland AG beginnt zu bröckeln. Noch in den achtziger Jahren war Deutschland Kapitalexporteur, und die Finanzierungen im Inland konnten angesichts des vorhandenen Kapitalüberflusses beinahe ausschliesslich über heimische Banken getätigt werden. Mit der Wiedervereinigung Deutschlands

im Jahre 1990 ändert sich die Situation dramatisch – der Kapitalbedarf explodiert, auch wegen des Aufbaus im Osten, und Deutschland kommt nicht mehr darum herum, den internationalen Kapital-
markt anzuzapfen. Eine Entwicklung mit Folgen: Das Land ist
gefordert, sich den Regeln des internationalen Finanzmarktes zu
unterwerfen. Auch in Deutschland wird nun in den Diskussionen
um Corporate Governance der Ruf nach grösserer Transparenz in
der deutschen Wirtschaft lauter, und anerkannte Experten wie der
Würzburger Professor Ekkehard Wenger machen sich für die
Rechte der Aktionäre stark. Die Unternehmen beugen sich schliesslich, zunächst freilich noch zaghaft, diesem öffentlichen Druck und
beginnen die über die Jahre angehäuften stillen Reserven auch zu
publizieren; so müssen Beteiligungen von fünf Prozent und mehr
im Geschäftsbericht öffentlich ausgewiesen werden.

Auch die Deutsche Bank reagiert auf die veränderte Situation.
1998 gliedert Vorstandssprecher Rolf-E. Breuer die Industriebetei-
ligungen der Bank in die eigenständige Tochtergesellschaft DB
Investor aus. Damit werden die milliardenschweren Beteiligungen,
die im Supertanker Deutsche Bank angehäuft sind, zum ersten Mal
auch für Aussenstehende in ihrem gesamten Ausmass sichtbar.
Am 16. Dezember 1998 gibt die Bank bekannt, die neu gegründete
DB Investor werde Beteiligungen im Wert von über 40 Milliarden
Mark halten. Ein interessantes Bekenntnis: Damit ist klar, dass die
Industriebeteiligungen des Finanzkonzerns 45 Prozent seines
Marktwertes ausmachen. Fast zur Hälfte also stellt die Deutsche
Bank im Urteil der Börse keine Bank dar, sondern eine Beteili-
gungsgesellschaft.

Mit der Einführung des Euros verschieben sich die Gewichte
innerhalb der tradierten Deutschland AG ein zweites Mal. Den
Versicherungskonzernen des Landes, die nach dem Gesetz ihre
Anlagen «währungskongruent» zu tätigen haben, eröffnet der Euro

ganz neue Horizonte für ihre Anlagen. Nun können die Versicherer die Einlagen ihrer Kunden auch in europäische Blue Chips im Euroland investieren, was ihnen eine bessere Diversifikation der Branchen und Investments in ausländische Telekom- oder Biotech-Aktien ermöglicht. Die Milliarden der Assekuranz, die noch vor kurzem in Unternehmen der Deutschland AG investiert waren, fliessen nach und nach ab in französische, italienische, spanische oder auch holländische Gesellschaften. Kein Investor ist mehr ausschliesslich auf die paar grossen Werte im Deutschen Aktienindex (DAX) angewiesen.

Anfang 2002 kündigt der sozialdemokratische Bundesfinanzminister Hans Eichel an, die Besteuerung von Beteiligungsverkäufen stark reduzieren zu wollen. Er möchte auch mit der Praxis brechen, bis zu 54 Prozent der Veräusserungsgewinne beim Verkauf von Beteiligungen wegzusteuern, denn wenn wie bis anhin die Hälfte eines Verkaufserlöses im Staatssäckel verschwindet, lohnen sich Beteiligungsverkäufe schlicht nicht. Dies hat in Deutschland zu einer extremen Immobilität des Systems beigetragen. Bereits Ende Januar wird der Verkauf von Beteiligungen an Unternehmen von der Steuer befreit, und so fällt auch diese Bastion. Das Ende der Deutschland AG ist nur noch eine Frage der Zeit.

Einige Wochen später, im Mai 2002, übernimmt Josef Ackermann als Vorstandssprecher die operative Verantwortung bei der Deutschen Bank. Der Neue an der Spitze knöpft sich unter anderem auch das Portefeuille an Industriebeteiligungen vor. Ihn interessiert vor allem, ob sich diese bankfremden Beteiligungen für die Deutsche Bank unter dem Strich lohnen. Kaum hat Ackermann die von seiner Finanzabteilung errechneten Zahlen auf dem Tisch, findet er auch schon die Antwort, nach der er gesucht hat: Die Deutsche Bank hat knapp 20 Prozent ihres Kapitals in Industriebeteiligungen gebunden, und dieses Portefeuille verzeichnet eine Negativrendite in Höhe von rund fünf Prozent. Im Klartext: Die Bank verliert Geld, weil das investierte Kapital teuer refinanziert werden muss. Fünf Prozent Minusrendite auf 20 Prozent des Kapitals sind ein Klotz am Bein, gerade für eine Bank, die ihre Eigenkapitalrendite auf 25 Prozent hochschrauben will – und zu dieser Ambition hat sich Ackermann bei Amtsantritt öffentlich bekannt. Die Existenz der bankeigenen Industriebeteiligungen haben die Deutsche Bank zudem selbstgefällig werden lassen und den Druck auf die operative Performance geschwächt; in schlechten Zeiten hatte das Management der Bank stets die Möglichkeit, stille Reserven aufzulösen, um die Erfolgsrechnung etwas schöner aussehen zu lassen.

Das kann nicht im Sinne des neuen Chefs sein. Josef Ackermann will die Bank auf das Kerngeschäft fokussieren, und Industriebeteiligungen haben in dieser Vision keinen Platz. Der Zeitpunkt für diesen Schritt ist nach der Steuerreform Hans Eichels günstig wie nie zuvor. Auch ist Ackermann davon überzeugt, dass die Aktienkurse an der Börse bald weiter unter Druck kommen würden. Jetzt gilt es, ein Verkaufsprogramm zu starten.

Das Portefeuille, das Josef Ackermann zu verkaufen hat, kann sich sehen lassen: Auf über zwölf Milliarden Euro summiert sich der Wert der Industriebeteiligungen zum Zeitpunkt seines Amtsantritts, darunter Perlen wie 12,1 Prozent an Daimler-Benz (Wert: 6 Milliarden Euro), 3,3 Prozent an der Allianz (2 Milliarden Euro) oder 5,5 Prozent an der Münchener Rück (2,5 Milliarden Euro). Hinzu kommen Aktienpakete an Buderus, Continental, Heidelberger Zement, Linde, MG Technologies, Phoenix, Südzucker und der Deutschen Börse.

Trotz auf breiter Front fallenden Börsenkursen beschliesst die Deutsche Bank, den Verkauf ihrer Industriebeteiligungen sofort an die Hand zu nehmen. Zunächst veräussert die Bank die Aktien still und heimlich über die Börse. So reduziert sie Anfang 2002 – noch während der Amtszeit von Rolf-E. Breuer, einem stets starken Verfechter der Aufbrechung der Deutschland AG – ihren Besitz an der Münchener Rück von sieben auf fünf Prozent. Die erste grosse, auch öffentlich wahrnehmbare Ausverkaufsaktion erfolgt aber erst zu Beginn der Amtszeit von Josef Ackermann. Am 18. Juni 2002 gibt die Deutsche Bank bekannt, dass ihre Beteiligungsholding DB Investor ihren Anteil an der Münchener Rück, insgesamt 7,6 Millionen Aktien, veräussert hat. Damit fliessen der Deutschen Bank 1,6 Milliarden Euro zu. Die Aktien werden an diesem 18. Juni innert 24 Stunden in einer Blitzaktion weltweit bei institutionellen Investoren platziert. Der Verkaufspreis beträgt 215 Euro pro Aktie, was einem Abschlag von 2,4 Prozent zum Schlusskurs des Vortages gleichkommt. «Insbesondere angesichts des insgesamt schwierigen Marktumfeldes kann dies als sehr guter Platzierungserfolg gewertet werden», schreibt die Deutsche Bank in einer Pressemitteilung.

Diese Meinung teilt die Führungsspitze der Münchener Rück keineswegs. Deren Vorstandschef, Hans-Jürgen Schinzler, ruft umgehend Josef Ackermann an und erkundigt sich beim Sprecher der Deutschen Bank, was dessen Haus dazu bewogen habe, so billig zu verkaufen. Der Rückversicherer hegt nämlich ganz andere Vorstellungen über den Wert der Firma, und das lässt Schinzler Ackermann auch wissen. Doch Ackermann hat, wie sich herausstellen wird, bei diesem Verkauf eine gute Nase bewiesen: Der Kurs der Münchener Rück fällt während der Krise in der Versicherungsbranche immer weiter und notiert zeitweise bei knapp 50 Euro. Auch wenn sich der Kurs im Gleichschritt mit den Märkten wieder etwas erholt, ist der von der Deutschen Bank gelöste Preis auch vier Jahre nach dem Verkauf noch lange nicht wieder erreicht.

Die Münchener Rück ist nur der Auftakt des Ausverkaufs. Im Oktober 2002 stösst die Bank ihren Neun-Prozent-Anteil an der Deutschen Börse ab und löst dafür 360 Millionen Euro. Dann geht es Schlag auf Schlag: Im November versilbert Josef Ackermann für 140 Millionen Euro die Continental-Papiere aus dem Tresor; einen Monat später reduziert er die Bankbeteiligung an Südzucker von 10,9 auf 4,8 Prozent, was 160 Millionen Euro einbringt. Nicht immer beweist der Deutsche-Bank-Chef beim Timing seiner Verkäufe ein in gleicher Weise sicheres Gespür wie im Falle der Münchener Rück. Gar kein gutes Geschäft für die Bank ist etwa der Verkauf der Heidelberger Zement – der Wert der Firma hat sich seither verdreifacht. Hinzu kommt, dass die Deutsche Bank mit ihrer konzentrierten Verkaufsaktion die Kurse in einem ungünstigen Börsenumfeld zusätzlich unter Druck setzt und so die Abwärtsspirale am Ring am Laufen hält.

Tatsache ist auch, dass Josef Ackermann mit den stattlichen Einnahmen aus den Veräusserungen die Jahresgewinne der Deutschen Bank künstlich nach oben drückt, exakt so, wie das bereits seine Vorgänger zu tun pflegten. Beispielsweise im Geschäftsjahr 2002: Zieht man vom Jahresgewinn der Deutschen Bank die 3,5 Milliarden Euro ab, die durch Beteiligungsverkäufe in die Kassen gespült worden sind, resultiert als Jahresergebnis für Deutschlands grössten Finanzkonzern knapp eine schwarze Null – bescheidene 20 Millionen Euro stammen aus dem operativen Geschäft der Deutschen Bank. Von einem «Milliardengrab» schreibt das Nachrichtenmagazin «Der Spiegel» und urteilt: «Das Institut hat sein Tafelsilber sukzessive verkauft, zuletzt zu Schleuderpreisen.» Und fragt: «Wo sind all die Milliarden geblieben?»

Ein grosser Teil des Wertverlustes, rund 45 Prozent, geht auf das Konto des Börsencrashs zu Beginn des Jahrtausends: 2001 verliert der DAX 20 Prozent, 2002 noch einmal 44 Prozent. Erst im Jahr darauf legt der Index wieder zu, und zwar um 37 Prozent. Was nach den Kursverlusten an Veräusserungsgewinnen noch übrig bleibt, setzt Josef Ackermann zur Stärkung der Eigenkapitalquote und zum Rückkauf eigener Aktien ein. So steigt die Unterlegung mit Kapital von 1999 bis 2004 von sechs auf fast neun Prozent, und der Rückkauf von eigenen Aktien verschlingt über die Zeit Milliardensummen.

Am 26. Juni 2002 gibt Ackermann den Start des Aktienrückkaufprogramms bekannt. In einer Mitteilung kündigt er an, 62 Millionen Aktien oder zehn Prozent aller emittierten Titel bis im September 2003 zurückkaufen zu wollen. Die Bank zahlt einen Durchschnittspreis von 48,32 Euro pro Aktie. Damit veranschlagt die Bank für die Rückkaufaktion insgesamt rund drei Milliarden Euro.

Die Bank kommt mit den Rückkäufen schneller voran als geplant: Bereits im April 2003 ist Josef Ackermann am Ziel und beschliesst, umgehend ein weiteres Rückkaufprogramm in fast gleicher Höhe aufzulegen und weitere 58 Millionen Aktien rückzuführen. Da der Kurs der Deutsche-Bank-Aktien nach dem Tiefstand vom Herbst 2003 kräftig ansteigt, wird diese zweite Welle von Aktienrückkäufen für die Bank noch kostspieliger – der Durchschnittskurs kommt auf 64,62 Euro zu liegen, was einem Gesamtbetrag von 3,8 Milliarden Euro entspricht. Von den insgesamt 120 Millionen zurückgekauften Aktien werden schliesslich 78 Millionen eingezogen und für die Herabsetzung des Grundkapitals eingesetzt.

Die restlichen 42 Millionen Aktien fliessen in Vergütungsprogramme für die Mitarbeiter der Deutschen Bank. Nutzniesser dieses Geldsegens sind in erster Linie die Investment Bankers der Deutschen Bank: 2002 fliessen über vier Milliarden Euro als Erfolgsprämien in deren Schatullen. Die Experten des Dealmaking will Josef Ackermann bei Laune halten, auch wenn diese in Zeiten schwacher Börsen und kriselnder Wirtschaft kaum nennenswerte Performance liefern. Dennoch verteilt die Bank auch 2003 rund drei Milliarden Euro an Boni unter die Mitarbeiter der Bank, davon 1,4 Milliarden in Aktien.

Das Verkaufsprogramm der Deutschen Bank für ihre Industriebeteiligungen hat Signalwirkung weit über die Bankbranche hinaus. Parallel zu den Entflechtungsbestrebungen der Banken beginnen auch die Versicherungsgesellschaften mehr und mehr, ihr Beteiligungsgestrüpp zu durchforsten.

Bereits seit Frühling 2001 besonders aktiv ist Allianz-Chef Henning Schulte-Noelle. Nach der gescheiterten Fusion der Deutschen und der Dresdner Bank im Jahr 2000 sind Schulte-Noelle und sein Finanzvorstand Paul Achleitner gezwungen, neu zu disponieren. Sie beschliessen, die Dresdner Bank, an der sie 22 Prozent halten, vollständig zu übernehmen und dafür ihre anderen Bankbeteiligungen systematisch zu reduzieren. So beginnt ein grosses Tauschen zwischen Allianz, Münchener Rück und der HypoVereinsbank, an dessen Ende die Allianz 100 Prozent an der Dresdner Bank hält. Der Versicherer baut die Bank bald in sein erweitertes Konzept des Asset Management ein. Parallel dazu sind sich beim Tauschmanöver die Münchener Rück und die HypoVereinsbank näher gekommen und haben beschlossen, in gewissen Segmenten zusammenzuarbeiten.

Und so bilden sich an der Stelle des deutschlandweiten Netzes gegenseitiger Verflechtungen zusehends voneinander getrennte Machtkonglomerate um die drei Kerne Deutsche Bank, Allianz und Münchener Rück. Aus der einen grossen Deutschland AG sind also quasi mehrere kleinere Deutschland AG entstanden, die untereinander aber immer noch stark vernetzt sind.

Zwischen einzelnen Industriepartnern sind die Verbindungen besonders eng, und es dauert eine ganze Weile, bis sich dies ändert. Die Beziehungen der Deutschen Bank zu DaimlerChrysler etwa, wie der Konzern nach der Fusion mit den Amerikanern von 1998 heisst, sind intensiv. Sie sind es nicht zuletzt auch deswegen, weil der Bankchef Hilmar Kopper lange Jahre als Aufsichtsratsvorsitzender von DaimlerChrysler fungiert. Er gilt dort als Vertrauter und wichtigste Stütze von Vorstandschef Jürgen Schrempp. Eine Konstellation mit Tradition: Seit 1926 haben Deutschbanker im Kontrollgremium des Stuttgarter Autoherstellers das Sagen. Sich vom Daimler-Paket zu trennen, fällt der Deutschen Bank offenbar weniger leicht als im Falle anderer Industriebeteiligungen. Doch mit dem Abgang von Konzernchef Schrempp im Sommer 2005 und den Signalen aus dem Konzern, dass auch Kopper seinen Rückzug bei DaimlerChrysler vorbereitet, wird eine neue Ära eingeläutet. Im Sommer 2005 beschliesst Ackermann, sich von einem Drittel der DaimlerChrysler-Anteile zu trennen. Die Beteiligung wird von 10,4 auf 6,9 Prozent reduziert. Erlös: 1,4 Milliarden Euro, was einem Vorsteuergewinn von rund 300 Millionen Euro entspricht. Im November 2005 wird das Paket weiter auf nur noch 4,4 Prozent abgebaut. Zugleich gibt Josef Ackermann bekannt, dass auch die restlichen Titel veräussert werden sollen.

Im Gleichschritt mit den finanziellen Verknüpfungen lösen sich auch die personellen Verflechtungen der alten Deutschland AG auf. So ist der Aufsichtratsvorsitz bei DaimlerChrysler das einzig übrig gebliebene Mandat von Hilmar Kopper in Deutschland; einst hatte er über 60 Aufsichtsratssitze inne. Einen ähnlichen Weg geht auch Josef Ackermann: Nachdem er in den neunziger Jahren als Vertreter der Deutschen Bank noch in einer Vielzahl von Aufsichtsräten gesessen hat, sind es im Jahre 2006 nur mehr vier – Bayer, Lufthansa, Linde und Siemens.

Viele seiner Aufsichtsratsmandate hat Ackermann kurz nach seinem Einstieg im Vorstand der Deutschen Bank 1996 angenommen. Andere, wie das Mandat bei Bayer, gehen aber noch auf seine Zeit bei der Credit Suisse zurück. Im Juni 1999 erbt Josef Acker-

mann von seinem Ziehvater Hilmar Kopper ein ebenfalls traditionell von der Deutschen Bank gehaltenes Mandat: den Aufsichtsratssitz im Industriekonzern Mannesmann.

Seit die Deutsche Bank im Jahre 1890 die Gründung der
Mannesmann-Werke finanziert hatte, entsandte sie stets einen
Vertreter in den Mannesmann-Aufsichtsrat. So auch ihren Spitzen-
mann Hilmar Kopper, der den Posten des Aufsichtsratsvorsitzen-
den besetzt. Als Mannesmann 1999 mit Klaus Esser einen neuen
CEO anstellt, wird der bisherige Vorstandschef, Joachim Funk,
Vorsitzender des Aufsichtsrats. Kopper beschliesst, sich aus diesem
Gremium zurückzuziehen. Doch der Posten bei Mannesmann soll
nicht einfach aufgegeben werden, dazu ist die Verbindung der
Deutschen Bank zum Industriekonzern über ein Jahrhundert lang
zu eng geknüpft gewesen. Kopper bittet Josef Ackermann, zukünftig die Deutsche Bank als Aufsichtsratsmitglied bei Mannesmann
zu vertreten – wenn nicht als Vorsitzender, so doch wenigstens als
Mitglied des Präsidialausschusses.

Was damals, im Jahr 1999, weder Kopper noch Ackermann
ahnen können: Das letzte Vermächtnis Koppers aus der alten
Deutschland AG sollte Ackermann in die dramatischste Krise seiner
Karriere stürzen.

165

Sündenfall Mannesmann

Was wirklich geschah im kleinen Zirkel der Mannesmann-Oberen. Der Prozess und seine Pannen. Und warum die Millionenzahlungen eine Grundsatzdiskussion auslösten.

«Es ist nicht einzusehen, dass der Angriff auf das Vermögen von innen weniger schwer wiegen soll als ein Angriff eines Diebes oder Betrügers von aussen.»
Bundesanwalt Gerhard Altvater

Es ist die Zeit vor Weihnachten 2005. Josef Ackermann hat noch einige wichtige Dinge zu erledigen, bevor er in den Urlaub gehen kann. Er weilt in München zu einem Gedankenaustausch in hochkarätiger Runde. Der deutsche Finanzminister, Peer Steinbrück, hat einige Vertreter der deutschen Finanzwirtschaft um sich versammelt. Im Rahmen der «Initiative Finanzplatz Deutschland» soll über die Zukunft der deutschen Banken- und Versicherungsbranche gesprochen werden. Das Meeting findet in den Räumlichkeiten des Rückversicherungskonzerns Münchener Rück statt.

Josef Ackermann lässt sein Mobiltelefon eingeschaltet, denn er erwartet noch einen wichtigen Anruf: An diesem 21. Dezember geben die Bundesrichter in Karlsruhe ihren Entscheid zum Revisionsverfahren in Sachen Mannesmann bekannt. Im Juli 2004 ist der Deutsche-Bank-Chef zwar freigesprochen worden, doch die Staatsanwaltschaft hat umgehend Berufung eingereicht. Nun hängt es von den obersten Richtern der Bundesrepublik Deutschland ab, ob Ackermann erneut vor Gericht erscheinen muss.

Im Verhandlungssaal in Karlsruhe harrt derweil Ackermanns Rechtsvertreter Eberhard Kempf der Dinge, die da kommen sollen. Die meisten Angeklagten sind nicht persönlich präsent, sondern lassen sich durch ihre Anwälte vertreten. Die Anwesenden sind wortkarg, warten gespannt auf den Spruch der Richter, der noch an diesem Tag erfolgen soll. Als die Bundesrichter unter dem Vorsitz von Klaus Tolksdorf den Raum betreten und ihr Urteil kundtun, herrscht Konsternation unter den Betroffenen: Die Freisprüche werden aufgehoben – der Mannesmann-Prozess geht in die zweite Runde.

Sofort verlässt Kempf den Saal und wählt die Nummer seines Klienten. Es sei anders als erwartet entschieden worden, teilt er Josef Ackermann mit. In ein paar Sätzen fasst er die Beschlüsse zusammen. Ackermann antwortet nicht sofort, es dauert einige Sekunden, bis er seine Fassung wieder gefunden hat. Kempf wie Ackermann sind gleichermassen überrascht vom Urteil der obersten Richter. Sie haben höchstens den Rückzug von Teilen des Urteilsspruchs vom Sommer 2004 erwartet. Und nun dies. Beide wissen, was nun droht: erneut endlose Stunden im Gerichtssaal, erneut eine kritische Berichterstattung, erneut Rücktrittsforderungen an die Adresse von Josef Ackermann. Alles beginnt von vorn.

Wenig erfreulich ist auch, dass mit dem höchstrichterlichen Spruch der Argumentationsspielraum für die Verteidiger stark eingeengt worden ist. Hier hat nicht der Vorsitzende eines Landgerichts in Düsseldorf gesprochen – hier haben die brillantesten juristischen Köpfe des Rechtsstaats Deutschland das Feld abgesteckt. Und wie eng sie die Zäune gesetzt haben, zeigen die Begriffe, die sie gebrauchen: Als «Gutsherren statt Gutsverwalter» hätten sich die Angeklagten in der Causa Mannesmann aufgeführt und dabei die Interessen des von ihnen vertretenen Unternehmens geschädigt.

Das «Gut», um das es hier geht, heisst Mannesmann, die traditionsreiche Industriefirma, die sich in den neunziger Jahren zum Mobilfunkanbieter gewandelt hat und 2000 vom britischen Konkurrenten Vodafone geschluckt worden ist. Im Umfeld dieser Übernahme ist es zu jenen Ereignissen gekommen, die nun erneut vor Gericht beurteilt werden müssen und die Josef Ackermann in die empfindlichste Krise seiner Karriere gestürzt haben.

Die Geschichte beginnt am 2. Februar des Jahres 2000 in Newbury in der Nähe von London. Dort befindet sich der Konzernhauptsitz des britischen Mobiltelefonanbieters Vodafone, und dort wartet an diesem Tag Vodafone-Chef Christopher Gent auf einen Anruf von Mannesmann-Chef Klaus Esser. Seit Monaten schon liefern sich die beiden einen unzimperlichen Übernahmekampf, und zuletzt ist es Gent gelungen, Esser arg in die Enge zu treiben. Dies, indem er den französischen Konzern Vivendi, den der Deutsche für Mannesmann als Alliierten auserkoren hatte, zum Umkippen brachte. Nun ist Esser allein, und die Burg Mannesmann dürfte bald in die Hände von Vodafone fallen.

Um 14 Uhr klingelt das Telefon auf dem Pult von Gent. Esser teilt dem Briten mit, er sei so weit, Gent solle nach Düsseldorf kommen. Zufrieden legt Gent auf: Nach einem mehrmonatigen Eroberungszug ist der Sieg zum Greifen nah.

Wenige Monate zuvor war die Ausgangslage noch völlig anders. Anfang November 1999 schlägt Gent dem Mannesmann-Chef erstmals eine Fusion vor. Es ist die hohe Zeit der New Economy und des Technologiebooms. Die Unternehmen der Telekombranche kämpfen um einen rasant wachsenden Markt. Die Branche steckt mitten im Konsolidierungsprozess, und der deutsche Markt ist für Vodafone von grossem Interesse. Gent hat beschlossen: Taktgeber von Branchenzusammenschlüssen soll nicht Mannesmann, sondern Vodafone sein. Das Beste wäre, die Deutschen zu schlucken, meint Gent. Doch Esser lehnt einen Schulterschluss ab. Er stellt sich auf den Standpunkt, Mannesmann werde ohne Vodafone schneller wachsen können.

Gent lässt sich von der ersten Reaktion Essers nicht beirren und macht nur eine Woche später, am 14. November, ein offizielles Übernahmeangebot. Die Briten haben bereits konkrete Preisvorstellungen: 43,7 Vodafone-Anteile für eine Mannesmann-Aktie. Esser lehnt ab. Am 19. November wendet sich Gent direkt an die Aktionäre und erhöht das Angebot auf 53,7 Anteile. Der Kaufpreis läge damit bei rund 120 Milliarden Euro. Esser lehnt erneut ab.

Indem Gent das unmissverständliche Nein des Mannesmann-Managements ignoriert, ist aus der ursprünglichen Fusionsidee ein feindlicher Übernahmeangriff geworden. Und Mannesmann verstärkt die Verteidigung. Über 100 Millionen Euro gibt der Düsseldorfer Konzern für die Abwehrschlacht aus, einen Grossteil davon allein für Anzeigen in den Medien. Die Botschaft: Wir wollen uns nicht übernehmen lassen. Das ist auch der Wunsch der Mannesmann-Angestellten, die in Protestmärschen gegen die Briten Stimmung machen: «Wir lassen uns nicht kaufen», so ihre Parole.

Getreu einem Grundsatz der strategischen Kriegsführung sucht Esser nach befreundeten Kräften und findet diese bei Vivendi. Die Franzosen sollen sich mit Mannesmann zusammentun und gemeinsam gegen die Briten Front machen. Doch Vivendi ist ein untreuer Verbündeter. Ende Januar wird bekannt, dass Vodafone auch mit Vivendi-CEO Jean-Marie Messier verhandelt hat – offenbar geschickter, als Esser es tat. Auf alle Fälle wollen die Franzosen nun plötzlich statt mit Mannesmann mit Vodafone zusammenarbeiten. Essers Abwehrdispositiv ist damit erheblich geschwächt. Sich weiter gegen die feindliche Übernahme zu wehren, wird schwierig, vor allem weil die Briten die Mannesmann-Aktionäre mit einem guten Kaufpreis ködern. Esser beschliesst, die Waffen zu strecken und den Angreifer in sein Haus zu lassen.

Das Meeting vom 2. Februar ist auf 18 Uhr angesetzt. Vodafone-Chef Christopher Gent muss sich beeilen, um von Newbury ins ferne Düsseldorf zu gelangen. Doch der Brite trifft pünktlich im 21. Stockwerk des Mannesmann-Hochhauses ein. Mehrere Stunden verhandeln die beiden Männer, und um ein Uhr morgens ist Gent am Ziel: Klaus Esser akzeptiert eine Minderheitsbeteiligung von Mannesmann an einem fusionierten Unternehmen.

Damit legt sich Mannesmann in die Arme von Vodafone. Der Preis, den die Briten zahlen, liegt bei 180 Milliarden Euro – Rekord in der europäischen Wirtschaftsgeschichte. Die Details dieses Megadeals sollen die Beratungsteams beider Seiten am nächsten Tag aushandeln.

Als einer der Ersten wird ein wichtiger Mannesmann-Aktionär von der neuen Entwicklung ins Bild gesetzt: Canning Fok, Managing Director des chinesischen Mischkonzerns Hutchison Whampoa. Die Chinesen halten rund zehn Prozent an Mannesmann. Beim soeben beschlossenen Kaufpreis ist das Paket 18 Milliarden Euro wert. Fok kann sich die Hände reiben: Die Beteiligung seines Mischkonzerns an Mannesmann hat damit auf einen Schlag um fast zehn Milliarden an Wert zugelegt. Easy Money für Hutchison Whampoa. Zudem bietet sich für die Chinesen nun eine attraktive Gelegenheit, ihre Mannesmann-Aktien zu veräussern. Die Beteiligung, die aus der Übernahme des Mobilfunkunternehmens Orange durch Mannesmann vom Oktober 1999 herrührt, ist nämlich vertraglich mit einer 18-monatigen Sperre belegt worden. Diese aber würde bei einer Übernahme gegenstandslos. Kein Wunder, ist Canning Fok gut gelaunt, und er bietet an, Gent und Esser sofort einen persönlichen Besuch abzustatten. Fok weilt auch in der Stadt, weil am nächsten Tag eine Aufsichtsratssitzung von Mannesmann geplant ist, an der er teilnehmen soll. Er residiert im Steigenberger Parkhotel in der Königsallee, nur einen Steinwurf vom Mannesmann-Hochhaus entfernt.

So platzt der Chinese in das nächtliche Meeting von Gent und Esser und zeigt sich angesichts des sich abzeichnenden Vermögenszuwachses für sein Unternehmen in Spendierlaune: Er wolle sich bei Esser erkenntlich zeigen, sagt Fok und bietet dem Mannesmann-Chef als Appreciation Award, als Anerkennungsprämie also, zehn Millionen Pfund an. Die Idee gefällt Esser, unter zwei Bedingungen. Erstens wolle er den Geldsegen mit seinen Mitarbeitern aus dem Telekommunikationsteam teilen, denn diese hätten grosse Arbeit geleistet. Und zweitens wolle er das Geld nicht vom chinesischen Grossaktionär, sondern direkt von Mannesmann. Das sei sein Arbeitgeber.

Die erste Bedingung ist schnell erfüllt. Fok klärt in China ab, ob er noch einmal zehn Millionen verschenken dürfe, und bekommt grünes Licht. So legt er flugs weitere Pfundmillionen drauf als Geschenk für die Mitarbeiter. Doch mit der zweiten Bedingung beginnen die Probleme – für Josef Ackermann.

Denn Zahlungen von Mannesmann an die Vorstände muss der Präsidialausschuss des Aufsichtsrats bewilligen, und dort hat Ackermann Einsitz. Die Deutsche Bank besetzt traditionsgemäss einen Aufsichtsratssitz bei Mannesmann und hat viele Jahre sogar den Vorsitzenden gestellt. Josef Ackermann hat seinen Sitz von Hilmar Kopper geerbt, und auch wenn Ackermann nicht wie Kopper als Aufsichtsratschef von Mannesmann fungiert, so nimmt er doch Einsitz im Ausschuss für Vorstandsangelegenheiten. So heisst der wichtige Präsidialausschuss, dem vier Mitglieder angehören. Neben dem Deutsche-Bank-Chef ist Joachim Funk, der Vorsitzende des Aufsichtsrats und Vorgänger von Klaus Esser als Vorstandsvorsitzender von Mannesmann, im Ausschuss; die beiden anderen Mitglieder sind die Arbeitnehmervertreter Jürgen Ladberg und

Klaus Zwickel, der als Präsident der mächtigen Gewerkschaft IG Metall eine öffentliche Figur im Land ist.

Diese vier Männer sind es, die jegliche Geldzahlungen an Vorstandsmitglieder beschliessen und absegnen müssen. So auch den von Fok initiierten Sonderbonus. Am 4. Februar, nur zwei Tage nachdem Esser die Übernahmeofferte Gents akzeptiert hat, trifft sich der Präsidialausschuss zu einer Sitzung, um die Zahlungen für Esser zu besprechen.

Es ist geplant, dass sich der Ausschuss kurz vor Mittag trifft, um die anschliessende Sitzung des Gesamtaufsichtsrats vorzubereiten. Man will die Frage der Anerkennungsprämien zunächst im kleinen Kreis besprechen. Doch von den vier Mitgliedern des Präsidialausschusses haben sich lediglich Funk und Ackermann zum vereinbarten Termin eingefunden. Arbeitnehmervertreter Ladberg ist krank, Gewerkschaftsführer Zwickel hält an einer Veranstaltung in Wolfsburg eine Rede. Und so sitzen an diesem so entscheidenden Meeting nur zwei der vier Ausschussmitglieder am Tisch.

Mitgebracht haben die beiden ein Papier, das die Grundlage für die Entscheidungsfindung bilden soll: ein vorbereitetes Beschlussprotokoll, das Klaus Esser persönlich am Abend zuvor erstellt hat. Funk eröffnet die Sitzung und legt Ackermann den Vorschlag eines Bonus für Esser vor. Er berichtet ihm vom Vorschlag der Chinesen und davon, dass Esser das Geld von Mannesmann überwiesen haben wolle. Doch damit nicht genug: Das viele Geld, das hier verteilt werden soll, hat bei Funk offenbar auch eigene Begierden geweckt. Er habe als Vorgänger von Esser als CEO ja auch seinen Teil zum Erfolg von Mannesmann beigetragen, wirft er ein. Er wolle auch eine Prämie. Er könne ja am vorgesehenen Fonds des Telekommunikationsbereichs beteiligt werden.

Josef Ackermann ist bis dahin nie auf die Idee gekommen, dass Joachim Funk ebenfalls eine Prämie erhalten sollte, und es findet auch jetzt keine Diskussion darüber statt, weshalb Funk gleichfalls begünstigt werden soll. Nur ein Punkt wird kurz angesprochen: Dem Deutsche-Bank-Chef fällt auf, dass Funk im vorbereiteten Beschlussprotokoll nicht unter den Begünstigten aufgeführt wird. Kein Wunder: Der Job des Aufsichtsratsvorsitzenden kann schwerlich als Mitarbeit im Telekommunikationsbereich interpretiert werden. So beschliessen die beiden, den Kreis der Begünstigten einfach um Joachim Funk zu erweitern, und einigen sich auf drei Millionen Pfund für diesen, also umgerechnet neun Millionen Mark. Da jedoch der Prämienfonds ursprünglich auf einen Vorschlag des chinesischen Grossaktionärs Hutchison Whampoa zurückgeht, will Ackermann die Zahlung an Funk nicht ohne Zustimmung der Chinesen vornehmen.

Canning Fok befindet sich ebenfalls gerade im Mannesmann-Hochhaus, er wartet auf die später angesetzte Sitzung des Gesamtaufsichtsrats. Funk beschliesst, Fok zu suchen, und stöbert ihn in einem Nebenzimmer auf. Er bittet den Chinesen kurz in die Besprechung herein. Während Fok mit Ackermann spricht, wartet Funk draussen auf dem Flur. Ackermann sagt zum Hutchison-Whampoa-CEO, sie dächten über eine Beteiligung von Funk am Prämienfonds für das Telekommunikationsteam nach, und zwar in Höhe von drei Millionen Pfund. Ob er, Fok, damit einverstanden sei. Diesem ist das Management von Mannesmann nicht im Detail vertraut, doch er meint, das Präsidium wisse «schon am besten, was zu tun ist». Sollte also Mannesmann dies wollen, sei er einverstanden damit. Er verlässt den Raum, Funk tritt wieder ein, und Ackermann teilt ihm mit, Fok habe zugestimmt.

Damit ist alles klar: Ackermann bewilligt sowohl die Anerkennungsprämie für Esser als auch die Zahlung an Funk. «Innerhalb weniger Minuten» (Gerichtsurteil vom Juli 2004) verteilten Ackermann und Funk so rund 60 Millionen Mark Anerkennungsprämien – 30 Millionen Mark (10 Millionen Pfund) für Esser, 9 Millionen Mark (3 Millionen Pfund) für Funk, rund 21 Millionen Mark an die Manager aus Essers Telekommunikationsteam.

Nun haben Joachim Funk und Josef Ackermann noch ein Problem zu lösen: Damit der Beschluss gültig ist, sind drei Unterschriften vonnöten. Also ruft Funk eines der abwesenden Mitglieder des Präsidialausschusses an, Gewerkschafter Klaus Zwickel. Das Gespräch dauert rund eine Viertelstunde. Funk schildert Zwickel die Sachlage. Der Gewerkschaftspräsident sagt, dass es sich hier «um sehr viel Geld» handle, dass er aber im Ergebnis damit «kein Problem» habe. Damit kommt die Beschlussfassung zu Stande. Ackermann unterschreibt in Zwickels Namen und setzt in dessen Auftrag «gez. Zwickel, 4/2/00» ins Protokoll.

Die Angelegenheit erscheint erledigt. Schnell und effizient hat Ackermann an der Beschlussfassung mitgewirkt, und gemeinsam mit Funk kann er sich nun in die Sitzung des Gesamtaufsichtsrats begeben. Dieser erfährt an diesem Tag allerdings noch nichts vom Millionensegen für die Mannesmann-Topmanager. Ein anderes Thema dominiert: Die von Klaus Esser vorgespurte Übernahme durch Vodafone muss abgesegnet werden. Der Aufsichtsrat schliesst sich Esser an und entscheidet, den Widerstand gegen eine Fusion mit den Briten aufzugeben. Auch Josef Ackermann stimmt für die Fusion. Damit ist der Mega-Merger beschlossene Sache.

Alles wäre für den Deutsche-Bank-Chef möglicherweise gut herausgekommen, hätte nicht eine pflichtbewusste Sekretärin das bald in Umlauf gegebene Beschlussprotokoll der Ausschusssitzung vom 4. Februar formal als ungewöhnlich empfunden.

Das von Funk und Ackermann unterschriebene Protokoll nimmt den für Vergütungsfragen im Hause Mannesmann üblichen Weg. Dietmar Droste, Leiter der Abteilung Compensation and Benefits, dem die Betreuung der aktiven Vorstandsmitglieder von

Mannesmann obliegt, wird bereits am Nachmittag des 4. Februar von der Fertigstellung des Beschlussprotokolls unterrichtet. Er gibt das Dokument wenige Tage später an die erwähnte Sekretärin weiter, zu deren Aufgabengebiet die Gehaltsabrechnungen der Vorstandsmitglieder gehört. Als Sachbearbeiterin seit Jahren für die Erstellung entsprechender Beschlussprotokolle des Präsidiums zuständig, ist sie über das Papier höchst erstaunt. Was sie hier in den Händen hält, entspricht im äusseren Erscheinungsbild so gar nicht den üblichen Protokollen, die sie zu betreuen hat. Sie spricht den Vorgesetzten Droste darauf an. Der reagiert zurückhaltend.

Doch die Sekretärin lässt nicht locker. Sie übergibt das Protokoll unter Hinweis auf ihre Bedenken dem zuständigen Wirtschaftsprüfer im Hause. Der Mann heisst Günter Nunnenkamp. Auch dieser bemerkt formale Mängel und hegt zudem Bedenken wegen der Unterschriften. Das von Ackermann hingekritzelte «gez. Zwickel, 4/2/00» wirkt wie ein Fremdkörper auf diesem Papier. Nunnenkamp beschliesst, der Sache nachzugehen.

Nicht eben glücklich mit dem Protokoll ist auch Klaus Esser, als er es zum ersten Mal zu Gesicht bekommt – trotz den 30 Millionen Mark, die ihm darin zugestanden werden. Der Mannesmann-Chef entnimmt das Dokument am Wochenende seiner Post. Esser ist Jurist, und ihm fällt sofort auf, dass Funk offenbar über seine eigene Millionenprämie beschlossen hat. Esser ist klar, dass das den rechtlichen Grundsätzen solcher Vergütungsbeschlüsse diametral entgegenläuft. Er ist verärgert, dass dies in derselben Sitzung geschehen ist, in der über seine eigene Prämie beschlossen wurde. Er teilt Funk seine Bedenken mit, der einige Tage später auch Ackermann davon in Kenntnis setzt. Essers Beschwerde mag auch Eigeninteresse zu Grunde liegen: Sollten die Beschlüsse wegen eines Formfehlers insgesamt ungültig sein, würde auch seine Prämie wieder zur Diskussion stehen. Das kann nicht im Sinne des Mannesmann-Chefs sein.

Klaus Esser hat in diesen Tagen im Zusammenhang mit den Anerkennungsprämien noch weitere wichtige Fragen zu klären. Der Fusionsprospekt muss erstellt werden, und noch ist unklar, ob es notwendig ist, die Appreciation Awards darin zu erwähnen. Die Rechtslage ist schwer überblickbar. Zum Beispiel ist der Mannesmann-Chef unsicher, ob neben seiner vertraglichen Vergütung auch die Zusage auf die Zahlung der Zusatzmillionen in die so genannten «Listing Particulars» anzugeben ist. Vodafone hat ihm mitteilen lassen, diese Entscheidung sei Sache von Mannesmann, und Klaus Esser beschliesst, den sicheren Weg zu beschreiten und die Zahlen in den Listings anzugeben. Ihm ist bewusst, dass dadurch die Prämien auch ausserhalb des Hauses bekannt würden.

Und so kommt es auch. Journalisten von «Manager Magazin Online» haben die Übernahmemodalitäten genau studiert und sind auf die Zahlen gestossen. Auch «Bild» nimmt die Meldung in grossen Lettern auf: «60 Millionen und tschüs!», titelt das Blatt und reibt den Lesern die Millionenprämien unter die Nase – versehen mit dem Hinweis, das Geld werde im Grunde nach einer Niederlage bezahlt, denn schliesslich habe Mannesmann den Übernahmekampf ja verloren. Es sei «der goldene Handschlag für den grossen Verlierer Klaus Esser», so «Bild».

Den Artikel lesen auch zwei Partner der Stuttgarter Anwaltssocietät Binz & Partner, Rechtsanwalt Mark Binz und Wirtschaftsprüfer Martin Sorg. Schon wiederholt haben sie sich gefragt, warum Esser nach einem monatelang erbittert geführten Abwehrkampf so plötzlich umgefallen war. Nun erscheint ihnen die Kapitulation in einem anderen Licht. Sie halten die Zeit für gekommen, die Frage der Millionenzuwendungen für Topmanager in der Öffentlichkeit zur Diskussion zu stellen.

Binz und Sorg sind beruflich auf die Beratung von Familienunternehmen spezialisiert. Immer wieder dreht sich die Diskussion mit ihren Kunden um die Salär- und Abfindungsgepflogenheiten in den oberen Etagen der grossen Firmen, und immer wieder machen die Familienunternehmer in der Stuttgarter Anwaltssocietät ihrem Ärger darüber Luft. So haben Mark Binz und Martin Sorg Einblick in die Welt der mittleren und kleinen Firmen, und ihnen ist bewusst, dass diese Unternehmer oft eine Generation und länger dafür arbeiten müssen, um einen Betrag zu erwirtschaften, wie er Klaus Esser innerhalb von Minuten zugesprochen worden ist.

Es ist nicht der erste Feldzug von Binz und Sorg. Rund zehn Jahre ist es her, seit sie die Initiative ergriffen, weil die deutsche Lufthansa ein auf Wunsch eines Grossteils der Kunden eingeführtes Rauchverbot auf Inlandflügen wieder aufgehoben hatte. Dagegen wehrten sie sich, und ihr Einsatz war mit ein Grund, dass Flüge im Inland wieder rauchfrei wurden. Diese Erfahrung hat ihnen gezeigt, dass mit Hartnäckigkeit etwas bewegt werden kann.

Am 23. Februar 2000 erstatten Mark Binz und Martin Sorg Anzeige gegen Klaus Esser «wegen des Verdachtes der Untreue gemäss Paragraph 266 STGB im Zusammenhang mit der Übernahme der Mannesmann AG durch Vodafone plc.», wie es im Dokument heisst. In ihrer Strafanzeige stellen Binz und Sorg auch den Verdacht in den Raum, dass es sich bei den Millionenzahlungen um «eine Gegenleistung dafür handelt, dass Herr Esser seinen Widerstand gegen die Vodafone-Übernahme aufgegeben hat». Damit werfen Binz und Sorg die Frage auf, ob sich der Mannesmann-Chef womöglich hat bestechen lassen. Die Strafanzeige endet mit dem Hinweis, dass die Öffentlichkeit kein Verständnis dafür habe, «dass dem Vorstandsvorsitzenden einer börsennotierten Aktiengesellschaft für eine verlorene Übernahmeschlacht eine Abfindung von rund 60 Mio. DM bezahlt wird». Damit ist die Justizmaschinerie in Bewegung gesetzt.

Derweil geht bei Mannesmann das Hin und Her um das anlässlich des Tête-a-Tête von Funk und Ackermann vom 4. Februar abgeänderte Beschlussprotokoll weiter. Die Angelegenheit hat sich weiter zugespitzt: Wirtschaftsprüfer Günter Nunnenkamp hat dem inhaltlich und formal für ihn nicht akzeptablen Papier seinen Stempel verweigert. Das Protokoll wirft in der Tat Fragen auf: Erstens erscheint Nunnenkamp die Zahlung für Esser recht willkürlich und zudem unangemessen hoch. Zweitens hat es für die weiteren Zahlungen keinen korrekten Beschluss des Ausschusses gegeben. So fehlen die Namen der zu berücksichtigenden Mitglieder aus dem Telekommunikationsteam auf der Liste. Nunnenkamp bespricht sich mit seinen Vorgesetzten, und auch diese finden: Einer Auszahlung der Gelder kann so nicht zugestimmt werden.

Funk und Esser ist die Sache äusserst unangenehm. Sie haben bereits mehrere Leute aus dem Team über den bevorstehenden Geldsegen informiert und hoffen, dass es jetzt keine Probleme gibt. Klar ist, dass das bestehende Protokoll offensichtlich nicht überzeugt. Es muss etwas geschehen. Am 16. Februar fertigt Vorstandsbetreuer Dietmar Droste in Abstimmung mit Funk und Esser einen neuen Entwurf eines Protokolls für eine weitere Sitzung zu diesen Fragen an, die gleich am nächsten Tag stattfinden soll. Nun werden die Namen der Begünstigten aus dem Esser-Team namentlich genannt. Zudem wird die Zahlung an Esser konkretisiert. Im Papier Drostes ist unter Ziffer Nr. 1b, dd) nachzulesen: «Entsprechend dem Beschluss vom 4.2.2000 erhält Dr. Esser einen Appreciation Award in Höhe von GBP 10 Mio., der fällig wird, sobald Vodafone die Aktienmehrheit an Mannesmann erworben hat.»

Am 17. Februar um neun Uhr beginnt die Sitzung des vierköpfigen Präsidialausschusses. Wieder findet das Treffen der Kommission vor einer Gesamtaufsichtsratssitzung statt, die auf zehn Uhr angesetzt ist. Genau eine Stunde haben die Kommissionsmitglieder somit Zeit, die Millionenprämien abermals zu besprechen. Diesmal sind alle vier Mitglieder anwesend: Deutschbanker Josef Ackermann, Mannesmann-Aufsichtsratschef Joachim Funk, Gewerkschafter Klaus Zwickel und Arbeitnehmervertreter Jürgen Ladberg. Doch sitzt noch ein fünfter Mann mit am Tisch; auf Wunsch der Kommission ist an diesem Tag ausnahmsweise auch Klaus Esser anwesend. Im Beisein des CEO von Mannesmann sollen nun Nägel mit Köpfen gemacht werden.

Bevor die Diskussion zu den millionenschweren Sonderprämien kommt, werden zunächst sämtliche Fringe Benefits, die Esser ebenfalls zustehen, aufgelistet. Und das sind: eine Sekretärin, ein Büro und ein Fahrer mit Wagen auf Lebenszeit. Diese bei der Mannesmann AG für Vorstandsvorsteher übliche Zusage hat Funk gegenüber seinem Vorstandsvorsitzenden bereits Mitte Januar mündlich erteilt und am 31. Januar auch schriftlich fixiert. Die Kommission stimmt zu.

Danach wird über die Millionenzahlung an Esser gesprochen. Erstaunlicherweise wird über Inhalt und Höhe der beschlossenen Anerkennungsprämie erneut nicht debattiert. Kommissionsmitglied Klaus Zwickel hat in diesem Zusammenhang andere Sorgen: Nachdem die «Bild»-Zeitung sechs Tage zuvor die Sache publik gemacht hatte, ist der streitbare Gewerkschaftschef im Kreise seiner Genossen stark unter Druck gekommen. Wie Zwickel bloss habe erlauben können, dass Esser 60 Millionen in den Rachen geworfen würden, fragt sich die Basis der IG Metall. Zwickel bittet daher, den Text der am 4. Februar am Telefon mit Funk besprochenen Enthaltung abzuändern. Er wünscht die Formulierung «zur Kenntnis nehmen» statt «Stimmenthaltung» – dieser Ausdruck ist in der Vergangenheit seitens der Arbeitnehmervertreter an Stelle einer Enthaltung in Protokollen verwendet worden, wenn sie glaubten, ein Beschluss sei den Mitarbeitern nur schwer zu vermitteln.

Dieser Wunsch von Klaus Zwickel mutet eher peinlich an, denn «zur Kenntnis nehmen» ist gleichbedeutend mit «Enthaltung». Einziges Ziel: Zwickel gegen aussen in besserem Licht erscheinen zu lassen. Das Landgericht Düsseldorf wird dies später in klaren Worten darstellen: «Die Formulierung wurde benutzt, um eine angeblich grössere – tatsächlich nicht vorhandene – Distanz zu mitgefassten Beschlüssen zu vermitteln.»

Ackermann und Funk jedoch wollen Zwickel den Gefallen nicht abschlagen und lassen ihn die Unformulierung vornehmen. Für sie ist klar: Am Beschluss vom 4. Februar ändert sich damit gar nichts. Nun soll das Protokoll einfach etwas professioneller abgefasst werden als damals mit den handschriftlichen Ergänzungen von Ackermann. Vorstandsbetreuer Droste wird in die Sitzung gerufen und mit der Erstellung des neuen Protokolls beauftragt. Darin wird die Prämie für Klaus Esser bewilligt, diesmal mit Zwickels Zusatz «zur Kenntnis nehmen». Der Vierte im Bunde, Arbeitnehmervertreter Jürgen Ladberg, will sich nicht in das fröhliche Geldverteilen einspannen lassen. Er ist aufgebracht und wendet sich in deutlichen Worten gegen die Höhe der Entschädigungen: «Dafür muss 'ne alte Frau viel stricken», meint er. Doch die Haltung von Ladberg bleibt de facto ohne Folgen. Mit den Stimmen von Funk und Ackermann sowie der Enthaltung von Zwickel ist der Beschluss ohnehin gültig.

Als um zehn Uhr die Sitzung des Gesamtaufsichtsrats beginnt, nehmen alle vier Präsidiumsvertreter teil. Der Millionensegen für die Mannesmann-Manager wird nicht prioritär besprochen. Josef Ackermann will die brisante Information in einer Sitzungspause persönlich den Arbeitnehmervertretern im Rat mitteilen. Ein Grossteil der Anteilseigner sind in Vorgesprächen bereits über die Prämien in Kenntnis gesetzt worden. Um 12.45 Uhr wird die Sitzung unterbrochen, und Josef Ackermann nimmt die sieben Arbeitnehmervertreter im Rat zur Seite. Sie haben die kritischen

Medienberichte zum Thema längst gelesen und wollen Informationen aus erster Hand.

Dieser Sitzungsteil wird zum Spiessrutenlauf für Josef Ackermann, denn die sieben Arbeitnehmervertreter im Aufsichtsrat überhäufen ihn mit Fragen zu den bereits besiegelten Beschlüssen. Die Arbeitnehmervertreter ziehen unterschiedliche Schlüsse daraus, wer denn nun gezahlt habe: die Mannesmann AG, Vodafone oder Hutchison Whampoa. Dem Deutsche-Bank-Chef wird später von der Staatsanwaltschaft vorgeworfen, er habe die Arbeitnehmervertreter falsch über die Herkunft der Prämien orientiert – das Gericht wird dies dann aber anders beurteilen. Tatsache jedenfalls ist, dass weder im Protokoll der Aufsichtsratssitzung vom 4. noch in jenem vom 17. Februar die Herkunft der Prämien eindeutig identifiziert wird. So heisst es im zweiten Protokoll reichlich missverständlich: «Dieser Award soll auf Vorschlag von Hutchison Whampoa und mit Zustimmung des Board of Directors von Vodafone AirTouch geleistet werden.»

Es dauert nicht lange, und Gewerkschaftsboss Klaus Zwickel sorgt erneut für Verwirrung. Am 18. Februar verschickt die IG Metall eine offizielle Pressemitteilung, worin sich der oberste Gewerkschafter zitieren lässt, die Anerkennungsprämien seien weder im Aufsichtsrat noch im Präsidium ein Thema gewesen. Eine glatte Lüge. Die Skepsis der Wirtschaftsprüfer erhält neue Nahrung. Was erzählt Zwickel da, und wie hat er denn nun abgestimmt?

Zahlreiche Telefonate und Schreiben zwischen den Wirtschaftsprüfern, dem Protokollführer Dietmar Droste und den Firmenchefs Esser und Funk erhellen die Faktenlage: Klaus Zwickels Pressemitteilung entspricht ganz einfach nicht der Wahrheit. Der Gewerkschafter selber wird dies am Prozess später zugeben: Das Ganze sei «ein Fehler» gewesen.

Am 28. Februar lässt Funk einen neuen Umlaufbeschluss anfertigen, der endlich zur nun schon über drei Wochen zuvor beschlossenen Zahlung an Esser und sein Team führen soll und auch deutlich klarstellt, dass die Prämien von Mannesmann stammen. Der genaue Wortlaut: «Es wird festgestellt, dass die Zahlung des Betrages von GBP 10 Mio. durch die Mannesmann AG an Herrn Dr. Esser von dem Grossaktionär Hutchison Whampoa mit Herrn Gent (Vodafone AirTouch) angestimmt worden und dem Präsidium vorgeschlagen worden ist. Dieses hat sich am 4.2.2000 und am 17.2.2000 mit der Angelegenheit befasst. Der Ausschuss für Vorstandsangelegenheiten beschliesst hiermit, dass der genannte Betrag Herrn Dr. Esser zugewendet werden soll. Nach Ansicht der Herren Zwickel und Ladberg ist die Höhe des genannten Betrages den Arbeitnehmern schwer vermittelbar. Sie nehmen daher die Entscheidung zur Kenntnis.»

So weit, so gut. Doch auch damit ist die leidige Sache noch nicht erledigt. Für die Wirtschaftsprüfer ist mit der letzten Fassung des Protokolls ein neues Problem entstanden, und zwar durch den Begriff «zur Kenntnis nehmen», den die Kommission Zwickel zuliebe verwendet hat. Für die KPMG ist unklar, wie Zwickel denn nun wirklich abgestimmt hat. So geht das Herumwerkeln an alten und neuen Protokollen weiter. Präsident Funk fügt auf dem Beschluss handschriftlich hinzu: «Dies meint Stimmenthaltung. Funk.» Damit will er das Stimmverhalten Zwickels klarstellen. Doch die Prüfer lassen ausrichten, die Unterschrift Funks reiche nicht aus – sie stamme ja nicht von Zwickel selber. Als dieser daraufhin nochmals angesprochen wird, reagiert er unwirsch, fügt jedoch handschriftlich zum Zusatz von Funk ein «Einverstanden» hinzu und paraphiert dieses. Endlich sind die Beschlüsse wirklich gültig. Allerdings sollte das seltsame Hin und Her um die Protokolle Josef Ackermann wie auch den andern drei Kommissionsmitgliedern noch einigen Ärger bescheren, wie sich herausstellen wird. Denn die formal ungewöhnlichen Dokumente werden später zur juristischen Munition für die Staatsanwaltschaft.

Am 27. März trifft sich der Präsidialausschuss, um die Verteilung weiterer Gelder zu besprechen. Diesmal geht es um Abfindungen und Pensionszahlungen an bestehende und ehemalige Vorstandsmitglieder in Millionenhöhe. Die Gelder für die Ex-Vorstände und deren Witwen und Waisen werden ebenfalls Gegenstand emotionaler Berichterstattung in den Medien. «Dort füllte der exklusive Herrenzirkel ein Füllhorn der besonderen Art», schreibt der «Stern». Gemeint sind ehemalige Vorstände, die Zahlungen in Millionenhöhe erhalten. Ein Ex-Direktor, der vier Millionen Mark bekommt, ist damit nicht einmal zufrieden. Seine Gattin sei zwanzig Jahre jünger als er, meint der, das müsse doch bei der Kalkulation berücksichtigt werden. Der Präsidialausschuss lässt sich nicht lumpen und legt mit Beschluss vom 12. April 2000 für den Herrn und seine junge Ehefrau noch weitere 770 000 Mark nach.

Auch die Prämie für Joachim Funk wird im April abschliessend erledigt. In diesem Monat schliesst Vodafone die Übernahme von Mannesmann ab. Funk wird von Vodafone-Obmann Gent als Aufsichtratsvorsitzender abgelöst. Am 17. April kommt es zu einer Sitzung des Präsidialausschusses in neuer Besetzung. Es wird darüber gesprochen, dass der Beschluss des Präsidiums vom 4. Februar nicht gültig sei. Man könne nun nochmals völlig frei entscheiden. Der neue Besitzer zeigt sich weniger grosszügig: Der Ausschuss unter Führung von Gent senkt die Prämie für Funk von neun auf sechs Millionen Mark.

Inzwischen ist die von den Stuttgarter Rechtsanwälten mit ihrer Strafanzeige in Bewegung gesetzte Justiz aktiv geworden. Am 7. März informiert die Staatsanwaltschaft Düsseldorf die Mannesmann-Führung, dass Strafanzeige gegen Klaus Esser eingegangen sei. Der Oberstaatsanwalt bittet um Stellungnahme. Esser bespricht sich mit einem Rechtsanwalt und antwortet. Der Sachverhalt der Übernahme wird dabei so geschildert, wie er auch stattgefunden hat, mit einer Ausnahme: Das Datum der Vereinbarung ist um einen Tag verschoben. In der Stellungsnahme von Esser heisst es, Gent und Fok hätten am Abend des 3. Februar über den Vorstoss des Chinesen gesprochen, Esser eine Millionenprämie auszuzahlen. Dies ist darum wichtig, weil am 3. Februar der Gesamtaufsichtsrat von Mannesmann in die Verhandlungen involviert war. Der von Binz und Sorg aufgeworfene Bestechungsverdacht ergibt keinen Sinn, wenn Gent und Esser erst danach über das Geld für Esser gesprochen haben. So stellt die Staatsanwaltschaft die Ermittlungen ein.

Binz und Sorg sind damit nicht einverstanden und verlangen Akteneinsicht. Die Sitzungsprotokolle mit all den Änderungen und Nachdatierungen kommen den Rechtsprofis verdächtig vor. Auch die Schilderung des Ablaufs der Ereignisse stellen sie in Frage, vor allem in dem Punkt, ob die Anerkennungsprämien tatsächlich erst nach der Einigung mit Vodafone bereitgestellt worden seien. Am 3. April 2000 schreiben Binz und Sorg eine Beschwerde an die Staatsanwaltschaft: Sie wollen ihre Strafanzeige weiterverfolgen. Diese Beschwerde wird am 12. März 2001 mit der Annahme beschieden – die Ermittler müssen erneut über die Bücher.

Im Frühling 2001, mehr als ein Jahr nach den Sitzungen des Mannesmann-Ausschusses, nehmen die Staatsanwälte ihre Ermittlungen auf. Und sie entdecken in der Tat Ungereimtheiten. Zwar lässt sich der Bestechlichkeitsverdacht gegenüber Esser nicht erhärten, doch die Art und Weise, wie Ackermann, Funk, Zwickel und Ladberg Gelder verteilten, führt zu einem anderen Verdacht: dem der Untreue (ungetreue Geschäftsführung). Es folgen Dutzende Einvernahmen und das Studium unzähliger Akten. Nach zweijährigen Ermittlungen haben die Strafverfolger den Fall ausgeleuchtet. Das Unheil über Josef Ackermann braut sich zusammen.

Der 7. Februar 2003 ist ein besonderer Tag für Ackermann. Erstens wird er an diesem Freitag 55 Jahre alt. Und zweitens findet an diesem Tag die Jahrespressekonferenz der Deutschen Bank in Frankfurt statt, die er als Vorstandssprecher zu leiten hat. Die Pressekonferenz ist in vollem Gange, als ihm ein Mitarbeiter einen Zettel aufs Podium hinaufreicht. Es sind brisante Informationen: Die Staatsanwaltschaft Düsseldorf gibt bekannt, im Fall Mannesmann werde Anklage wegen Untreue erhoben. Insgesamt sechs Personen werden angeklagt. Es sind dies neben Klaus Esser die vier Mitglieder des ehemaligen Präsidialausschusses von Mannesmann, also Ackermann, Joachim Funk, Klaus Zwickel und Jürgen Ladberg, ausserdem der Vorstandsbetreuer Dietmar Droste, dem Gehilfenschaft bei den Machenschaften der anderen Herren vorgeworfen wird.

Die News aus Düsseldorf erreichen auch die Journalisten im Hermann-Josef-Abs-Saal, und Josef Ackermann sieht sich an der Pressekonferenz plötzlich mit hartnäckigen Fragen zu diesem Thema konfrontiert. Er muss improvisieren und Vorsicht walten lassen, und so lässt er sich nicht wirklich auf eine Diskussion ein, sondern sagt nur, die Prämienzahlungen seien aus seiner Sicht ordnungsgemäss erfolgt. Sollte die Staatsanwaltschaft darauf gehofft haben, dass Ackermann angesichts der Überrumpelung Fehler mache, so tut der Deutsche-Bank-Chef den Ermittlern diesen Gefallen nicht.

Gleichwohl ist das Thema am nächsten Tag in allen Zeitungen präsent und überschattet die Berichterstattung über den Konzernabschluss der Deutschen Bank. Mit der Anklageerhebung hat die Staatsanwaltschaft ja auch ein Medienereignis erster Güte produziert. Die Crème de la Crème der deutschen Wirtschaft sitzt auf der Anklagebank: der Chef der grössten deutschen Bank, Josef Ackermann, der mächtige Gewerkschaftsboss Klaus Zwickel, der eifrige Firmenfusionierer Klaus Esser.

Am 25. Februar informiert die Düsseldorfer Staatsanwaltschaft über den Fall. Der Leiter der Strafverfolgungsbehörde, Hans-Reinhard Henke, erläutert die Causa Mannesmann en détail. Für die Beobachter ist klar: Hier bahnt sich ein Mammutprozess an, nichts weniger als das «Scherbengericht der deutschen Wirtschaft». Die Staatsanwälte zeigen sich betont kämpferisch und setzen damit die Messlatte hoch: Die Ermittler sind bereit, aufs Ganze zu gehen. Bald gelangen Details aus den Ermittlungen an die Öffentlichkeit, findet die Anklageschrift den Weg in die Medien. Es ist spannendes Material für die Journalisten, und genüsslich wird die Sache in Magazinen wie «Spiegel» oder «Stern» ausgebreitet.

Nun geht Josef Ackermann in Verteidigungsposition und engagiert zwei Star-Advokaten. Der eine, Eberhard Kempf, hat seine Kanzlei in Frankfurt und gilt als einer der schillerndsten Anwälte Deutschlands sowie als Spezialist für besonders schwierige Fälle. Er hat unter anderem den inzwischen verstorbenen FDP-Spitzenpolitiker Jürgen Möllemann bei dessen Steuervergehen verteidigt. Bekannt wurde er auch, weil er die Familie des elfjährigen Entführungsopfers Jakob von Metzler vertreten hat. Der andere, Klaus Volk, residiert in München und gilt wie Kempf im Strafrecht als Kapazität. Auch die Hausjuristen der Deutschen Bank unter Syndikus Reinhard Marsch-Barner werden beigezogen. Primäres Ziel ist es, die Anklage der Staatsanwaltschaft zu zersausen, bevor es zur Anklage kommt.

Mit Schreiben vom 17. Juli 2003 beantragen Kempf und Marsch-Barner die Nichtzulassung der Anklage. Die Begründung: Josef Ackermann und das Aufsichtsratspräsidium hätten im Rahmen ihrer Kompetenzen gehandelt. Die Anklage sei also unbegründet. Zudem seien wichtige Entlastungszeugen nicht angehört worden. Die Anwälte stützen sich auf eine Studie des renommierten Aktienrechtlers Uwe Hüffer von der Universität Bochum, der das formale Zustandekommen der Beschlüsse des Präsidialausschusses überprüft habe und zum Schluss gekommen sei, die

Anklage entbehre «der notwendigen aktienrechtlichen Grundlage». Die Millionenprämien an Klaus Esser seien «angemessen», weil der Mannesmann-Chef durch den starken Anstieg des Börsenwerts des Unternehmens eine «einmalige Steigerung des Wertes der Mannesmann AG geleistet» habe. In ihrem Schreiben kommen die Anwälte zum Schluss: «Solange eine Massnahme mit den aktienrechtlichen Anforderungen übereinstimmt, kann sie unter keinen Umständen strafbar sein.» Nicht jede unternehmerische Entscheidung könne unter Sanktionen des Strafrechts gestellt werden, vielmehr solle das Strafrecht nur als Ultima Ratio gegen massive Angriffe auf Rechtsgüter eingesetzt werden – sonst sei unternehmerisches Handeln gar nicht mehr denkbar.

Diese Argumentationslinie sollte zwar beim Urteil des Landgerichts eine gewisse Rolle spielen, reicht aber nicht aus, die Anklage fallen zu lassen. Am 19. September 2003 lässt das Landgericht Düsseldorf die Anklage gegen Ackermann, Esser, Funk, Zwickel, Ladberg und Droste zu. Prozessbeginn: Januar 2004.

Eine hektische Zeit beginnt für die Anwälte Ackermanns, die sich neben der inhaltlichen Vorbereitung der Verteidigung auch darum kümmern müssen, dass ihr Mandant nicht im Pressefeuer verheizt wird. Josef Ackermann ist nur einer von sechs Beschuldigten. Und er soll, so das Anliegen seiner Hausjuristen, keinesfalls zuvorderst auf der Anklagebank sitzen. Weil die Beschuldigten in der Regel nach dem Alter platziert werden, rechnen sich die Verteidiger für ihr Anliegen gute Chancen aus: Der Schweizer, mit 55 Jahren der Zweitjüngste der Angeklagten, wird sich wahrscheinlich in der dritten Reihe einrichten können.

Solche Details sind wichtig im bisher «grössten Wirtschaftsstrafverfahren der Republik» («Süddeutsche Zeitung»). Die Strafsache Mannesmann ist komplex. Kein Wunder, dass die Medien danach trachten, die Thematik journalistisch erfolgreich zu bewirtschaften, und sollte Josef Ackermann zuvorderst auf der Anklage-bank sitzen, würde er symbolisch wie der Anführer des Trüppchens wirken. Medienbeachtung findet der Prozess auch deshalb ganz besonders, weil nebst den sechs Angeklagten weitere bekannte Persönlichkeiten im Landgericht erscheinen werden. Die Zeugen-liste umfasst rund 60 Personen und liest sich wie das Who's who der internationalen Wirtschaft. Am 11. und 12. Februar wird Christopher Gent, Ex-Chef von Vodafone, um seine Zeugenaussage gebeten, am 25. März Henning Schulte-Noelle, langjähriger Chef des Versiche-rungsgiganten Allianz und ehemaliger Aufsichtsrat von Mannes-mann. Canning Fok, CEO von Hutchison Whampoa, hat sein Kommen noch nicht zugesagt, doch auch er ist vorgeladen.

Neben grossen Namen geht es auch um grosse Summen. Im Mittelpunkt der Anklage steht die Verteilung von Bonusgeldern von insgesamt 111 Millionen Mark. Dieser Dealgrösse ist auch die Anklageschrift angemessen. Sie füllt volle 460 Seiten. Die Gerichts-akten umfassen fast 8000 Seiten, 37 Ordner voll mit Hauptakten, 40 Ordner mit Beweismitteln, 20 Ordner als Sonderbände.

Zweimal in der Woche, jeweils mittwochs und donnerstags, müssen die Angeklagten vor Gericht erscheinen – nicht eben das, was Josef Ackermanns Gewohnheiten entspricht. Nicht im edlen Eckbüro des mächtigen Glaspalastes der Deutschen Bank, nicht in einem marmornen Firmentempel in London oder New York muss sich der Vorstandssprecher einfinden, sondern in einem kleinen stickigen Raum, den ein Reporter des Berliner «Tagesspiegels» folgendermassen beschreibt: «Die Wände scheinen aus Spanholz, die Fensterscheiben sehen aus wie mit Quark beschmiert, ein blaugrauer Industrieteppich und die zwei Ikea-Regale mit den Leitz-Ordnern sind auch nicht gerade nach einer Feng-Shui-Beratung aufgestellt. Auch das Kruzifix über den Richtern hängt eher schief.» Den Angeklagten ist es verboten, im Saal zu lesen, das

188

Handy muss ausgeschaltet sein. Von der grossen, weiten Welt der Wirtschaft, in der sich Ackermann so sicher bewegt, ist er jedenfalls abgeschnitten.

Die Presse hat sich gefragt, ob Ackermann seinen Job angesichts der zeitlichen Belastung überhaupt erfüllen könne oder nicht besser zurücktreten solle. Für die Bank ist dies indes keine Frage. Der Aufsichtsrat der Deutschen Bank unter Rolf-E. Breuer stellt sich unmissverständlich hinter Josef Ackermann. Damit der Vorstandssprecher seine Geschäfte effizient erledigen kann, hat ihm die Bank zudem in einer Dépendance in Düsseldorf eigens ein Büro eingerichtet.

Der erste Prozesstag ist auf Mittwoch, 21. Januar, neun Uhr, festgelegt. Um 8.50 Uhr trifft Josef Ackermann in einer schweren Limousine ein und fährt in den Hinterhof des Gerichts. Er lächelt den Fotografen und Sicherheitsleuten freundlich zu und betritt durch den Lieferanteneingang das Gebäude. Zimmer L 111, wo der Prozess stattfindet, befindet sich im ersten Stock. Zielgerichtet schreitet er durch die Gänge, weiterhin lächelnd, vorbei an Journalisten und Fotografen. Im Gerichtssaal trifft er auf seine Mitangeklagten.

Die Männer müssen über eine halbe Stunde auf den Prozessbeginn warten, und so steht man locker beisammen und plaudert. Es ist in jenen Minuten kurz vor Prozessbeginn, als Josef Ackermann im Gespräch mit Klaus Esser den Arm hebt, die Hand hochhält und die Finger zum Victory-Zeichen spreizt. Ein Reflex, eine Bewegung von wenigen Sekunden, die sich für immer ins kollektive Gedächtnis der Deutschen eingebrannt hat, ein Bild, das fortan untrennbar mit der Person Josef Ackermanns verbunden ist. Ein Fotograf drückt im richtigen Moment ab und bannt diese Szene auf Zelluloid.

Das Foto findet am nächsten Tag Eingang in praktisch alle Zeitungen der Welt. Die Bilder zeigen nicht nur die Victory-Geste, sondern auch das breite und siegesgewisse Lachen auf Josef Ackermanns Gesicht. Die Kommentare sind vernichtend. «Obszön» sei die Geste, ein «Abgrund an Arroganz», schreibt etwa die «Süddeutsche Zeitung». «Ungeschickter hätte sich Josef Ackermann nicht präsentieren können», schreibt die «Welt». Erschwerend kommt hinzu: Ackermann hat auch in Worten seine Meinung zu diesem Prozess kundgetan, und die Sätze, die er wählte, kommen einigen in den falschen Hals. «Deutschland ist das einzige Land, wo diejenigen, die Erfolg haben und Werte schaffen, deswegen vor Gericht kommen», äusserte sich Ackermann. Eine Geringschätzung des Gerichts sind die Worte des Deutsche-Bank-Chefs in den Augen vieler Kommentatoren, eine Infragestellung des Rechtsstaates Deutschland gar. Der Auftritt von Ackermann ist ein Imagedebakel erster Güte. «Gerechtigkeit ist nicht nur ein Wort», kommentiert die «Süddeutsche Zeitung», «die da oben und die da unten leben nicht auf verschiedenen Galaxien. Wenn ein Angeklagter wie Ackermann mit der Geste des Imperators auftritt, der allen bedeutet, wie piefig und provinziell sie unter ihm sind, kann es mit der neuen Deutschland AG nichts werden.»

Josef Ackermann hat in diesen Tagen seine gewohnte Souplesse gänzlich verloren. Er fühlt sich unschuldig, hält den Prozess für unberechtigt, ja für zutiefst ungerecht seiner Person gegenüber. Dies erzählt er in jener Zeit Freunden und Vertrauten. Er schafft es nicht, diese persönliche Einschätzung der Umstände in ein adäquates Verhalten vor Gericht umzusetzen, und offenbart stattdessen einen Hang zum Rechthaberischen. Josef Ackermann fühlt sich auf dem Parkett im Gerichtssaal offensichtlich nicht wohl. Die Tipps seiner Berater kommen beim Deutsche-Bank-Chef nicht so an, wie sie gemeint sind. Hatten ihm die Rechtsanwälte und Imageberater nicht gleichermassen eingeschärft, beim Verhandlungsbeginn betont locker aufzutreten, damit er kein Schuldbewusstsein signalisiere? Und war es dann nicht gerade das lockere Getue, das ihn zum Victory-Zeichen bewog und einen PR-GAU auslöste?

Die Presse-Profis der Deutschen Bank müssen retten, was zu retten ist, und sie tun dies unter anderem dadurch, dass sie die Geste ihres Chefs den Journalisten auf den Redaktionen ausführlich zu erklären versuchen. Der Deutsche-Bank-Chef habe bei seinem Victory-Zeichen den amerikanischen Sänger Michael Jackson nachgeahmt, der in dieser Zeit ebenfalls vor Gericht stand und seine Finger gespreizt hat. Eine Missachtung der Würde des Gerichts habe sicher nicht in seiner Intention gelegen.

Josef Ackermann selber erklärt an der im Februar 2004 stattfindenden Jahrespressekonferenz ausführlich, wie es zu dieser Szene gekommen ist und wie er zu Esser sagte: «In den USA kommen die Angeklagten zu spät, hier kommen die Richter zu spät. Siehst du, so hat er (Michael Jackson) gemacht.» Er entschuldigt sich zudem: «Wenn der falsche Eindruck entstanden ist, ich würde das Gericht nicht respektieren, dann tut es mir leid.» Auch bei der Richterin in Düsseldorf entschuldigt er sich mit einem persönlichen Brief.

In der Aufregung um das Victory-Zeichen geht der eigentliche Inhalt des Prozesses etwas unter. Unbeeindruckt von der ganzen Aufregung, zieht Richterin Brigitte Koppenhöfer den Prozess durch, ruft die Zeugen auf, lässt Ankläger und Verteidiger ihre Plädoyers platzieren. Als einer der Ersten wird am 22. Januar, am zweiten Prozesstag, Josef Ackermann um eine Stellungnahme gebeten. In einer 45-minütigen Aussage, die er im Stehen hält, fasst er seine Sicht der Dinge zusammen.

Er betont fünf Punkte. Erstens: Der Präsidialausschuss habe seine Beschlüsse unter Anwesenden, am Telefon oder im Umlaufverfahren gefasst. Dies sei auch nach Meinung führender Aktienrechtler in Ordnung. Zweitens: Nachträglich freiwillige Zahlungen wie die Millionenprämien an Esser und Co. seien im Wirtschaftsleben üblich und vor allem legal. Jedes Unternehmen behalte sich vor, die Leistungen seiner Manager auch nachträglich als Belohnung für besonderen Einsatz zu honorieren. Dies werde von den Mitarbeitern zu Recht so erwartet. Drittens: Das Unternehmensinteresse werde durch solche Entscheidungen nicht beeinträchtigt, sondern ganz im Gegenteil gewahrt und gefördert. Im Falle Mannesmann sei das Unternehmen in kurzer Zeit von einem Stahlkonzern zum Marktführer im Bereich der Telekommunikation umgestaltet worden. Dann sei versucht worden, das Übernahmeangebot von Vodafone abzuwehren, und dann – als sich die Aktionäre für das Angebot von Vodafone entschieden hätten – sei die Übernahme so günstig wie möglich gestaltet worden. Der Unternehmenswert der Mannesmann AG hat sich während des Übernahmeverfahrens verdoppelt. Diese Gesamtleistung sei nachträglich honoriert worden, wobei es auch darum ging, eine geordnete Integration des Unternehmens in den neuen Verbund sicherzustellen. Viertens: Durch die Gewährung der Anerkennungsprämien sei ja niemand geschädigt worden. Die Aktionäre hätten von massiven Kursgewinnen profitiert. Das Unternehmen selbst habe durch die Wertsteigerung an Ansehen gewonnen. Fünftens: Dass die Beschlüsse binnen weniger Minuten getroffen worden seien, habe nichts zu bedeuten. In der Wirtschaft seien schnelle Entscheidungen gefragt. Sie hätten nicht drei Jahre Zeit gehabt, um zu überlegen und zu prüfen. Es habe Zeitdruck geherrscht. Vor dem Hintergrund einer langen Erfahrung hätten sie schnell, genau und sicher entscheiden können.

Schlecht kommt an, dass er diese inhaltliche Botschaft mit einer Belehrung des Gerichts verbindet. Josef Ackermann kann es nicht lassen, im Rahmen seiner Aussage spitze Bemerkungen zu machen, etwa hinsichtlich des Arbeitstempos der Justizbeamten: «Bedenken Sie bitte, dass Entscheidungen in der Wirtschaft schneller gefällt werden müssen als in der Verwaltung oder der Justiz.» Er stellt auch die Kompetenz der Strafverfolger in Frage, etwa wenn die Staatsanwaltschaft sage, dass die Entwicklung des Aktienkurses kein zulässiges Kriterium für die Höhe der Prämien sei. «Das ist doch schlichtweg falsch. Das sind doch Binsenweisheiten, die man jeden Tag in der Zeitung nachlesen kann.»

Gibt sich Ackermann eher verärgert, so mimt Esser, der selber Jurist ist, im Saal gerne den Oberlehrer und schmückt seine Aussagen mit rhetorisch brillanten juristischen Exkursen. Gewerkschafter Zwickel hingegen zeigt sich eher reumütig.

Es sind lange Stunden, die im Gerichtssaal ausgehalten werden müssen, und je länger der Prozess dauert, desto nüchterner wird die Angelegenheit. Langeweile wird zum vorherrschenden Gefühl. Geduldig hört sich Josef Ackermann Zeugenaussage um Zeugenaussage an, immer wieder werden die Sitzung des Präsidialausschusses und die Protokolle durchgekaut. Nach einigen Wochen zeichnet sich ab, dass die Staatsanwaltschaft mit ihrer Position wohl nicht durchkommen wird. Die Richterin identifiziert wichtige Entlastungsgründe für die Angeklagten. Vor allem ein Grund steht bald im Vordergrund: Verbotsirrtum. Dies bedeutet, dass für einen Schuldspruch den Angeklagten auch bewusst gewesen sein muss, dass sie etwas Unrechtes getan haben. Die Frage stellt sich in der Tat. Warum hätte Josef Ackermann überhaupt eine Straftat begehen sollen, wenn er selber in keiner Weise davon profitiert? Persönlich hat er keinen Cent der Millionenzahlungen bekommen. Wenn er sich der Unrechtmässigkeit bewusst gewesen wäre – warum hätte er eine Straftat begehen sollen?

Lange zu reden gibt die Tatsache, dass Josef Ackermann sich nicht daran gestört hat, dass Joachim Funk sich in den Salärsitzungen selber einen Bonus zuspricht. Der Deutsche-Bank-Chef stellt sich auf den Standpunkt, dieser Teil des Beschlusses vom 4. Februar sei ja nie umgesetzt worden und damit ungültig. Erst an der

Sitzung vom 17. April sei abschliessend über eine Zahlung an Funk entschieden worden. Weiter sagt Ackermann, die Unrechtmässigkeit der Prämie für Funk sei ihm nicht bewusst gewesen, und gibt dabei zunächst eine Begründung, die seinen Anwälten den Schreck in die Glieder jagt. Der Fehler sei ihm nicht bewusst gewesen, denn nach seiner schweizerischen und seiner angelsächsischen Erfahrung bestimme der Verwaltungsrat beziehungsweise das Board of Directors selbst über die Höhe der Vergütung der Mitglieder. Später korrigiert sein Verteidiger Eberhard Kempf im Namen Ackermanns dessen Aussage: Die Erklärung zu seiner schweizerischen und seiner angelsächsischen Erfahrung habe sich nur auf die in jenen Ländern vorhandenen einstufigen Leitungssysteme von Aktiengesellschaften bezogen. «Selbstverständlich weiss und hat Dr. Ackermann damals gewusst, dass nach deutschem Recht die Vergütung der Mitglieder des Aufsichtsrats für ihre Tätigkeit als Aufsichtsräte von der Hauptversammlung der Aktiengesellschaft beziehungsweise ihrer Satzung festgelegt wird.»

Kempf ist klar, dass Ackermann als Chef der Deutschen Bank nicht geltend machen kann, er wisse nicht, wie die Wirtschaft in Deutschland funktioniere. Das würde seine Befähigung, ein Grossunternehmen wie die Deutsche Bank zu leiten, grundsätzlich in Frage stellen. Diesen Eindruck gilt es zu verhindern, und Josef Ackermann selber wiederholt die Ausführungen Kempfs wenig später vor Gericht.

Der Prozess endet am 22. Juli mit Freisprüchen für alle sechs Angeklagten. Im Einzelnen begründet Richterin Brigitte Koppenhöfer ihr Urteil folgendermassen: Was die Prämie für Klaus Esser betrifft, haben Ackermann, Funk und Zwickel, welche die Zahlung bewilligt haben, zwar gegen das Aktiengesetz verstossen, weil die Prämien nicht im Interesse von Mannesmann gewesen seien. Allerdings bestehe keine strafrechtliche Verantwortlichkeit, weil ihr Handeln «keine gravierende Pflichtverletzung» darstelle. Was die Prämie für Joachim Funk betrifft, die jener selber mitentschieden hat, geht das Gericht ebenfalls von einem Verstoss gegen das Aktienrecht aus, weil auch für diese Prämie kein Interesse seitens Mannesmann gegeben war. Im Gegensatz zur Prämie an Esser beurteilt das Gericht das Verhalten der Angeklagten in diesem Fall zwar sehr wohl als «gravierende Pflichtverletzung im Sinne des Untreuetatbestandes» – nur spielt das keine Rolle. Denn das Gericht spricht den Angeklagten zu, sich der Regelwidrigkeit ihres Handelns nicht bewusst gewesen zu sein: «Es kommt zu keiner Verurteilung, weil die Angeklagten in diesem Fall in einem die Schuld ausschliessenden Verbotsirrtum handelten.»

Damit endet ein Prozess, der die Nation wochenlang in Atem gehalten und im Land emotionale Diskussionen ausgelöst hat. Die einen empfanden die Millionenzahlungen als unerhört und wünschten Josef Ackermann und Konsorten hinter Gitter. Andere befürchteten eine Gefahr für den Wirtschaftsstandort Deutschland und warnten davor, eine Verurteilung der Topmanager könnte ausländische Unternehmen davon abhalten, in Deutschland zu investieren.

Der Veröffentlichung des Urteils legt die Richterin ein persönliches Vorwort bei, in dem sie ausführt, sie sei während ihrer nunmehr 25-jährigen Dienstzeit als Richterin noch nie derart attackiert worden: «Dass ich in meinem engen und weiteren persönlichen Umfeld angesprochen wurde, war zu erwarten. Mit Schmähbriefen habe ich ebenfalls gerechnet, nicht jedoch mit Telefonterror bis hin zu regelrechten Drohungen. Dass sich sämtliche Stammtische Deutschlands meldeten, war nicht überraschend. Überraschend für mich war jedoch, wer im Laufe des Verfahrens – und auch bereits im Vorfeld – an einem solchen Stammtisch Platz nahm. Da meldeten sich so genannte Rechtsexperten aus allen

Teilen Deutschlands und äusserten über die Medien ihre Meinungen, selbstverständlich ohne jede Aktenkenntnis und ohne jemals die Hauptverhandlung besucht zu haben. (...) Auch unter Politikern aller Parteien fanden sich ‹Stammtisch-Rechtsexperten›, die unser Strafrecht neu definierten; sie erfanden Straftatbestände wie ‹Sauerei›, ‹Schweinerei› oder auch ‹Perversion›, neu war auch die Einstellungsvorschrift der ‹Gefährdung des Wirtschaftsstandorts Deutschland›. (...) Wir sind kein ‹Scherbengericht› für die deutsche Wirtschaft; wir sind Mitglieder einer Wirtschaftskammer. Wir bewerten nicht deutsche Unternehmenskultur, selbst wenn die Beweisaufnahme insoweit Anlass zur Verwunderung ergab. Allerdings – und das sei deutlich gesagt – operieren Unternehmen und deren Entscheidungsträger nicht in einem rechtsfreien Raum, und zwar unabhängig davon, ob sie Werte schaffen oder nicht.»

Nur einen Tag nach dem Urteilsspruch kündigt die Staatsanwaltschaft die Revision des Verfahrens an. Damit wird der Fall an den Bundesgerichtshof weitergereicht. Über ein Jahr hat Josef Ackermann nun Ruhe, der Deutsche-Bank-Chef sieht sich in der Causa Mannesmann ausserhalb der Gefahrenzone, doch im Innern der Justizmaschinerie drehen die Rädchen munter weiter. Schub bekommt die Angelegenheit, als die Bundesanwaltschaft das Revisionsbegehren unterstützt und dem Strafsenat des Bundesgerichts vorlegt, damit dieser entscheiden kann, ob dem Revisionsbegehren stattgegeben werden soll.

Ab dem 20. und 21. Oktober 2005 verhandelt der Dritte Strafsenat des Bundesgerichtshofes unter Vorsitz von Bundesrichter Klaus Tolksdorf über den Fall Mannesmann. Die Sache sieht diesmal schlecht aus für die Angeklagten. Offenbar sind die obersten Juristen des Landes zu anderen Einschätzungen gekommen als die Richterin Brigitte Koppenhöfer in Düsseldorf. Mehr noch: Die Bundesrichter fahren besonders schweres Geschütz auf.

Vor allem der Passus des «Verbotsirrtums», der Josef Ackermann und seine Mitangeklagten in Düsseldorf gerettet hat, wird
von den Bundesrichtern arg zerpflückt. Die Angeklagten hätten die
Pflicht zur Betreuung des Mannesmann-Vermögens gekannt und
gewusst, dass sie nicht zur Prämienzahlung verpflichtet gewesen
seien, meinen die Bundesrichter. Aus Sicht der Bundesanwaltschaft haben sich die Angeklagten wegen Untreue und Beihilfe
dazu strafbar gemacht. Durch die Millionenzahlung an Klaus Esser
sei das Vermögen des Unternehmens Mannesmann AG geschädigt
worden. Die Leistungen des Mannesmann-Chefs seien durch seine
bereits bestehenden vertraglichen Vergütungen im vollen Umfang
abgegolten gewesen – schliesslich hat Esser losgelöst von dem ihm
von der Präsidialkommission zugesprochenen Sonderbonus bereits
eine Abfindung von fast 30 Millionen Mark erhalten. «Der Gedanke,
die Entreicherung sei im Interesse der Entreicherten, kam gar nicht
auf», wundert sich Bundesanwalt Ralf Wehowsky über das Verhalten der Angeklagten. Sein Kollege, Bundesanwalt Gerhard Altvater,
legt nach: «Ein Anlass, bereits bezahlte Leistungen ein zweites Mal
zu vergüten, bestand nicht.» Weder aus dem Aktienrecht noch aus
dem Dienstvertrag Essers lasse sich eine Prämie rechtfertigen, «die
in ihrer Höhe für den deutschen Wirtschaftsstandort einmalig war».
Bundesanwalt Altvater schliesst mit markigen Worten: «Es ist nicht
einzusehen, dass der Angriff auf das Vermögen von innen weniger
schwer wiegen sein soll als der Angriff eines Diebes oder Betrügers von aussen.»

Die Vorgaben aus dem Revisionsverfahren lassen Schlimmes
für die Angeklagten befürchten, und so kommt es dann auch. Am
21. Dezember 2005 verkündet der Bundesgerichtshof sein Urteil in
der Revisionssache Mannesmann. Das Papier umfasst nur gerade
43 Seiten, doch der Inhalt wiegt schwer. Die Richter stellen strittige
Punkte klar und benennen fehlerhafte Einschätzungen aus dem

Düsseldorfer Prozess. Dass Josef Ackermann das Unrecht seiner Beschlüsse gar nicht bewusst gewesen sei, lassen die obersten Richter nicht gelten. Eine Vielzahl von Indizien liessen Zweifel an einem Irrtum aufkommen und deuteten darauf hin, dass den Angeklagten «die Verletzung der Vermögensbetreuungspflicht bewusst, ihnen jedenfalls die Rechtmässigkeit ihres Handelns gleichgültig war». Über das Verhalten des Präsidialausschusses, dem der Deutsche-Bank-Chef angehörte, wundern sich die Richter: «Die Höhe der Sonderzahlung für den Angeklagten Dr. Esser, die für den Wirtschaftsstandort Deutschland aussergewöhnlich war, wurde von den Präsidiumsmitgliedern weder näher diskutiert noch begründet.»

Doch noch weitere Ungereimtheiten stossen den Bundesjuristen auf: Die Angeklagten «nahmen keinen Anstoss an der von ihnen erkannten Selbstbegünstigung des Angeklagten Prof. Dr. Funk mit Beschluss vom 4. Februar». Mehr noch: Die am 17. April 2000 Joachim Funk zugesprochene Prämie sei generell bedenklich, und bedenklich sei auch, dass der Angeklagte Dr. Ackermann die Prämie für Funk befürwortete, «obwohl er zuvor von den mündlich und schriftlich geäusserten Bedenken der Wirtschaftsprüfungsgesellschaft KPMG zu den Sonderzahlungen für die aktiven Vorstandsmitglieder hinsichtlich Vertragsgrundlage, Veranlassung und Grössenordnung Kenntnis erhalten hatte». Die Prämie für Funk bringe dem Unternehmen Mannesmann keinen Vorteil und sei einzig auf Grund der Wünsche des Begünstigten erfolgt. Die Annahme, Ackermann sei sich des Unrechts nicht bewusst gewesen, liege fern: «Es ist schlechterdings nicht vorstellbar, dass sich der in führenden Positionen der deutschen Wirtschaft tätige Angeklagte Dr. Ackermann (...) für berechtigt gehalten haben könnte, in Millionenhöhe willkürlich – so das angefochtene Urteil – über das (...) anvertraute Gesellschaftsvermögen verfügen zu dürfen.»

Im Klartext heisst das: Wer wie Ackermann die wichtigste Bank Deutschlands leitet und zudem in mehreren Aufsichtsräten deutscher Grossunternehmen Einsitz hat, dem müssten die Rechtsgrundsätze in deutschen Grossunternehmen doch wohl bekannt sein – und sie sind es ihm nach Überzeugung der Karlsruher Richter auch. Josef Ackermann hätte so viel Rechtsgefühl aufbringen müssen.

Unzulässig ist laut Urteil auch die Argumentation, es sei ja niemand geschädigt worden, weil das Unternehmen Milliarden an Börsenwert gewonnen habe. Der Rechtskörper, der hier geschädigt wurde, ist nach Ansicht der Richter nicht das Aktionariat – die Besitzer der Firma also –, sondern das Unternehmen Mannesmann AG. «Die Prämie war für die Mannesmann AG ohne Nutzen», schreiben die Richter. Das Einverständnis des späteren Besitzers Vodafone genügt nicht, um den Vorwurf der Untreue entfallen zu lassen. Die Unterscheidung zwischen Vodafone und der Firma Mannesmann AG ergibt laut den Richtern auch darum einen Sinn, weil Vodafone zum Zeitpunkt der Prämienauszahlung nur 98,66 und nicht 100 Prozent der Mannesmann-Aktien besass und es daher noch vereinzelte Minderheitsaktionäre gab. Das Urteil schliesst mit dem Satz: «Sollten die Angeklagten Dr. Ackermann und Dr. Zwickel tatsächlich geglaubt haben, zu der das Vermögen der Mannesmann AG schädigenden Zuwendung alleine deswegen berechtigt gewesen zu sein, weil diese dem Wunsch des Angeklagten Prof. Dr. Funk entsprochen haben, so liegt die Annahme eines den Vorsatz ausschliessenden Tatbestandsirrtums fern.» Gezeichnet: Tolksdorf, von Lienen, Miebach, Becker, Winkler.

Gemäss dem Urteil haben die Angeklagten also dem Unternehmen Mannesmann AG einen Vermögensnachteil zugefügt, als sie die Prämie bewilligten. Die Zahlungen seien ohne Nutzen für die Mannesmann AG gewesen, weil diese ja die Eigenständigkeit verloren hat und die so üppig mit Boni gesegneten Vorstände ausscheiden sollten – und damit der Firma in Zukunft keinen Nutzen mehr bringen würden. Nun dürfe man zwar auch an ausscheidende Manager eine Prämie bezahlen, doch in dem Falle handle es sich um eine Verschwendung von anvertrautem Vermögen mit ausschliesslich belohnendem Charakter, ein grosszügiges Geschenk aus der Firmenkasse also, ohne jeden Vorteil für die Firma.

Den Richtern ist bewusst, dass dieser Prozess zu einer Grundsatzdiskussion um den Wirtschaftsstandort Deutschland geführt hat. Und so haben die Herren Bundesrichter auch eine gesellschaftspolitische Botschaft: «Wir werden aus zwei Richtungen auf Kritik stossen», prophezeit Bundesrichter Tolksdorf nach dem Urteilsspruch aus seinem Hause. So werde die öffentliche Meinung nicht verstehen, warum die Freisprüche nicht wegen der enormen Höhe der Prämien aufgehoben worden seien, sondern nur, weil sie nicht im Interesse der Mannesmann AG gelegen hätten. Doch ein Gericht müsse sich an gesetzliche, nicht moralische Vorgaben halten. Eine Handlung könne nicht einzig deshalb strafbar sein, weil sie sozialschädlich sei, so Tolksdorf.

Auch aus Kreisen der Wirtschaft werde Kritik kommen, ahnt der Richter. Doch auch in diesem Punkt hat er eine klare Haltung: Es habe noch keinen Standort in Gefahr gebracht, wenn ein Unternehmen vor einem schädigenden Zugriff von Managern auf seine Kasse geschützt werde.

Der Bundesgerichtshof hat mit seinem Urteil strenge Vorgaben gemacht. Nun geht die Causa Ackermann wieder vor Gericht nach Düsseldorf. Diesmal ist ein neuer Richter zuständig, Stefan Drees, Leiter der zehnten grossen Wirtschaftskammer. Klar ist: Für Josef Ackermann könnte es eng, äusserst eng werden. Kann Drees zu einer anderen Einschätzung kommen als die obersten Richter des Landes? Es braucht viel Zivilcourage, damit ein Landesrichter nicht nur zu anderen Schlüssen kommt als die Bundesrichter, sondern diese auch noch als massgeblich hinstellen will. Es braucht viel Selbstbewusstsein auch bezüglich des eigenen Fachwissens und der eigenen juristischen Kompetenz.

Josef Ackermann und seine Anwälte wissen, dass sie alle Register ziehen müssen, wollen sie aus dieser Sache heil herauskommen. Viel neue Munition für die Verteidigung gibt es nicht. Die Verteidigungslinie, wie sie von den Anwälten von Anfang an gezogen wurde, bleibt im Grunde bestehen. Andere Wege als eine Klärung durch einen Urteilsspruch sind äusserst schwierig begehbar. Die Möglichkeit eines Vergleichs, das Verfahren also mit Bezahlung einer Busse zu erledigen, wie dies nach Paragraph 153a der Strafprozessordnung möglich ist, ist eine der Optionen, auf welche die Verteidiger setzen, doch die Staatsanwaltschaft hat wiederholt gezögert. Kein Wunder: Die Chancen für die Ankläger haben sich nach dem Spruch der Karlsruher Richter stark verbessert.

Die Opportunität eines Vergleichs hat das deutsche Recht spezifisch für jene Fälle vorgesehen, die besonders im öffentlichen Rampenlicht stehen. Laut dem Paragraphen 153a kann das Gericht ein Verfahren einstellen und dem Beschuldigten «Auflagen und Weisungen» erteilen, «wenn diese geeignet sind, das öffentliche Interesse an der Strafverfolgung zu beseitigen, und die Schwere der Schuld dem nicht entgegensteht». Gezahlt werden muss in so einem Fall «ein Geldbetrag zu Gunsten einer gemeinnützigen Einrichtung oder der Staatskasse». Ein Vergleich, verbunden mit einer Geldstrafe, wurde bereits bei Prominenten angewendet. Etwa beim ehemaligen Bundeskanzler Helmut Kohl, der im Rahmen der parteiinternen Spendenaffäre angeklagt war. Doch die Anwendung des Paragraphen 153 ist politisch umstritten, weil er die Reichen begünstigt. Schon bei seiner Einführung 1975 sprachen Kritiker von einem «Millionärsgesetz».

Für Hoffnung auf Seiten der Angeklagten sorgt eher, dass das Urteil der Bundesrichter in Expertenkreisen auf unterschiedliche Resonanz stösst. Hochrangige Aktien- und Strafrechtsexperten äussern sich in den Medien und sehen durchaus Schwachpunkte in der Argumentation der obersten Richter. So halten die Aktienrechtler Uwe Hüffer von der Universität Bochum und Theodor Baums von der Universität Frankfurt die Mannesmann-Prämien für zulässig. Auch der Corporate-Governance-Spezialist Michael Adams von der Universität Hamburg argumentiert im Sinne von Ackermann: Die Prämie habe für Mannesmann durchaus Sinn gehabt, auch wenn die Manager austreten sollten. So mussten die Vorstände ja noch eine saubere Übergabe der Firma an Vodafone bewerkstelligen und daher in gutem Mute belassen werden. So gesehen seien die Millionenprämien auch als Motivation für eine Kooperation bis zum Schluss zu sehen. Die Mannesmann AG sei mit der Übernahme ja nicht einfach untergegangen. So eindeutig, wie dies die Karlsruher Richter beurteilten, sei auch das entlastende Argument des Verbotsirrtums nicht einfach vom Tisch zu wischen. Die Frage, warum Ackermann eine Straftat begehen sollte, von der er selber gar nicht profitiert, ist auch in Karlsruhe nicht beantwortet worden.

Andere wichtige Stimmen, etwa der Münchner Strafrechtsprofessor Bernd Schünemann oder die Rechtgelehrten Marcus Lutter und Wolfgang Zöllner halten die Mannesmann-Zahlungen hingegen klar für strafbar.

Im Mai 2006 wird bekannt, dass das Gericht mit dem zweiten Prozess im Sommer 2006 beginnen will. Doch sechs hochkarätige Angeklagte samt ihrem Dutzend Staranwälten innert Wochen in den Gerichtssaal zu bringen, ist aus terminlichen Gründen schwierig. Esser-Anwalt Sven Thomas etwa ist gerade im Prozess um Reiner Calmund, Ex-Präsident des Fussballclubs Bayer Leverkusen, der wegen Untreue angeklagt ist, stark gefordert. So sind Zeitverzö-

gerungen wahrscheinlich. Rund 25 Verhandlungstage sind anbe-
raumt– für Josef Ackermann erneut viele Stunden im stickigen
Gerichtssaal in Düsseldorf. Der Prozess könnte mehrere Monate
dauern. Spätestens für 2007 steht der Urteilsspruch auf der
Agenda. Zeitverzögerung ist nicht die Taktik, die Josef Ackermann
von seinen Verteidigern nun wünscht. Es wäre auch schwierig
geworden, denn die Staatsanwaltschaft macht Druck für einen
raschen Beginn der zweiten Runde.

Doch auch Josef Ackermann will eine endgültige Entscheidung. Unter einem Damoklesschwert zu leben, ist eine äusserst
unangenehme Sache. Der Deutsche-Bank-Chef hat im Februar
2006 angekündigt, dass er im Falle einer Verurteilung zurücktreten würde. Dass er seinen Worten Taten folgen lassen muss, ist so
wahrscheinlich wie noch nie in den sechs Jahren, seit der Mannes-
mann-Fall Sache der Justiz ist. Selbst im persönlichen Umfeld von
Josef Ackermann befürchtet man, dass die Wahrscheinlichkeit für
einen ungünstigen Ausgang bei über fünfzig Prozent liegt. «Es
gibt ein Leben nach der Deutschen Bank», hat Josef Ackermann
an der Jahrespressekonferenz der Deutschen Bank vom Februar
2006 gesagt. Es hängt von Stefan Drees, einem mit 4900 Euro
Grundgehalt bezahlen Landesrichter ab, ob der Deutsche-Bank-
Chef auch die nächsten Jahreskonferenzen von Deutschlands grösstem Finanzkonzern noch wird leiten können.

Die «Ackermänner»

Wie Josef Ackermann zur Projektionsfläche von Modernisierungsängsten wird und wie er in Deutschland polarisiert. Die Rolle von Presse und Politik.

Josef Ackermann pflegt nicht mit der S-Bahn zur Arbeit zu fahren. So kommt ihm auch nicht zu Gesicht, was Benutzern des öffentlichen Verkehrs beim Ausstieg an der Station Taunusanlage in diesen letzten Tagen im März 2006 ins Auge fällt: ein Plakat der linksalternativen Partei WASG (Arbeit & soziale Gerechtigkeit – Die Wahlalternative). Darauf sieht man den Deutsche-Bank-Chef breit lächelnd, die Finger zum Victory-Zeichen gespreizt. Unter dem Bild steht in dicken Lettern: «Nullrunden für Rentner, Millionen für Ackermänner. Sozial wählen: Liste 11.» Dass die Partei das Plakat an eine Säule direkt vor den Doppeltürmen der Deutschen Bank aufgeklebt hat, hat Symbolcharakter: Dort oben residiert schliesslich Ackermann im Original.

Selten ist in der deutschen Sprache ein Begriff derart radikal umgedeutet worden. «Ackermänner» sind längst nicht mehr jene erdverbundenen Menschen, die mit Fleiss und harter Arbeit den Acker bestellen, sondern Synonym für skrupellose Kapitalisten, die nur ihren eigenen Profit im Auge haben. SPD-Chef Franz Müntefering, einer der profiliertesten Politiker des Landes, hat das Schimpfwort von den «Ackermännern mit mangelnder Unternehmerethik» geprägt und den Chef der landesgrössten Bank zum Inbegriff des hässlichen Kapitalisten hochstilisiert, eines entwurzelten, gnadenlosen Söldners der globalen Wirtschaft. Für Müntefering ist einer wie

Josef Ackermann der Prototyp einer «Heuschrecke», Exponent jener Managergilde, die im globalen Monopoly «grast und weiterzieht».

In dieselbe Kerbe haut der deutsche Dramatiker Rolf Hochhuth, der Josef Ackermann in seinem Theaterstück «McKinsey kommt» zu einer raffgierigen, unsympathischen Figur macht. Bereits im Vorfeld der Uraufführung des Stücks Anfang 2004 ist für Aufregung gesorgt, weil Hochhuth alle Hemmungen fallen lässt und im Skript indirekt gar zum Mord am Deutsche-Bank-Chef aufruft. Eine der Figuren auf der Bühne trägt ein Sonett vor, in dem es heisst: «Für Josef Ackermann jährlich 6,95 Millionen Euro. Beirrt ihn, dass er 14,31 Prozent Deutsche Banker entlässt? Die Kosten dem Staat aufhalst, die Wirtschaft erpresst?» Der Auftritt endet mit der Zeile: «Tritt A. nur zurück wie Gessler durch – Tell? Schleyer, Ponto, Herrhausen warnen.» Hochhuth zieht ungeheuerliche Parallelen: Friedrich Schillers Romanfigur Wilhelm Tell tötet den tyrannischen Landvogt Gessler, und Terroristen der Rote Armee Fraktion (RAF) ermorden 1977 den Arbeitgeberpräsidenten Hanns-Martin Schleyer und den Vorstandssprecher der Dresdner Bank, Jürgen Ponto, sowie 1989 den Deutsche-Bank-Chef Alfred Herrhausen. Die Deutsche Bank prüft rechtliche Schritte gegen Hochhuth, sieht schliesslich davon ab, um nicht zusätzlich Öl ins Feuer zu giessen.

Warum aber wird ausgerechnet Josef Ackermann, der Schweizer im Solde der Deutschen Bank, zum «Buhmann der Nation» («Der Spiegel»)? Dieser populistischen und medialen Hetzjagd auf Josef Ackermann ist ein mehrjähriger Entfremdungsprozess zwischen der deutschen Öffentlichkeit und dem Mann an der Spitze des grössten inländischen Geldinstituts vorausgegangen.

1996 wechselt Ackermann von der Credit Suisse zur Deutschen Bank und agiert in den ersten Jahren, ohne in den medialen Fokus zu geraten. Seine Berufung in den Vorstand der Deutschen Bank per Ende Oktober 1996 wird zwar öffentlich registriert, mehr aber auch nicht. Über die schlichte Bekanntgabe der Personalie gehen die meisten Zeitungsberichte nicht hinaus; für Beachtung sorgt höchstens die Tatsache, dass ein Ausländer in die operative Führung der Deutschen Bank einzieht. Dies ist immer noch die Ausnahme bei Deutschlands grösstem Finanzinstitut, und es erstaunt auch, dass dem Schweizer das bedeutende Ressort Kreditrisiken anvertraut wird. «Börsianer werteten diese Personalie als Sensation. Es hiess, dies sei die Überraschung des Tages», schreibt die «Süddeutsche Zeitung» am 31. Oktober 1996.

Presseauftritte hat Josef Ackermann eher selten. Er darf hie und da ein Interview geben, so wie im September 1999 gegenüber der «Frankfurter Allgemeinen Zeitung» («FAZ»). Es ist ein Gespräch unter Experten für die Experten unter den Zeitungslesern; persönliche Fragen werden keine gestellt, dafür sind die Aussichten der US-Wirtschaft oder die Situation am Aktienmarkt ein Thema. Wird Ackermann überhaupt zum Inhalt der Berichterstattung, so ist der Grundtenor des Geschriebenen meist positiv. In der «WirtschaftsWoche» vom 1. Dezember 1998 erscheint beispielsweise ein grösserer Artikel mit dem Titel «Mal wieder Kronprinz». Das Wirtschaftsblatt sieht für den Schweizer ein grosses Potenzial für eine steile Karriere bei der Deutschen Bank.

Eine erste grössere Welle medialer Beachtung findet Josef Ackermann während der Fusionsgespräche zwischen Dresdner und Deutscher Bank. Den Medien bleibt nicht verborgen, dass Josef Ackermann in diesen hektischen Tagen als Chef des Investment Banking zur Symbolfigur des Widerstands der angelsächsischen Kräfte gegen die Fusionspläne des Rolf-E. Breuer avanciert. Josef Ackermann gerät für sein Empfinden «zwischen Hammer und Amboss», wie er es gegenüber engen Freunden beschreibt. Die Presse zeichnet ein Bild von ihm, das ihn zwar als eher vorsichtig agierenden Bankier skizziert, als einen jedoch, der seine persönliche Agenda nie aus den Augen verliert und wohl deshalb nach der schliesslich geplatzten Fusion als grosser Sieger vom Platz gehen kann.

Zum Buhmann stilisiert wird in dieser Zeit nicht Josef Ackermann, sondern Bankchef Rolf-E. Breuer, der lange Zeit an diesem Image des Verlierers zu leiden haben wird. «Sie haben die Deutsche Bank in den Schlamassel hineingeritten. Wächst da nicht auch der Druck von Ihren eigenen Kollegen? Steht der Vorstand noch hinter Ihnen?», fragt respektlos das Wirtschaftsblatt «Manager Magazin» den medial unter Druck stehenden Breuer.

Josef Ackermann hingegen ist im Urteil vieler Beobachter der eigentliche starke Mann, dessen Absicht nach Einschätzung einzelner Blätter es war, den Deal «zu hintertreiben» («Focus Money»). In den Köpfen setzt sich so ein Bild eines Managers fest, der mit dem Messer in der Tasche herumläuft wie einst Brutus zu Zeiten Julius Cäsars. Das US-Wirtschaftsmagazin «Fortune» vergleicht den Schweizer mit der Shakespeare-Figur Henry Bolingbroke, der die Absetzung des schwachen Königs Richard II. erwirkt. «Vielleicht ist Ackermann nicht Breuers Brutus. Aber er könnte sein Bolingbroke sein», meint «Fortune».

Diese Reminiszenz an die Geschichte erhält plötzliche Aktualität, als im September 2000 die Berufung von Josef Ackermann als zukünftiger Vorstandssprecher der Deutschen Bank bekannt gegeben wird. Dies erregt grosse öffentliche Aufmerksamkeit, und in den nun im Dutzend erscheinenden Berichten über Ackermann taucht eine Eigenschaft immer wieder auf: Ehrgeizig sei er, der Schweizer. «Josef Ackermann darf den Thron besteigen», schreibt etwa die «Frankfurter Allgemeine» und schiebt nach: «An seinen Ambitionen konnte nie jemand zweifeln.» «Diplomatisch im Auftritt, beinhart in der Sache», urteilt die «Süddeutsche Zeitung». Ackermann agiere «zielbewusst hinter einem jungenhaften

Lächeln», meint die «Stuttgarter Zeitung». Und «Zeit»-Journalist Roger de Weck, selber Schweizer, sieht in Ackermann die Personifizierung des konsequenten Handelns: «Was er sich vorgenommen hat», weiss de Weck, «zieht er durch.»

Immer wieder werden Anspielungen auf Josef Ackermanns juveniles Lächeln gemacht. Mitunter interpretiert man es als kalte Grimasse eines kühl berechnenden Managers, wobei immer die Frage im Raum steht: Kann man diesem Mann trauen? Die «Börsenzeitung» erklärt den zukünftigen Chef der grössten deutschen Bank in diesen Tagen gar kurzerhand zu einem «Phantom». Dies nicht ohne Grund: Im Herbst 2000, bei seiner Ernennung zum zukünftigen Vorstandssprecher, versprach Ackermann, sich bis zu seiner Amtseinsetzung im Mai 2002 in der Öffentlichkeit nicht zu exponieren und diesen Part dem noch amtierenden Chef Rolf-E. Breuer zu überlassen. Keinesfalls sollte sich der Eindruck verfestigen, Breuer sei eine «lame duck» – ein Attribut, das er seit der gescheiterten Fusion mit der Dresdner Bank nicht mehr loswurde.

Ackermann übt aber noch aus einem zweiten Grund mediale Zurückhaltung: Er ist in dieser Hinsicht ein gebranntes Kind. Als er seinerzeit bei der Credit Suisse in Ungnade gefallen war, waren öffentliche Auftritte Josef Ackermanns mit ein Grund für eine zunehmende Entfremdung zwischen dem CEO und seinem Präsidenten Rainer E. Gut, was schliesslich zu Ackermanns Demission führte. Ein zweites Mal will er ein derartiges Risiko nicht eingehen.

So agiert Ackermann nach der Ankündigung vom Herbst 2000 zwanzig Monate lang fernab der medialen Scheinwerfer. Dennoch gilt er als eigentlicher Schattenherrscher der Deutschen Bank. Kaum verwunderlich, dass sich in dieser Übergangszeit Presseberichte häufen, die von ausufernden Machtkämpfen hinter den Glasfassaden der Deutschen Bank wissen wollen. Und als dann in der Tat grundsätzliche Veränderungen in der Führungsstruktur der

Deutschen Bank kommuniziert werden – Ackermann machte sich für die Implementierung eines Group Executive Committee (GEC) stark, um eine effizientere Führung zu ermöglichen –, sind die Pressekommentare mehrheitlich kritisch. Sie sind es auch deshalb, weil dieser Machtkampf in Deutschlands bedeutendstem Finanzkonzern als Personenkampf zwischen Josef Ackermann und Vorstandsmitglied Thomas Fischer wahrgenommen wird. Dabei schlagen sich zahlreiche Medien auf die Seite Fischers. Es handelt sich um eine Auseinandersetzung zwischen dem «Boxer mit Rückgrat» («FAZ»), Thomas Fischer, und dem «Herrn aller Reussen» («Der Spiegel»), Josef Ackermann.

Dabei geht es um mehr als blosse Sympathiebekundungen für einen der beiden Gegenspieler. Die Diskussion um eine neue Führungsstruktur ist der Startschuss für eine Grundsatzdebatte um die zukünftige Ausrichtung der Deutschen Bank. Josef Ackermann orientiert sich bei seinen Überlegungen am Modell des amerikanischen Chief Executive Officer (CEO), der den operativen Kopf des Unternehmens darstellt und mit den entsprechenden Insignien der Macht ausgestattet ist. Das deutsche Vorstandsmodell basiert dagegen auf einvernehmlichen Entscheidungen in einem Gremium, in dem jeder Einzelne die ungeteilte Verantwortung trägt und in dem der Sprecher nur ein Primus inter Pares ist. Es sind unvereinbare Positionen, die hier aufeinander prallen. Letztlich geht es um die grundsätzliche Frage, ob sich Deutschland dem angelsächsischen Modell unterwirft oder an der eigenen Tradition festhalten und gewissermassen als Insel im europäischen Markt einen eigenen Kurs fahren will. An der Deutschen Bank, diesem Mythos und Machtzentrum der Wirtschaft der Bundesrepublik, diesem «Baby aller Deutschen», wie Ackermann sein Institut selber einmal bezeichnete, wird sich die Frage entscheiden. Sie ist von nationaler Bedeutung, und deshalb steht nun die Deutsche Bank unter entsprechend intensiver medialer Beobachtung. Würde das tradierte Vorstandsmodell über Bord geworfen, wäre dies ein radikaler Bruch mit einer Organisationsform, die gut vier Jahrzehnte lang im rheinischen Kapitalismus deutscher Prägung unbestritten war.

1965 schaffte der Deutsche Bundestag im Zuge einer Reform das Führungsprinzip im Aktienrecht ab. Während im angelsächsischen Modell ein CEO kraft seines Amtes Entscheidungen in eigener Kompetenz fällen kann, ist dies einem Vorstandsvorsitzenden oder Vorstandssprecher eines deutschen Unternehmens nicht erlaubt. Nach dem Aktienrecht der Bundesrepublik Deutschland haftet der gesamte Vorstand eines Unternehmens für die Geschäftsführung des Managements. «Einen kalten Einstieg in ein System, das wir nicht haben», urteilt der Münchner Universitätsprofessor Manuel R. Theisen über die Planspiele von Josef Ackermann in der «FAZ», «grosse Konzerne können nicht von einem starken Mann geführt werden, sondern nur durch ein hoch qualifiziertes Team von Vorständen, die sich untereinander abstimmen müssen.»

Josef Ackermann aber will die Führung dynamisch gestalten, klare Verantwortlichkeiten schaffen, sein Modell eines Exekutivkomitees ist für den designierten Chef Dreh- und Angelpunkt der zukünftigen Strategie der Deutschen Bank. Suspekt ist etlichen Kritikern, dass Ackermann mit seiner neuen Struktur so viel Einfluss für sich selber vorsieht, wie ihn noch kein Topmanager der Deutschen Bank vor ihm je hatte. Für die staatlichen Aufsichtsbehörden ist dies jedoch kein Grund einzuschreiten: Der Vorstand existiert in verkleinerter Form ja weiterhin, lediglich erweitert um das neue Gremium namens Group Executive Committee. Die Bankaufsicht prüft das ackermannsche Begehren nach den Paragrafen des Aktien- und des Kreditwesengesetzes und formuliert schliesslich keine Einwände.

Die öffentliche Diskussion um das angelsächsische und das deutsche Führungsmodell fällt in eine Zeit, in der Deutschland seinen Platz innerhalb der Weltwirtschaft neu definieren muss. Die neunziger Jahre sind das Jahrzehnt des angelsächsischen Kapitalismus: Die USA als einzig verbliebene Supermacht bestimmen nach dem Zusammenbruch des Kommunismus praktisch konkurrenzlos den Takt der Weltwirtschaft. Dies auch deshalb, weil bedeutende ökonomische Gegengewichte in Asien, etwa Japan, seit den achtziger Jahren in der Krise verharren. Auch Kontinentaleuropa ist von der ökonomischen Dynamik der USA weit entfernt; keines der Kernländer, wie Frankreich oder Deutschland, erreicht vergleichbare Wachstumsraten. Im Gegenteil: Es herrscht Massenarbeitslosigkeit in Europa, und Deutschland als grösste Volkswirtschaft des Kontinents ist davon stark betroffen. Im Jahre 1995 sind 7,7 Prozent der Menschen im Land arbeitslos; 1997 sind es bereits 9,2 Prozent, und sogar im Boomjahr 2000 sinkt die Zahl nicht unter 7,3 Prozent. In den USA hingegen nimmt die Arbeitslosenquote ab und sinkt bis im Jahr 2000 auf vier Prozent.

Ein Land allerdings existiert in Europa, dessen ökonomische Leistungsdaten in dieser Zeit fast ebenso beeindruckend sind wie diejenigen der USA: Grossbritannien setzt in den neunziger Jahren zu einem ähnlich rasanten Wirtschaftsaufschwung an wie die USA und setzt diesen auch nach der Jahrtausendwende fort. Von den wirtschaftlichen Leistungsdaten der Briten im Jahr 2005 – Arbeitslosigkeit 4,8 Prozent, Wachstum 1,7 Prozent – können die Menschen in Deutschland nur träumen. Hier sind im selben Jahr 9,3 Prozent der arbeitsfähigen Bevölkerung ohne Arbeit, und trotz allgemeinem Wirtschaftsaufschwung werden lediglich 1,1 Prozent Wachstum erreicht.

Der ökonomische Erfolg des britischen Modells hat für viele einen Namen: Margaret Thatcher. In den achtziger Jahren war es die «Iron Lady», die als Premier das wirtschaftlich heruntergekommene Land radikal umbaute. 1982 hatte die Arbeitslosigkeit in Grossbritannien die Marke von zehn Prozent überschritten, und eine radikale ökonomische Neuorientierung der einstigen Wirtschaftsmacht schien unumgänglich. Margaret Thatcher drängte den Einfluss des Staates zurück und brach die Macht der Gewerkschaften. Zum Symbol dieses Feldzugs im eigenen Land wurde der Kampf der «Eisernen Lady» gegen den Bergarbeiterstreik im Jahre 1984, bei dem sie schliesslich als Siegerin vom Felde ging. Grossbritannien kehrte daraufhin zu einem Wirtschafts- und Gesellschaftsmodell zurück, das sich teilweise am klassischen Liberalismus des 19. Jahrhunderts orientierte. Margaret Thatcher baute auf diesem Fundament ein modernes Britannien. Die Regierungschefin avancierte im Laufe der Zeit zur Ikone des Neoliberalismus und ging schliesslich in die Geschichte ein als jemand, der sowohl die Gewerkschaftsmacht als auch die Arbeitnehmerrechte gegen allen öffentlichen Widerstand radikal zurückgedrängt und beschnitten hat.

Angesichts des offensichtlichen ökonomischen Erfolgs des angelsächsisch-liberalen Wirtschaftsmodells steht plötzlich auch das deutsche Modell auf dem Prüfstand, das traditionell die Arbeitnehmer in die Unternehmenspolitik einbezieht und deren Vertretern die Hälfte der Sitze in den Aufsichtsräten deutscher Unternehmen überlässt. Dieses paritätische Modell in Deutschland hat sich lange als erfolgreich erwiesen und dem Land stattliche Wachstumsraten und den Arbeitnehmern Wohlstand und soziale Absicherung beschert. So zeigen Zahlen der Weltbank, dass die Einkommensverteilung in Deutschland deutlich gleichmässiger ist als in Grossbritannien oder den USA, wo die Schere zwischen den verfügbaren Einkommen der Reichen und der Armen weit offen ist. Doch die in Deutschland auf hohem Niveau verharrenden Arbeitslosenquoten sowie bescheidene Wachstumszahlen nähren die Zweifel an der wirtschaftlichen Zukunft des Landes. Der Begriff vom sklerotischen Europa drückt dieses Gefühl der fehlenden wirtschaftlichen

Dynamik in den Kernländern der Europäischen Union aus, was in besonders ausgeprägtem Masse für Deutschland gilt.

Viele stellen sich die Frage, ob das Land nicht da stehe, wo Grossbritannien 1980 gestanden hat. Gewissermassen als Gegenmodell zum Wohlfahrts- und Versorgerstaat Deutschland wird das angelsächsisch-liberale Modell herbeigezogen, das England nach der tief greifenden Krise anwandte, wodurch es in der Folge deutlich an wirtschaftlicher Dynamik zulegen konnte. Doch der Thatcherismus verkörpert in den Augen zahlreicher Gewerkschafter, Sozialdemokraten und Politiker in Deutschland das hässliche Gesicht des Neoliberalismus, und viele fragen sich, ob ihr Land zwingend einen ähnlichen Weg gehen muss. Oder ob der deutsche Sozialstaat in der tradierten Form im Wesentlichen erhalten werden soll.

Dass ausgerechnet Josef Ackermann als Chef der Deutschen Bank sich im Zentrum der sich nun orkanartig entzündenden Debatte wiederfindet, kommt nicht von ungefähr. Kein zweiter Chef eines deutschen Grossunternehmens personifiziert den angelsächsisch orientierten, global ausgerichteten Manager idealtypischer als Josef Ackermann, dieser Ausländer, dieser in der Schweiz aufgewachsene Bankmanager, der einen Grossteil seiner Karriere in London und New York absolviert hat. Das Wesen des Angelsächsischen ist ihm näher als der rheinische Kapitalismus. Der Deutsche-Bank-Chef spricht von Shareholder Value oder von Return on Equity und misst sich mit seinem Ziel von 25 Prozent an den in den USA üblichen Eigenkapitalrenditen von Banken der Spitzenklasse – Vorstellungen, die für einen SPD-Politiker wie Franz Müntefering schlicht «unsozial» sind.

So wird Josef Ackermann zur Allegorie einer Welt, die in den Augen vieler Menschen in Deutschland von einem Kapitalismus in seiner übelsten Ausprägung beherrscht wird. Für die Politiker, die sich einem Umbau des deutschen Wirtschaftssystems nach angel-

213

sächsischem Vorbild widersetzen, bietet Josef Ackermann die perfekte Projektionsfläche, um das abstrakte Thema in der Auseinandersetzung um konträre Wirtschaftsmodelle zu personalisieren. Der Ausdruck «Raubtierkapitalismus» wird zum Etikett von Josef Ackermann.

Manchmal jedoch steht auch seine Arbeit bei der Deutschen Bank im Vordergrund der medialen Berichterstattung. Im Mai 2002, als er seinen Job als Vorstandssprecher offiziell antritt, widmet ihm das deutsche «Manager Magazin» eine zwölfseitige Titelgeschichte, in welcher der Neue seine Pläne für die Deutsche Bank skizziert. Adrett gekämmt präsentiert sich Josef Ackermann auf dem Cover des Wirtschaftsblatts und gibt das Bild eines schneidigen und unprätentiösen Chefs: Ackermann als «Low-Key Joe». Dabei schüren die Medien auch eine grosse Erwartungshaltung. «Für seinen Job als Vorstandssprecher hat sich Joe Ackerman viel vorgenommen», schreibt das «Manager Magazin», «der Countdown läuft: In der kommenden Woche, am 23. Mai, startet Dr. Josef ‹Joe› Ackermann, 54 Jahre alt, nach zwanzig Monaten als Schattenmann im Wartestand durch», notiert der «Stern», und die «Zeit» urteilt: «Der neue Chef könnte schaffen, was weder Kopper noch Breuer gelang: die Revolution zu vollenden, die der ermordete Vorstandssprecher Herrhausen einst begann.»

Ein Fallstrick für Josef Ackermann. Diese hochtrabenden Erwartungen sind schlicht nicht zu erfüllen. Im Jahr 2002 akzentuiert sich die Bankenkrise; bei der Deutschen Bank brechen die Gewinne ein, und der Aktienkurs fällt in den Keller. Die Meinung in der Öffentlichkeit ist schnell gemacht: Der Neue, so scheint es, kocht auch nur mit Wasser und streicht Tausende von Jobs.

Dass Josef Ackermann zuweilen auf eine Ebene mit dem charismatischen Ex-Chef Alfred Herrhausen gestellt wird, entspricht kaum der Eigeneinschätzung des Schweizers. Dieser beurteilt die

Ära Herrhausen aus Sicht des Bankexperten äusserst kritisch, ortet in dieser Zeit gravierende strategische Versäumnisse, wodurch die Bank gegenüber der globalen Konkurrenz zurückgeworfen worden sei. Diese Einschätzung teilen auch andere Schlüsselfiguren innerhalb der Bank. Ackermann-Ziehvater Hilmar Kopper etwa erscheint das Bild des Vorgängers Herrhausen in der Öffentlichkeit als überhöht. Der ostentative Vergleich mit Alfred Herrhausen ist für Josef Ackermann noch aus einem anderen Grund eher mit Gefahren verbunden. Jener setzte sich während seiner Amtszeit persönlich für die Entschuldung der Dritten Welt ein, votierte für Schuldenerlasse und gegen weitere Kredite, welche die armen Länder nur in eine noch stärkere finanzielle Abhängigkeit von der industrialisierten Welt drängen sollten.

Alfred Herrhausen outete sich damit als wirtschaftspolitischer Vordenker, ähnlich wie seinerzeit Hermann Josef Abs, der grosse alte Mann der Deutschen Bank. Beide haben sie staatsmännisch argumentiert, so wie das auch die deutsche Öffentlichkeit vom führenden Kreditinstitut des Landes erwartet. Josef Ackermann jedoch ist ähnlich staatspolitisches Gebaren fremd. Als der Deutsche-Bank-Chef im Herbst 2002 öffentlich einer grassierenden Bankenkrise das Wort redet, stösst er im deutschen Wirtschaftsestablishment auf Unverständnis. Dieser Manager ist offenbar unfähig, so das schnell zementierte öffentliche Urteil, die Welt anders zu erfahren als aus dem gläsernen Elfenbeinturm seiner Bank heraus. Um politische Befindlichkeiten im Land schert sich der Schweizer an der Spitze der Bank augenscheinlich nicht.

Dies löst immer neue Irritationen aus. Ex-Kanzler Helmut Schmidt etwa, diese politische Autorität in Deutschland, fordert die Rückbesinnung der Deutschen Bank auf das traditionelle Firmen- und Privatkundengeschäft und weist in deutlichen Worten auf die Bedeutung einer funktionierenden Geldversorgung im Inland hin.

Die neuen Herren an der Spitze der Deutschen Bank, lautet ein
gängiges Urteil über Josef Ackermann, hätten kein Musikgehör für
ordnungspolitische oder staatpolitische Erfordernisse. So publiziert der SPD-Abgeordnete Hans-Peter Bartels das Buch «Victory-
Kapitalismus» und illustriert dieses mit einem Konterfei von Josef
Ackermann. Der Autor befürchtet gar, dass die «Ansprechbarkeit
des Kapitals» gefährdet sei.

Josef Ackermann pflegt solchen Urteilen über sein vermeint-
liches Tun und Lassen nicht zu widersprechen. Er reflektiert seine
Aktivitäten aus anderer Perspektive: Wenn es ihm nicht gelingt, die
Bank zu sanieren, und der Taucher des Aktienkurses nicht gestoppt
werden kann, ist Josef Ackermann überzeugt, wird die Deutsche
Bank zum Übernahmekandidaten.

In die in Deutschland mit besonderer intellektueller Verve
geführte Anti-Kapitalismus-Debatte mischt sich ein zweites emotional aufgeladenes Thema: die Frage der vertretbaren Entlöhnung
von Topmanagern. Auch in dieser öffentlich geführten Diskussion
avanciert Josef Ackermann zur Zielscheibe der Empörung, denn der
Deutsche-Bank-Chef gehört unbestritten zu einer kleinen, überblick-
baren Gruppe absoluter Topverdiener im Land. Erstmals veröffentlicht wird Ackermanns Lohn im Geschäftsbericht für das Jahr 2002.
Er kassierte insgesamt 6,95 Millionen Euro, und nur gerade Daim-
lerChrysler-Chef Jürgen Schrempp mit rund 11 Millionen Euro und
SAP-Chef Henning Kagermann mit 7,5 Millionen verdienten noch
mehr. Wenige Jahre später ist diese Rangfolge Geschichte. 2005 steht
Josef Ackermann mit 11,9 Millionen Euro in der Liste der deutschen
Spitzenverdiener zuoberst, und dies führt zu einer Debatte über die
Managersaläre in den Teppichetagen der deutschen Wirtschaft.

Der öffentliche Missmut über die «Abzocker» ist gross. Laut
einer Umfrage bei privaten Aktionären sind 76 Prozent der deutschen Aktionäre der Ansicht, dass die Topmanager börsenkotierter

Unternehmen zu viel verdienten. Und die Diskussion beschränkt sich bei weitem nicht auf Deutschland. Auch im Heimatland Josef Ackermanns tobt eine ähnliche Debatte, und in der Schweiz stehen Manager wie Daniel Vasella, Chef des Pharmaunternehmens Novartis, Marcel Ospel, Präsident der Grossbank UBS, oder Oswald Grübel, CEO der Credit Suisse, am öffentlichen Pranger.

In beiden Ländern reagieren die Topmanager auf die Kritik der zu hohen Löhne mit der monotonen Begründung, dies entspreche internationalen Marktgesetzen. In der Tat ist Josef Ackermann während seiner Karriere öfter schon Zeuge und auch Nutzniesser derartiger internationaler Gepflogenheiten geworden. So zahlte etwa die Deutsche Bank im Rahmen der Übernahme des US-Unternehmens Bankers Trust im Jahre 1999 rund 100 Millionen Dollar Abfindung an den scheidenden Chef der US-Tochter, Frank Newman. Ein hoher Betrag angesichts der nicht eben berauschenden Performance des grosszügig abgefundenen Managers. Mehr noch: Nach dem Kauf von Bankers Trust im Herbst 1998 bildet die Deutsche Bank ein Investment Banking Committee, in dem sich die Spitzen der beiden Firmen zusammenfinden, um die fusionierte Gesellschaft gemeinsam voranzutreiben. Einsitz nehmen sechs Vertreter von Bankers Trust und drei von der Deutschen Bank, nämlich Josef Ackermann, Edson Mitchell und Mike Philipp. Ende November 1998 veröffentlicht die «New York Times» einen Bericht, der auch in Deutschland für einige Aufregung sorgt. Laut «New York Times» ist geplant, jedem der Komiteemitglieder auf beiden Seiten zehn Millionen Dollar Prämie zu zahlen. Ackermann widerspricht der Schilderung allerdings und weist darauf hin, nur den Bankers-Trust-Leuten sei Geld als Halteprämie versprochen worden, nicht aber jenen der Deutschen Bank.

Die Gewährung von Millionenprämien ist nicht nur in der Welt von Josef Ackermann alltäglich. Sein ehemaliger Arbeitgeber Credit

Suisse, der im Jahr 2000 das US-Brokerhaus Donaldson, Lufkin & Jenrette übernimmt, versüsst dessen Chef Joe Roby den Deal mit einem Vertrag, der ihm in sechs Jahren 82 Millionen Dollar garantiert. Noch mehr zahlt der Schweizer Konkurrent UBS nach dem Kauf des US-Investment-Hauses PaineWebber dem scheidenden Chef Don Marron, nämlich insgesamt 200 Millionen Dollar.

In die emotional geführte öffentliche Diskussion um Abzockerei und Millionenboni fügt sich dann nahtlos der Mannesmann-Skandal wegen einer 60-Millionen-Mark-Prämie für Klaus Esser ein, und auch dieser Vorfall zeitigt negative Folgen für Josef Ackermann. Der Chef der Deutschen Bank ist der einzige der sechs Angeklagten, der beruflich angreifbar ist. Klaus Esser und Joachim Funk sind bei Mannesmann abgetreten, Klaus Zwickel hat sich im Frühsommer 2003 als Chef der IG Metall zurückgezogen, die beiden weiteren Angeklagten, Jürgen Ladberg und Dietmar Droste, sind lediglich Randfiguren des Prozesses und waren beruflich nie in gleicher Weise exponiert wie die mitangeklagten Topmanager. Das Pressebild mit dem Victory-Zeichen entwickelt sich schliesslich zum Super-GAU für das Image Josef Ackermanns. Nun ist nicht mehr Esser, der lange als Millionenabzocker im Kreuzfeuer der Kritik stand, der Buhmann, sondern Bankier Ackermann, der diese Gelder «mit Croupier-Geste» («Weltwoche») bewilligt hat.

Kaum ist die Welle der Kritik mit dem Freispruch vom Juli 2004 etwas verebbt, wird Josef Ackermann erneut zur Zielscheibe der öffentlichen Empörung. Am 3. Februar 2005 findet eine Pressekonferenz der Deutschen Bank statt, und Josef Ackermann gibt bei dieser Gelegenheit gleichzeitig mit der Verkündung eines Rekordgewinns den Abbau von 6400 Arbeitsplätzen bekannt. Der Bankchef wird daraufhin als unsensibel abgekanzelt, und vor allem die linken politischen Kreise sehen sich in der Einschätzung bestätigt, hier werde das Land nach den Regeln des Manchesterliberalismus umgebaut. «Deutlicher habe ich die reine Fixierung auf den Shareholder Value noch nie gesehen», sagt die stellvertretende Vorsitzende des Deutschen Gewerkschaftsbundes, Ursula Engelen-Kefer, gegenüber der «Neuen Presse» in Hannover. Dass vom angekündigten Jobabbau mehrheitlich meist fürstlich bezahlte Investment Bankers betroffen sind, geht im Sturm der Kritik unter. «Dass sich Gewerkschafter und SPD-Linke jetzt plötzlich für entlassene Londoner und New Yorker Investment Bankers mit sechs- bis siebenstelligen Jahresgehältern stark machen, verdeutlicht nur deren – im wahrsten Sinne des Wortes – grenzenlosen Opportunismus», schreibt der Frankfurter Korrespondent des Zürcher «Tages-Anzeigers».

Gut möglich, dass Josef Ackermann die Reaktionen auf seine Bekanntgabe des Arbeitsplatzabbaus unterschätzt hat. Reflexartig ist sein Verhalten aber keineswegs, und es entspringt auch nicht einer einsamen Entscheidung des obersten Chefs. Der Beschluss, die entsprechenden Sätze an der Pressekonferenz zu kommunizieren, ist innerhalb der Bank über Wochen vorbereitet und diskutiert worden. Allerdings gibt es innerhalb der Deutschen Bank sehr unterschiedliche Positionen bezüglich der Kommunikation des Stellenabbaus zwischen den Juristen und den Investor-Relations-Verantwortlichen auf der einen und den Corporate-Communications-Experten auf der anderen Seite. Unterschiedliche Auffassungen bestehen dabei weniger über die zu vermittelnden Fakten als über die Art, wie diese öffentlich gemacht werden sollten.

Ausgangspunkt der Diskussionen ist die Tatsache, dass die Bank für das Jahr 2004 Rückstellungen vornehmen muss, um den Stellenabbau zu finanzieren – und es ihr obliegt, dies auch zu kommunizieren. Simon Pincombe, der oberste Kommunikations- und Marketingchef der Bank, sowie Alfredo Flores, zu jenem Zeitpunkt Leiter der Pressearbeit in Deutschland, warnen die Bankspitze vor negativen Reaktionen auf die Ankündigung des Stellenabbaus.

Pincombe tut dies auch schriftlich mittels einer Notiz an Josef Ackermann. Die Presseleute machen Vorschläge, wie die Botschaft etwas entschärft werden könnte, etwa indem man die anvisierte Zahl von 6400 zu streichenden Jobs in zwei Tranchen und aufgeteilt nach dem Jobabbau in Deutschland und jenem im Ausland bekannt geben würde. In Deutschland selber sollen schliesslich lediglich 1900 Jobs gestrichen werden, was der zuständige Pressesprecher Alfredo Flores bereits Ende 2004 in Deutschland vollumfänglich kommunizierte, ohne dass dies für Aufregung gesorgt hätte. Die Presseprofis, die schliesslich von den Investor-Relations-Leuten überstimmt werden, sollten mit ihren Befürchtungen Recht bekommen. Wenige Tage nach der Pressekonferenz der Deutschen Bank werden die neuen Arbeitslosenzahlen in Deutschland publiziert, und Politiker wie Presse suchen auch bei den Firmen nach Sündenböcken für die erschreckend hohen Zahlen. Und sie werden bei der Deutschen Bank fündig.

Im Anschluss an die Welle der negativen Pressekommentare wird auch im eigenen Haus Kritik an dem Kommunikationsverhalten des operativen Chefs laut, und der Aufsichtsrat setzt ebenfalls ein Fragezeichen. Josef Ackermann muss sich vor dem Kontrollgremium erklären. Er argumentiert wie immer bei diesem Thema, erwähnt die Rückstellungen und betont, man habe den Abbau aus Transparenzgründen kommunizieren müssen und wolle schliesslich «glaubwürdig bleiben in der ganzen Welt». Der Aufsichtsrat nimmt Ackermanns Argumente zur Kenntnis, ermahnt ihn aber, der öffentlichen Wirkung seiner Worte zukünftig stärker Rechnung zu tragen.

Solche Hinweise des Kontrollgremiums haben durchaus ihre Berechtigung, denn Josef Ackermann zeigt mitunter wenig Gespür für die feinen Nuancen der Kommunikation. Wiederholt weisen deutsche Journalisten kritisch darauf hin, dass der Deutsche-Bank-

Chef seine Pressearbeit nur zum Teil von Frankfurt aus führe und der oberste Pressechef der Bank in London sitze.

Die Weichen für eine Neuorganisation der Corporate Communications hat der Schweizer selber zu seinem Amtsantritt gestellt. Im Mai 2002 tritt der bisherige Leiter der Presseabteilung, Dierk Hartwig, ab. Fünf Jahre lang hat er die Pressearbeit der Bank geprägt. Sein Nachfolger wird Simon Pincombe, seit 1997 Pressesprecher in London und zuständig für die Pressearbeit im Konzernbereich Corporate and Investment Bank. Diese personelle Neudisposition verstärkt den ohnehin bestehenden Eindruck, das Entscheidungszentrum der Deutschen Bank sei näher an die Themse gerückt. Kommt hinzu, dass Pincombe, der zugleich als oberster Marketingchef amtet, seinen Mitarbeiter Jezz Farr im Jahr 2003 zum Global Head of Press macht und ihm damit die weltweite Pressearbeit der Deutschen Bank überträgt. Farr gilt zwar als Profi, doch ist der Brite wenig vertraut mit den sensiblen Verhältnissen in Deutschland, was die Tendenz der Entfremdung zwischen Josef Ackermann und dem Heimmarkt der Deutschen Bank mehr fördert als verhindert.

Dies tritt während des Mannesmann-Prozesses in aller Schärfe zu Tage. Die Pressearbeit läuft auch in diesem Fall wie gewohnt über den Tisch von Jezz Farr im fernen London. Die Folge: lange Entscheidungswege in einem Krisenfall. Erst spät korrigiert die Bank diese unpraktische Konstellation und holt die Leitung der weltweiten Pressearbeit nach Frankfurt zurück. Im Mai 2005 überträgt Josef Ackermann dem bisherigen Leiter der Kommunikation in Deutschland, Alfredo Flores, die Verantwortung für die gesamte Pressearbeit des Konzerns.

Dass die Diskussion um einen deutschen beziehungsweise angelsächsischen Blickwinkel keine akademische ist, zeigt die im Vergleich zur deutschen Berichterstattung auffallend abweichende

Perzeption Josef Ackermanns in der englischen und amerikanischen Presse. Für viele angelsächsische Kommentatoren ist der Schweizer die Speerspitze einer Bewegung, die das verkrustete Wirtschaftssystem Deutschlands aufbricht. In den markigen Worten von Ian Kerr, Chefkommentator des Londoner Bankenblatts «Financial News», klingt das folgendermassen: «Continental Europe needs to be dragged kicking and screaming into the 21st century. New York and London are the undisputed financial centres of the world. Why is mainland Europe unrepresented? Because it never had the foresight or flexibility to break the restrictive practices that would have made it truly competitive. The immediate wrath of the activists is being turned on Deutsche Bank and its charismatic leader, Josef Ackermann.» Die Diskussionen um das Millionengehalt des Deutsche Bank-Chefs findet Kerr müssig und meint: «Josef Ackermann deserves every cent of his remuneration.» Schon kurz nach seinem Amtsantritt im Jahr 2002 hat ihm auch die «Financial Times» ein Kränzchen gewunden: «The Ackermann effect impresses bank's investors», und das «Wall Street Journal» beschreibt die Bank im Jahr 2005 als ambitionierten Player auf dem Weg zu einem «Wall Street Ace».

In Deutschland indes nimmt nach der Anklage im Mannesmann-Prozess parallel zu der kritischen Beäugung in den Medien auch die Kritik aus politischen Kreisen zu. Die Linken schiessen aus vollen Rohren. Dass ihn SPD-Chef Franz Müntefering als Heuschrecke bezeichnet, veranlasst Josef Ackermann an der Aktionärsversammlung des Jahres 2005 zu einer heftigen Replik: «Beschämend» sei dies, sagt Ackermann, dies seien Vokabeln aus der Zeit des realen Kommunismus, und wohin der geführt habe, sei bekannt. Der Deutsche-Bank-Chef und der Sozialdemokrat sind sich noch nie begegnet, eine persönliche Aversion zwischen den beiden Männern existiert also nicht; Münteferings verbale Attacke ist politisch motiviert. «Herr Müntefering hat mich sogar kritisiert, dass ein Renditeziel von 25 Prozent unsozial sei», sagt Ackermann in einem Interview mit «Focus», und als der Reporter entgegnet, «das ist ja auch sein Job», entgegnet Ackermann: «Ja genau. Meiner ist aber ein anderer.»

Was den Deutsche-Bank-Chef wirklich trifft, ist, dass auch Repräsentanten der Politik, mit denen er persönlichen Umgang pflegt, ihm nun nach und nach in den Rücken fallen. Bundeskanzler Gerhard Schröder etwa, mit dem er bei den Übernahmediskussionen um Citigroup oder Postbank manches Gespräch geführt hat, äussert sich noch Ende 2003 sehr positiv über Josef Ackermann, so zum Beispiel in einem Interview mit Bloomberg TV: «Ich habe wiederholt zum Ausdruck gebracht, dass ich glaube, dass Herr Ackermann in der Deutschen Bank eine guten Job macht.» Nach 2005, als die Diskussion um den Stellenabbau in der Deutschen Bank öffentlich Wellen schlägt, spricht Schröder plötzlich wesentlich kritischer: «Brachialgewalt hilft da sicherlich nicht. Die Bank muss sich auch in einem kulturellen und sozialen Umfeld bewegen, wenn sie erfolgreich bleiben will», sagt er in einem Interview mit der «Welt am Sonntag», und er gibt Ackermann noch einen guten Rat mit auf den Weg: «Ich habe vor kurzem etwas über die Unternehmensphilosophie des früheren Deutsche-Bank-Chefs Alfred Herrhausen gelesen, der sein Unternehmen stets auch in der Pflicht sah, gegenüber dem Land, in dem es seinen Standort hat. Ich empfehle den Herren, die derzeit das Unternehmen führen, sich diese Philosophie einmal zu Gemüte zu führen.»

Auch im nationalkonservativen Lager erhält Josef Ackermann plötzlich nur noch bedingten Zuspruch, obwohl er mit seinen wirtschaftsliberalen Ansichten dieser politischen Richtung eher näher stehen müsste. CSU-Chef Edmund Stoiber nennt es eine «Geschmacklosigkeit», wenn gleichzeitig Rekordgewinne und

Massenentlassungen verkündet werden. Es ist derselbe Stoiber, der vor noch nicht allzu langer Zeit bei jeder Gelegenheit auf sein gutes persönliches Verhältnis zum Chef der Deutschen Bank hingewiesen hat. Klar auf seiner Seite positioniert hat sich im Vorfeld des Mannesmann-Prozesses die CDU-Parteivorsitzende Angela Merkel, als sie dem Bank-Chef unmissverständlich den Rücken stärkte: «Diese Anklage ist ein Schlag gegen den Wirtschaftsstandort Deutschland», meinte Merkel damals. Doch seit Angela Merkel Bundeskanzlerin ist, ist verbaler Support der CDU-Politikerin für die Deutsche Bank Vergangenheit.

Ohnehin hat es Josef Ackermann, der Schweizer im Solde der Deutschen Bank, nie verstanden, ein engmaschiges Beziehungsnetz in der deutschen Politik zu knüpfen, so wie das in der Vergangenheit stets der Fall war. Die Tradition der engen Beziehungen zwischen der Spitze der Deutschen Bank und der politischen Spitze der Bundesrepublik ist lang. So war der charismatische Vorstandssprecher Hermann Josef Abs einer der engsten Berater von Kanzler Konrad Adenauer und sein nicht minder bekannter Nachfolger Alfred Herrhausen ein enger Freund von Kanzler Helmut Kohl.

Demgegenüber muten im Falle von Josef Ackermann die Versuche etwas hilflos an, seine wenigen vorhandenen Berührungspunkte mit der Politik im Vorfeld des Mannesmann-Prozesses in seinem Sinne einzusetzen. So reist Roland Berger, langjähriger Berater der Deutschen Bank und ein enger Vertrauter von Josef Ackermann, nach Düsseldorf, um den nordrhein-westfälischen Ministerpräsidenten Wolfgang Clement zu treffen. Er wird beim SPD-Politiker in Sachen Ackermann vorstellig. Berger ist in politischen Kreisen deutlich besser vernetzt als sein Kunde Ackermann, er ist mit Gerhard Schröder befreundet und verfügt über ausgezeichnete Beziehungen in die SPD. Auch Hilmar Kopper, inzwischen hauptberuflich Aufsichtsratschef von DaimlerChrysler und längst aus allen offiziellen Funktionen bei der Deutschen Bank ausgetreten, wird nochmals für seinen Ziehsohn tätig und spricht ebenfalls bei Clement vor. Diese Vorstösse bleiben aber ohne Wirkung, und dies überrascht im Grunde wenig: Die Unabhängigkeit der Justiz steht in Deutschland über allem.

Ambivalent ist auch das Verhältnis des deutschen Wirtschaftsestablishments zum Deutsche-Bank-Chef. Nur wenige von dessen Exponenten bekennen sich offen zu Josef Ackermann. Meist sind es solche, die persönlich mit ihm zu tun haben und gemeinsam in einem Aufsichtsrat sitzen, wie Heinrich von Pierer von Siemens, Jürgen Weber von der Lufthansa oder Werner Wenning von Bayer. Andere, etwa Porsche-Chef Wendelin Wiedeking, schlagen öffentlich auch kritische Töne an. Die meisten Wirtschaftsführer aber pflegen zwar einen guten persönlichen Umgang mit dem Chef der grössten Bank des Landes, halten sich öffentlich aber bedeckt und schweigen gänzlich zum Thema Ackermann.

Josef Ackermann besitzt einen Nachteil, der auch bei allem persönlichen Einsatz nicht aufzuwiegen ist: Als Ausländer fehlt ihm die Verwurzelung im Lande. Herausragende Repräsentanten der Deutschland AG, Henning Schulte-Noelle etwa, Chef der Allianz, verfügt über ein jahrzehntelang gewachsenes Beziehungsnetz im Land. Er ist in Deutschland aufgewachsen und hat im Gegensatz zu Ackermann an einer deutschen Universität, in Tübingen, studiert. Der breite Schmiss auf seiner linken Wange ist nicht nur Zeichen seines Engagements auf dem Fechtparkett der Burschenschaft, sondern auch Ausdruck einer tiefen Verwurzelung in der gesellschaftlichen Elite der Bundesrepublik. Josef Ackermann indes ist «nie wirklich in Deutschland angekommen» («Manager Magazin»). Da der Schweizer mit dem Verkauf der Industriebeteiligungen aktiv daran mitgewirkt hat, die Deutschland AG zu zerschlagen, hat er sich selber auch eines Teils seiner

Beziehungen beraubt. Wer den Heimatschutz aufgibt, steht in der Krise meist alleine da.

Auch wenn der Deutsche-Bank-Chef die von allen Seiten nieder-prasselnde Kritik an seiner Person mit äusserer Gelassenheit über sich ergehen lässt, fühlt er sich innerlich wohl doch stark betroffen. Sein Ruf in der Öffentlichkeit ist ihm wichtig, insbesondere auch bei den politischen und wirschaftlichen Eliten im Land. Fast jedem, der mit Josef Ackermann öfter zu tun hat, fällt auf: Er ist ein Mann, der gerne über seine Beziehungen zu den Prominenten aus Politik oder Wirtschaft spricht. So lässt er immer mal wieder gerne ein Wort darüber fallen, mit wem er jüngst zusammengekommen sei. Bei diesen Gelegenheiten erzählt er etwa, Kofi Annan habe ihm kürzlich persönlich Mut zugesprochen und habe gesagt: weiter-machen. Der Bankier Ackermann ist eitel und sucht Bestätigungen aus berufenem Munde. Klar ist: Mehr noch als die Kritik durch die Medien muss ihm im Innersten das Fehlen einer wirklich breiten öffentlichen Unterstützung seitens der deutschen Wirtschaftselite zu schaffen machen, denn daran misst er seine eigene Bedeutung als Topmanager.

Anfang 2006, als die Deutsche Bank beeindruckende Geschäftszahlen publiziert, bekommt Josef Ackermann von den Medien dann doch noch die Zustimmung für seine Leistung, die ihm seines Erachtens zusteht. Angesichts der eindrücklichen Leis-tungsdaten der Bank im vorangegangenen Geschäftsjahr haben sich viele Kritiker Asche aufs Haupt gestreut. «Ackermann Super-Star!», titelt die «Bild»-Zeitung. Als der Bankchef kurz nach der Bekanntgabe des Rekordgewinns im Jahr 2005 weitere gute Quar-talsergebnisse verkündet, ist er zumindest als Manager rehabili-tiert. Und was die Zukunft betrifft, so hofft er auf die Geschichts-schreibung; gegenüber der «Welt am Sonntag» bemerkt er denn auch einmal: «Aufsichtsratschef Rolf-E. Breuer sagt immer, die

Geschichte werde gnädiger mit uns umgehen, als es unsere Kritiker heute tun.»

Abzuwarten bleibt indes, wie sich die zweite Runde des Mannesmann-Prozesses auf sein Image auswirken wird. Ackermann hat angekündigt, dass er im Falle einer Verurteilung zurückträte. Was er dann machen würde, hat er seiner Familie und seinen Freunden schon kundgetan: viel reisen, viel Zeit in seiner Wohnung in Midtown Manhattan verbringen und beruflich noch einmal zu neuen Ufern aufbrechen. Eine Tätigkeit im Bereich des Private Equity könnte ihn reizen. Dass sein Ruf zumindest ausserhalb Deutschlands selbst bei einer möglichen Verurteilung intakt bliebe, davon ist er überzeugt. Wenn er in Deutschland für etwas verurteilt würde, was in der ganzen Welt Praxis sei, dann trage er das mit Fassung, hat er einmal im kleinen Kreise gesagt – auch wenn die in diesen Worten liegende Lockerheit etwas erzwungen wirkt.

Eines ist klar: Erst der Ausgang des Mannesmann-Prozesses wird zeigen, ob das Land und Josef Ackermann miteinander Frieden finden können oder ob sie doch in Gram auseinander gehen müssen.

Personenindex